Lesen ist Reisen durch phantasievolle Wirklichkeiten. Im Gepäck führt man seine Erwartungen mit und ein immer unzulängliches Vorwissen. Als Kompaß dient die Neugierde. Man reist von einer Sprachszene zur anderen, von einem poetischen Bild zum nächsten, quer durch die Werklandschaft eines Schriftstellers, einer Epoche. Am Ende einer Geschichte angelangt, weiß man, daß es gilt, weiterzureisen. Zumal in der staunenswert reichen Literatur einer in vielem der eigenen trügerisch verwandten, aber doch so anderen Kultur wie der englischen. Rüdiger Görners Streifzüge durch die englische Literatur wollen Impressionen bieten: Sie beschränken sich im wesentlichen auf die englische Literatur, bedenken gelegentlich Schottland, liebäugeln mit Wales. Zwei überseeische Wahlengländer werden gleichfalls berücksichtigt, Katherine Mansfield und T. S. Eliot. Kein Wort zu Shakespeare und seinem elisabethanischen Umfeld; kein Wort zu Dickens; die Werke beider sind eigens zu bereisende Kontinente. Der vorliegende Band versammelt Essays über Alexander Pope, Robert Burns, Blake und Byron, Robert Browning und Tennyson, Thomas Hardy, Beatrice Webb und Virginia Woolf, Charles Morgan, Wyndham Lewis, Dylan Thomas, David Gascoyne, Harold Pinter und viele andere.

insel taschenbuch 2179
Rüdiger Görner
Streifzüge durch
die englische Literatur

Rüdiger Görner

Streifzüge durch die englische Literatur

Von Alexander Pope
bis Harold Pinter
Mit zahlreichen Abbildungen
Insel Verlag

insel taschenbuch 2179
Erste Auflage 1998
Erstausgabe
© Insel Verlag Frankfurt am Main und Leipzig 1998
Alle Rechte vorbehalten
Nachweise zu dieser Ausgabe am Schluß des Bandes
Vertrieb durch den Suhrkamp Taschenbuch Verlag
Umschlag nach Entwürfen von Willy Fleckhaus
Satz: Hümmer GmbH, Waldbüttelbrunn
Druck: Nomos Verlagsgesellschaft, Baden-Baden
Printed in Germany

1 2 3 4 5 6 – 03 02 01 00 99 98

Inhalt

Streifzüge durch die englische Literatur

Southwold, Suffolk

Landeinwärts
treibt der Horizont
Meer meint:
ursprungslos,
kräuselschimmerndes
Immer und Nie,
Im Segeltuch ein Möwengelege;
ich bleibe,
bis mein Schatten flügge wird.

Rüdiger Görner

Zitate aus Gedichten sind in den Essays im Original belassen und erscheinen im Anhang in Übersetzung. Sofern nicht anders vermerkt, stammt diese von mir.

Vorwort

Lesen ist ein Reisen durch phantasievolle Wirklichkeiten. Im Gepäck führt man seine Erwartungen mit und ein immer unzulängliches Vorwissen. Als Kompaß dient die Neugierde. Man reist von einer Sprachszene zur anderen, von einem poetischen Bild zum nächsten, quer durch die Werklandschaft eines Schriftstellers, einer Epoche. Am Ende einer Geschichte angelangt, weiß man, daß es gilt, weiterzureisen. Zumal in der Literatur einer in vielem der eigenen trügerisch verwandten, aber doch so anderen Kultur wie der englischen.

Meine »Streifzüge durch zwei Jahrhunderte britischer Literatur« können und wollen nur Impressionen bieten und persönliche Vorlieben anzeigen, aber auch Kontroverses bedenken. Sie beschränken sich im wesentlichen auf die englische Literatur, bedenken gelegentlich Schottland, liebäugeln mit Wales. Zwei überseeische Wahlengländer werden gleichfalls berücksichtigt, Katherine Mansfield und T. S. Eliot. Kein Wort zu Shakespeare und seinem elisabethanischen Umfeld; kein Wort zu Dickens; die Werke beider sind eigens zu bereisende Kontinente. Ausgeklammert bleibt auch die irische Literatur. Meine tiefe Achtung vor ihrer schwer erarbeiteten Eigenständigkeit ist zu groß, als daß ich sie auf ›britischen‹ Streifzügen quasi einverleibend mitnehmen könnte. Die irische Literatur verhält sich zur britisch-englischen wie etwa die österreichische zur deutschen und verdient mithin eine gesonderte Betrachtung.

Diese Essays wurden ausnahmslos in England geschrieben, im England des Thatcherismus und dessen flurschädigenden Folgen, mithin im Klima einer kulturzerstörenden Politik, die auf den britischen Inseln seit den Zeiten Cromwells nicht ihresgleichen gehabt hat. Innerlich mußte man gegen den Thatcherismus, diese Ideologie der Geistlosigkeit, schon seine ganze Anglophilie aufbieten, um nicht an der politischen Realität dieses Landes, von dem man zu wissen glaubte, daß es den Modellfall der Demokratie darstelle, irre zu werden. Neben der Anglophilie, die sich im Privatesten aufs glücklichste bestätigt hat, erwies sich eben die staunenswert reiche Literatur dieses Landes als wirkungsvollstes Mittel, dieser kunstverachtenden Dogmatik des postmodernen Toryismus zu widerstehen. Die Kunst und mit ihr die Literatur hat nun einmal den längeren Atem als die Politik, gerade auch dann, wenn sie gesellschaftlichen Fragen gegenüber hellwach bleibt und sich in der Lage zeigt, sie ästhetisch umzuformen, zu verwandeln. Deswegen schließt dieser Band mit einem Versuch über Harold Pinter, dessen Zivilcourage angesichts des drohenden Zerfalls der Protestkultur in Britannien vorbildlich (gewesen) ist.

Im Reisen bildet sich der Geist der Vermittlung. Gerade auch im Reisen durch Literatur. In einer Zeit, in der eine fragwürdige, im Regelfall kurzsichtige nationale Interessenpolitik Spaltkeile ins europäische Bewußtsein zu treiben versucht, in einer Zeit der gerade zwischen Britannien und Deutschland peinlich sich mehrenden Mißverständnisse, bedarf es jeder Anstrengung, an der Kultur der Vermittlung zu arbeiten. Diese Versuche wollen dazu ihren sehr bescheidenen Beitrag leisten.

Zu diesem Geist der Vermittlung gehört auch das Wissen um die Bedingtheit des eigenen Urteils und die selbstkritische Einsicht in die Beweggründe für unser Urteilen. Eines ist dabei offensichtlich: Nicht ist fragiler und fragwürdiger als das Urteilen oder Bewerten einer Kultur oder Mentalität. Zeitströmungen (oder sagen wir lieber: Zeitstrudel), ob von der Literatur aufgenommen oder nicht, unterspülen vorgefaßte Meinungen, bringen fundamentgleiche Überzeugungen ins Wanken und zwingen uns zur Revision unserer Ansichten. Vier Ereignisse von einer für Britannien geschichtlichen Tragweite haben sich zwischen den Abschluß dieses Manuskripts und seine Drucklegung geschoben und auch meine Einschätzung der britischen Verhältnisse nachhaltig beeinflußt: der erdrutschartige Wahlsieg der Labour-Party, die Rückgabe der Kronkolonie Hongkong an China, die Trauerfeierlichkeiten für die Princess of Wales und das schottische sowie walisische Referendum für ein gegenüber Westminster eigenständiges Parlament.

Damit verbinden sich folgende Gedanken: Die soziale Kälteperiode während des Thatcherismus scheint gebrochen, eine langfristige Relativierung der Klassenstruktur möglich, eine grundlegende Verfassungsreform in greifbare Nähe gerückt. Die emphatisch bewiesene Fähigkeit zur Trauer über das sozial engagierteste Mitglied der königlichen Familie wurde zu einem schweigenden Volksbegehren für eine an der Lebenswirklichkeit orientierte Monarchie.

Und zudem sollte Britanniens verspäteter Abschied von seiner kolonialen Vergangenheit dazu führen, daß dieses Land, selbstkritischer als bisher geschehen, seine Geschichte aufzuarbeiten beginnt und sich nicht länger hinter abgelebten Traditionalismen versteckt. Das alles sind Hoffnungszeichen nach knapp zwei Jahrzehnten eindimensionaler toryistischer Zynismuspolitik.

Man sage nicht: Was haben ›literarische Streifzüge‹ mit solchen Fragen zu schaffen. Weder die Entstehung noch die Rezeption von Literatur vollzieht sich in politikfreien Zonen, das gilt gerade auch für Literatur, die gegen den Zeitgeist geschrieben scheint.

Meine Versuche geben keine Auskunft über die multikulturell geprägte Seite der Gegenwartsliteratur in Britannien.

Die afro- und indobritische Literatur ebenso wie die asiatischen Einflüsse, postkoloniale Phänomene, die Bedeutung Salman Rushdies und Kazuo Ishiguros, um nur zwei Namen zu nennen, die britisch-karibische Lyrik, ich denke unter anderem an David Dabydeen, befinden sich noch immer in einem zu breit angelegten Entwicklungsstadium, als daß sich hierüber auch nur annähernd Verläßliches aussagen ließe. Inwieweit diese Literatur darangehen wird, die klassisch britische Kultur umzuschreiben oder langfristig zu ersetzen, kann gegenwärtig nicht mehr als Spekulation sein. In jedem Falle stellt sie die revanchehafte Umkehrung der kolonial geprägten Literatur à la Kipling dar, was im einzelnen zu betrachten unsere Reise zu einer Odyssee gemacht hätte.

Gewidmet seien diese Versuche der Erinnerung an Thorsten Müller, einen Anglophilen in bester hanseatischer Tradition, einen bedeutenden Redakteur, der in einer Hamburger Zeitung bis zu seinem Tode im Jahre 1991 eine journalistische Seltenheit betreute: die »Essay-Seite« – nach englischem Vorbild, das in dieser Form auch nicht mehr existiert, seitdem die sogenannte Qualitätspresse in Britannien ihre Boulevardisierung hemmungslos betreibt. Meine Versuche über Thomas Paine und Charles Morgan gehen auf eine Anregung Thorsten Müllers zurück.

Kingston-upon-Thames, im Frühherbst 1997

Über den Square

Ein einleitender Exkurs

Er prägt noch immer das Londoner Stadtbild: der Square, dieser von Wohnhäusern umschlossene Bezirk, ihr gemeinsames erweitertes Interieur, in dessen Mitte kleine Parks angelegt sind, die wie ein Natur-Zitat wirken. Karl Philipp Moritz schrieb in seinen »Reisen eines Deutschen in England im Jahr 1782« von der stillen Faszination, die von diesen Anlagen ausging: »Diese Squares oder viereckigen Plätze enthalten die prächtigsten Gebäude von London, und innerhalb derselben ist ein runder grüner Rasenplatz mit einem Geländer eingefaßt, in dessen Mittelpunkt gemeiniglich eine Statue errichtet ist, wovon die, welche ich gesehen habe, zu Pferde und vergoldet waren. Im Grosvenorsquare ist statt dieses Rasenplatzes sogar ein kleines Wäldchen in der Ründung angelegt.«

Der Reiz des Squares ging demnach auch davon aus, daß seine Erbauer den Versuch gewagt hatten, das Quadrat mit dem Kreis zu versöhnen. Ihr Vorbild war die italienische Piazza gewesen. Inigo Jones hatte sich im frühen 17. Jahrhundert dieses Projekts angenommen. Mit dem Covent Garden Square sollte der mittelalterlichen Enge der City ein Modell entgegengehalten werden, das sich bis ins 19. Jahrhundert hinein zum maßgeblichen städtebaulichen Konzept für London entwickeln sollte.

Eines freilich hatte Inigo Jones noch nicht vorgesehen: das Natur-Zitat in der Mitte, das Parkstück, eine Baumgruppe oder einen Gemeinschaftsgarten. Auf dieses Stück Natur bestand erst das 18. Jahrhundert. Die Mitte des Covent Garden bildeten überdachte Marktstände, die, heute steril wiedererrichtet, im Volksmund den Namen Piazza beibehielten. War Covent Garden zunächst ein eleganter Vorort der alten City gewesen, bestimmt vom Geschmack der Earls of Bedford, so wurde dieser Square im Laufe der Zeit zu einem reinen Marktplatz. Mit Waren und bald auch mit Nachrichten wurde hier gehandelt, auf der Piazza wurde gefeilscht, in den angrenzenden Kaffeehäusern das Neueste aus Politik und Gesellschaft diskutiert. Im 18. Jh. galt Covent Garden als *die* Nachrichtenbörse Londons, Ort der Kritik und der freier werdenden Presse. Hier hatten nun die Intellektuellen, die Steels, Addisons und Boswells ihr Forum.

Dieser Square wurde wie sonst kein anderer in London zu einem Ort der kritischen Öffentlichkeit und mithin zu einem Politikum. Die Regierung steuerte diskret dagegen: Sie gewährte vermehrt Lizenzen für Gewerbetreibende, schränkte jene für Kaffeehäuser ein, hoffend, so die Brutstätten der Kritik unter Kontrolle zu halten. Eines brachte dieser Square und seine später überdachten Marktstände nicht hervor: den Flaneur. Der Londoner Square ist eben das reine Gegenteil zur Pariser Passage oder dem Boulevard. Im Square kann man sich nicht treiben lassen oder verirren. Er entstand als rationales Konstrukt mit etwas Natur in der Mitte als Konzession an die Gefühle. In ihm gelang scheinbar der Kompromiß zwischen Stadt und Natur, Öffentlichkeit und Privatheit. In der Passage verstrich die Zeit, löste sich auf, im Square blieb sie allgegenwärtig, planbar. Seine Anwohner kooperierten, sorgten für seine Instandhaltung, für die Pflege des sorgsam umzäunten Parkstücks. Walter Benjamin hat die Passage als Ort des Durchgangs dargestellt, als Welt zwischen Traum und Erwachen. Anders der Square. Er war als Ort des Bleibens, des Repräsentierens konzipiert. Er bot eine klar umrissene Welt, eine Ordnung im insgesamt ins Unübersichtliche ausufernden Wachstum

Londons. Der Square teilte die Stadt auf in Waben. Die Passagen dagegen wurden zu Kanälen, die ins Unbestimmte führten, in die dämmerlichtige Imagination. Im Square achtete man darauf, daß er gut ausgeleuchtet sei, was sich jedoch änderte im London des Charles Dickens, dessen neblig-rußige Atmosphäre der Stimmung in Eugène Sues »Mysterien von Paris« sehr nahe kam.

Im Paris des 19. Jahrhunderts fand sich jedoch nicht nur die Passage, sondern auch der Salon. In ihm flanierte man im Gespräch, erging sich in Gedanken. Doch wenn man den Salon wieder verließ zu vorgerückter Stunde, wurde man wieder zum Flaneur, verdaute dabei die Gespräche oder ließ sie zurück, schaute lachenden Grisetten ins Gesicht oder verschwand im Zwielicht.

Anders in London. Der Square wurde zur Lebensform. Man zog sich zurück – in den *drawing room* oder suchte den Club auf. Die größten Clubs versuchten gar, die Konstruktion des Squares nachzuahmen: Ihre Eingangshalle oder Lobby entspricht dem Square, die Räumlichkeiten, gewöhnlich auf zwei Etagen verteilt, über Balustraden zugänglich, gleichen den anliegenden Häusern. Nur ist im Club eben alles unter einem Dach.

Nicht der Flaneur, sondern der Clubist beherrscht hier die Szene. Anders als der Flaneur, dessen Herumstreifen immer zu einer Odyssee ausarten kann (so der Titel eines 1858 erschienenen Buches von Victor Fournel), bevorzugt der Clubist die Überschau. Seine Perspektive ist die eines Menschen, der sich nur im Falle eines Feueralarms aus seinem tiefen Ledersessel vertreiben läßt. Ansonsten überblickt er die Welt des Clubs, die er gleichsetzt mit der Welt an sich.

Im 19. Jahrhundert kultivierte der Londoner Clubist die Kunst, wortreich über Nichts zu reden. Dramatische politische Ereignisse wurden im Club, anders als im Pariser Salon, nicht leidenschaftlich diskutiert, sondern zerredend ent-schärft. Der Club galt als soziale Festung. Nicht anders der Square. Seine Anwohner kannten einander in der Regel, re-gistrierten jede Veränderung peinlich genau, verstanden aber gleichzeitig, einander aus dem Wege zu gehen. Dennoch spürte, wer zu einem bestimmten Square gehörte, daß ihm die Welt draußen nichts anhaben konnte.

Anders verhielt es sich mit der sogenannten Terrace oder dem Crescent, einem langgestreckten, gestaffelt gebauten Straßenzug oder einer halbmondförmig angeordneten Häu-serzeile. Die Terrace war nur für einige Jahrzehnte schick gewesen, um 1800, bis sie dann zur Serienbauweise verkam, in der die Unterschichten ihre Behausungen fanden. Der Crescent kam nie ganz aus der Mode, wenngleich er seinen ästhetischen Höhepunkt während des Jahrzehnts vor der Thronbesteigung der Queen Victoria hatte. Zwar gelang es dem Crescent nie, die (soziale) Bedeutung des Squares ernst-lich zu gefährden, doch gefiel er zeitweise durch seine scheinbare Offenheit; besonders in den Vorstädten Englands konnte er sich durchsetzen. In Bath findet er sich in beson-ders großzügig angelegter Form noch heute, übrigens auch in Dublin. Aber ebenso bewußtseinsbildend wie der Square konnte der Crescent nicht wirken.

Die Geschichte dreier Londoner Squares widerspricht freilich der These, daß sich der Square dem betont Öffent-lichen der Piazza mehr und mehr entzogen und das Private der Anlieger begünstigt habe: des Portman Square, des Soho und Leicester Square. Kurioses trug sich jahrelang im Mon-tague House zu, das am Portman Square lag. Mrs. Montague, eine Philanthropin, hatte nämlich die Idee (zum Entsetzen der übrigen Anwohner), einmal im Jahr alle Kaminkehrer Londons in den Square einzuladen und sie zu verköstigen und zu unterhalten. Zum Ergötzen der Mrs. Montague mußten sie, ein Höhepunkt geistreichen Gesellschaftsspiels, mit ihren rußigen Händen (das Tragen der schmutzigen Berufskleidung war Vorschrift bei diesem Ball der Kaminkehrer!) weiße Leintücher möglichst unbefleckt über den Square breiten. Mrs. Montague soll sich köstlich amüsiert haben. Der Portman Square hatte ihr diese Verletzung seiner Privatsphäre nie verziehen. Als die tote Mrs. Montague aus ihrem Haus getragen wurde, hatten die Square-Anwohner bunte Tücher aus ihren Fenstern gehängt. Allein die Kaminkehrer hielten ihr die Treue: Sie füllten ihr Grab mit Ruß.

Zur Zeit König Georgs III. galt Soho Square als ein Ort des, wie die Chroniken sagen, »überbordenden Frohsinns«. Privat ging es auch hier nicht zu. Eher könnte man sagen: Das Intime wurde zur öffentlichen Angelegenheit. Gröber ausgedrückt: Der Square wurde zu einem Bordell für die oberen Fünfhundert der Stadt. Dabei war es zunächst recht schicklich zugegangen. Der »erste Anwohner« des Squares, der Herzog von Monmouth, hatte sich mehrfach um das Vaterland verdient gemacht, nicht zuletzt als Sieger in der Schlacht von Sedgmoor, die vor allem deswegen in die britischen Annalen eingegangen ist, weil diese kriegerische Auseinandersetzung ursprünglich als Manöver geplant war, aus dem dann unversehens blutiger Ernst wurde, der vor allem den örtlichen Viehbestand bis auf drei, vier ungerupfte Hühner dezimiert hatte. Die historischen Umstände kümmern niemanden mehr, wohl aber die Parole der Monmouth-Leute; sie lautete So-ho. Beim Tod des Herzogs nun entschlossen sich seine Freunde, seinen Square in Soho-Square umzutaufen. Man beging sein Begräbnis mit einer Maskerade, einem Ball, auf dem, so munkelte man, alle seine ehemaligen Mätressen anwesend gewesen sein sollen. Damit war aus einer kriegerischen Parole ein Lustschrei geworden: Soho. Der später Georg IV., Englands notorischster König nach Heinrich VIII., hatte als Prince of Wales den Soho Square praktisch im Dauerabonnement übernommen, um hier seinen Orgien zu frönen. Soho blieb sich seinem lüsternen Ruf treu: Bis heute gilt dieser Bezirk als Red Light District, als verrufenes Viertel, obgleich sich inzwischen dort Architekturbüros, sterile Restaurants und Computerläden niedergelassen haben.

Auch die Geschichte des Leicester Square zeigt, daß nicht alle Squares Orte waren, an denen man sich mitten in der Stadt gegen das weltstädtische Treiben abschotten wollte. Im Haus Nummer dreißig, Leicester Square, lebte von 1733 bis 1764 William Hogarth; dort entstanden seine berühmtberüchtigten Bildzyklen, halb Karikaturen, halb verzerrte Genre-Studien. Hogarth, der Daumier im London des 18. Jahrhunderts, hatte über seinen Leicester Square gesagt, er sei das Herz der Satire. Übermütig ging es zu im Haus Nummer dreißig, laut, bier- und ginselig, was man vom Haus siebenundvierzig zwischen 1760 und 1792 nicht sagen konnte; denn dort lebte Sir Joshua Reynolds, neben Gainsborough *der* Porträtist seiner Zeit und Gründer der Royal Academy of Arts. Reynolds lebte auf großem Fuß, errichtete im Leicester Square neben seinem Haus eine Galerie für seine eigenen Werke und richtete für seine »galanten Erscheinungen«, die ihm Modell saßen, ein Wartezimmer ein.

Am Leicester Square fanden nicht die üppigen Bälle statt; die große Welt überließ man gerne dem St. James's Square. Der Leicester Square zeichnete sich im 18. Jahrhundert vor allem dadurch aus, daß hier künstlerische Finesse, gemäßigte Eleganz und geistreicher Disput zusammenfanden. Samuel Johnson und sein Adlatus James Boswell kamen hierher; Goldsmith und Garrick gaben sich in den Salons des Leicester Square von ihren besten Seiten. Wenn Garrick in einem der Häuser am Square Shakespeare deklamierte, dann war es Brauch, daß man die Fenster öffnete, damit auch »die Dienstboten und Kutscher, die den Square bevölkerten, etwas vom Geist des Geistes angeweht werden sollten«, wie Boswell notierte.

Ein Jahr nach Reynolds Tod eröffnete der Leicester Square einem bis dahin unbekannten Spectaculum seine Tore. Der gebürtige Ire Robert Barker, ein Maler von Panoramabildern, der in Glasgow und Edinburgh erste Erfolge gehabt hatte, eröffnete am Leicester Square eine Rotunde, um seine Panoramen wirkungsvoll auszustellen. Wieder gelang eine Aussöhnung des Rechtecks mit dem Kreis, des Squares mit einem Rundbau. Barkers Panoramen bildeten den Auftakt einer Unterhaltungsindustrie, die im Film ihren Höhepunkt fand; sein Ursprung ist schließlich das »bewegte Panorama« gewesen. Die ironische Dialektik war perfekt: Das Panorama wollte Weltbilder vermitteln und begann damit in der Enge eines Squares, bis dann der Square selbst zur Welt erklärt wurde, zum Mittelpunkt der angelsächsischen Unterhaltungswelt im 19. Jahrhundert.

Man kann vom Leicester Square nicht reden, ohne Mary Tofts' zu gedenken, die behauptete, Kaninchen gebären zu können. Sie lebte im Haus Nummer siebenundzwanzig und wurde im London des Jahres 1726 zu einer Berühmtheit. König Georg I. höchstpersönlich schickte seinen Leibarzt in dieses verrückte Haus, um der Sache auf den Grund zu gehen. Selbst er soll Tage gebraucht haben, bis er der Schwindlerin auf die Schliche gekommen war. Mary Tofts zog ihre Kaninchen tatsächlich nicht aus ihrem Hut, sondern wirklich aus ihrem Schoß, nachdem sie die kleinen Dingchen, die eine fleißige Kaninchenmutter im Hinterhof geworfen hatte, sich jeweils zur Hälfte in ihre intime Zone steckte. Gefragt, warum sie das gemacht habe, antwortete sie: Sie wollte auch einmal Mittelpunkt des Stadtgesprächs sein.

Daß neben dem Skurrilen auch das Makabre am Leicester Square seinen Platz hatte, bewies ein Vorgang im Haus Nummer sechsunddreißig im Jahre 1761. Ein Schweizer Miniaturmaler hatte sich bei Anne Millicent King als Untermieter niedergelassen. Irgendwann in jenem Jahr wurde sie von ihm ermordet. Danach zerstückelte er die Leiche, verpackte ihre Einzelteile sorgfältig, verschickte auch manche in alle Welt. Die bei ihm gefundenen Päckchen trugen die Aufschrift: Souvenirs einer Liebe.

Im 19. Jahrhundert bildeten sich in London zwei Arten von Squares heraus: der reine »Traffic-Square«, ein Verkehrsknotenpunkt, an dem der umzäunte Square-Garten von einst zu einer regelrechten Verkehrsinsel wurde. Die Anwohner verließen diese Squares und zogen sich in die »eigentlichen« sogenannten »residential squares« zurück, wo es sich ungestörter wohnen ließ. Ein Musterbeispiel dafür wurde der Eaton Square, aber auch Brunswick Square, von dem Isabella in Jane Austens Roman »Emma« sagt: »Hier ist es so luftig...« Zum großzügigst angelegten Square Londons im 19. Jahrhundert wurde der 1826 begonnene Belgrave Square, heute das Botschaftsviertel. Strenggenommen ist dieser Square kein Rechteck, er ist als Ellipse angelegt; einer ihrer beiden Brennpunkte ist ein Denkmal für Simon Bolivar. Weltoffenheit sollte dieser Square symbolisieren, so jedenfalls dachte es sich der verantwortliche Architekt Thomas Cubitt in einer Denkschrift an seinen Auftraggeber, den Marquess of Westminster. Drei Schweizer Bankiers hatten die Finanzierung der Bauarbeiten am Square übernommen. Der Square als weltumspannende Idee – nur Belgrave Square folgte diesem Bauplan, der in seinen Dimensionen das englische *understatement* Lügen strafte.

Doch auch für Belgrave Square gilt, daß der Flaneur hier nicht heimisch werden konnte. Waren die kleineren Squares zu abgeschlossen, um sich in ihnen zu ergehen, ließen betriebsamere Squares wie Soho und Leicester Square keine rechte Stimmung für verträumtes Flanieren aufkommen, so bot der riesige Belgrave Square keine Möglichkeit zur Einkehr. Kein Geschäft, kein Café war in diesem Weltprojekt eingeplant gewesen. Die Architektur wirkt zwar grandios, aber einförmig. Auf subtile Details legte Thomas Cubitt keinen Wert; er konzentrierte sich auf die ausladenden Dimensionen. Der Flaneur aber braucht das anziehende Detail, den überraschenden Winkel, der das Innehalten lohnt. Doch in Belgrave Square dreht man nur seine Runden und kommt sich bald vor wie ein schlecht gezäumtes Zirkuspferd, das man durch Vorhangspalten beobachtet. Nach ein, zwei Runden will man diesem Square entkommen.

Am Anfang des 20. Jahrhunderts schlägt in London noch einmal die Stunde des Squares. Er wird zum Schauplatz eines elitären Kulturereignisses: junge Intellektuelle und Künstler, versprengte Sprößlinge (halb)aristokratischer Familien und diverse schwarze Schafe des spätviktorianischen Großbürgertums kommen in den Squares des Stadtteils Bloomsbury zusammen. Fitzroy, Bloomsbury und abermals Brunswick Square beherbergen in unmittelbarer Nachbarschaft des London University College für über ein Jahrzehnt die »kritische Intelligenz des Empire«. Virginia, Vanessa und Adrian Stephen, John Maynard Keynes, Duncan Grant, später E. M. Forster und der ewige Außenseiter Leonard Woolf wohnten hier, experimentierten mit Gefühlen und Gedanken, diskutierten und schrieben, machten die Nacht zum Tag und gaben sich bei Lady Ottoline Morrell, ihrer plutokratischen Mäzenatin, ein ständiges Stelldichein. Mit den Druckfahnen der neuesten Romane deckte man die Tische für die Dinner-Parties. Bloomsbury war »in«. Man flanierte auch hier nicht, man erklärte den Square zum gemeinsamen Eigentum, zum riesigen Club, zu dem nur zugelassen wurde, wer exzentrisch und geistreich war, snobistisch veranlagt und exhibitionistisch disponiert. Nein, Bloomsbury Square war keine Neuauflage des Covent Garden zu Zeiten eines Boswell und Addison. An eine Wiederbelebung der öffentlichen Kaffeehaus-Kultur dachte im Bloomsbury Kreis keiner. Auch für diese Squares galt: keine Geschäfte, nicht einmal Buchläden, keine Restaurants, keine Cafés. Man bewirtete einander, von Square zu Square; man blieb unter sich, auch wenn man dann und wann schockierende Einzelheiten über das Treiben in den Squares befreundeten Presseleuten mitteilte. Bloomsbury wollte provozieren, die Doppelmoral der viktorianischen Zeit bloßstellen. Doch die Squares in Bloomsbury in den Jahren vor dem Ersten Weltkrieg waren bei allen die Zeitgenossen schockierenden Vorgängen nicht vergleichbar mit dem Soho Square aus den Zeiten des toll-dreisten Prince of Wales. Orgien fanden in Bloomsbury nicht statt; wer sich hier entblößte, tat dies in wohlkalkulierter Absicht mit festem Blick auf die entsetzte Öffentlichkeit. Und »Öffentlichkeit« bedeutete: die Welt außerhalb der Squares in Bloomsbury.

In unserer Zeit hat der Square an Bedeutung verloren. Die neuen Siedlungsformen orientieren sich an weniger raumaufwendigen Planungsprinzipien. Viele der alten Squares wurden um ein sogenanntes Centre ergänzt, das Brunswick Centre zum Beispiel, das den Square mit Kinos, Supermärkten und Geldautomaten versorgen soll. Diese Centres wirken wie Fremdkörper; immerhin bieten ihre Heißluftschächte den Obdachlosen eine Bleibe für die Nacht. Der Londoner Square und die Pariser Passage schlummern vor sich hin. Aber vielleicht arbeitet gerade irgendein postmoderner Architekt daran, beide, den Square und die Passage, miteinander zu verbinden, womöglich gar, um dieses Hybrid dann für die Neugestaltung Berlins fruchtbar zu machen. Vielleicht übersiedeln sie ja gemeinsam aus der Geschichte in die Gegenwart zwischen Havel und Spree, der Flaneur und der Clubist, und bauen an einem gesquarten Boulevard Unter den Linden.

Pygmalion im Gehäus

Über Alexander Pope

Den elegantesten, untadeligsten und, »was weit mehr bedeutet, harmonischsten Dichter Englands« hat Voltaire ihn genannt; und Samuel Johnson rühmte ihm nach, der Inbegriff eines Dichters zu sein. Alexander Pope ertrug solche Schmeicheleien durchaus, ohne zu erröten; wogen sie doch die harsche Kritik, die er zeit seines Lebens auch erfuhr, so wohltuend auf.

Überhaupt die Kritik. Schon der dreiundzwanzigjährige Pope wußte um ihre Zweischneidigkeit, um ihren aufbauenden Wert und ihre zersetzende Gefahr. Sein *Essay on Criticism* (1711) enthält aber mehr als eine Abhandlung über das Kritische; er bietet eine Art Schlüssel für Popes eigene Kunst. Hier lehrt er seine Leser, warum ihm so viel an der Natur liegt: sie gilt ihm als Bild der Vernunft, dessen Aufbau der Dichter ohnehin in sich trage. Auch aus diesem Grund warnt der junge Pope vor jeder zusätzlichen »Regelpoetik«: »Some Beauties yet no Precepts can declare.« Der Schriftsteller muß die Regeln, die der Kritiker festlegt, vernachlässigen, so behauptet Pope in seinem *Essay*, weil sie ihn an der Entwicklung seines eigenen Gespürs für »Vernünftigkeit«, also die Richtigkeit des Ausdrucks, einschränken.

Der Glaube an die Vernunft und an das Maß sowie das aufkeimende Bewußtsein eines freien Künstlertums wirkten in Pope zu gleichen Teilen. Hinter seinen unzähligen Versen und ihrer spielerischen Anmut verbarg sich ja mehr als bloße Tändelei: gleichsam (wort-)spielerisch befreite er sich von der nach Shakespeare und Milton im Gefolge der Frühaufklärung erstmals wieder drohenden Überfremdung der Poesie durch die Wissenschaft. Denn Pope war eben nicht nur der große Didaktiker unter den Poeten Englands, sondern auch der Schöpfer großer »absoluter« Poesie und Übersetzer der »Ilias« und »Odyssee«. Für beide Sphären war sein rigoroses Wahrheitsethos ausschlaggebend. Der Mensch schulde sich und den anderen Selbsterkenntnis, so dachte Pope, er, der den Widerspruch von Natur und Geist so schmerzlich an sich selbst erleben mußte: genial veranlagt, aber körperlich mißgebildet, ein anziehender Gesprächspartner von eher abstoßender Körperlichkeit.

Er liebte seine poetischen Gebilde und lebte, nein, residierte in einem palastähnlichen Haus, seinem »Gehäus«, in Twickenham am unteren Mittellauf der Themse, ein Pygmalion, religiös, katholisch, der sich seine unsterblichen Geliebten mit anmutigsten Worten erdichtete. Allemal löste sich die Muse der Freundschaft aus seinen Episteln und umfing ihn, um sein Lebenslos auf sehr menschliche Art zu mildern.

Ist es ein Trost der Vernunft, der ihn in seinem berühmten *Essay on Man* (1733) schreiben läßt:

> »All are but parts of one stupendous whole –
> Whose body Nature is, and God the soul.«

Diese Einheit im Widerspruch hätte gegen Spinoza gerichtet sein können, wie schon Lessing bemerkt hat. Ohnehin war es im deutschen Sprachgebiet Lessing, der Pope mit gewohntem Scharfsinn betrachtete. In seiner Abhandlung *Pope, ein Metaphysiker!* (1755) behandelte Lessing nicht nur dessen *Essay on Man* mit gebotener Ausführlichkeit, sondern nahm Popes vier Episteln in Couplet-Form zum Anlaß, am Zusammenhang von Dichten und Philosophieren zu deuten. Dem Philosophen ginge es schließlich um systematisches

Denken, das heißt um einen systematischen Wortgebrauch, dem Dichter dagegen um eine »vollkommene sinnliche Rede«:

»Was muß der Metaphysiker vor allen Dingen tun? Er muß die Worte, die er brauchen will, erklären; er muß sie nie in einem andern Verstande, als in dem erklärten anwenden; er muß sie mit keinen, dem Scheine nach gleichgültigen, verwechseln. Welches von diesen beobachtet der Dichter? Keines. Schon der Wohlklang ist ihm eine hinlängliche Ursache, einen Ausdruck für den andern zu wählen, und die Abwechslung synonymischer Worte ist ihm eine Schönheit.«

Natürlich wußte Lessing, weshalb er sich Alexander Pope so gründlich zugewandt hatte. Dieses hier angedeutete Problem, das sich jedem philosophierenden Schriftsteller stellt, war Lessings eigenes. Den Zwiespalt zwischen dem bloßen sinnlichen Vergnügen am gelungenen Ausdruck und den Zwang zur Genauigkeit und überzeugenden Logik überbrückt nicht einfach blendende Rhetorik. Ein immer waches Bewußtsein muß sich seiner annehmen. Lessing kommt zu dem Schluß, daß Pope nur den Metaphysiker, den Philosophen gemimt hatte. Und Lessing selber, der Fabel- und Bühnendichter, der Rhetor und Journalist? Sein letztes Wort war in der Tat ein philosophischer Essay gewesen (»Die Erziehung des Menschengeschlechts«), ein universal-didaktischer Entwurf, aber eben in Prosa geschrieben, ein Medium, das Pope im Grunde fremd blieb. Einmal mehr entscheidet die Form über die Frage nach der Bewußtseinshaltung. Darauf deutet auch Lessing in seiner besagten Abhandlung über Pope:

»Ich leugne nicht, daß man ein System in ein Silbenmaß oder auch in Reime bringen könne; sondern ich leugne, daß dieses in ein Silbenmaß oder in Reime gebrachte System ein Gedicht sein werde.«

Alexander Pope (1688-1744)

In dubio pro arte: daran ließ Pope anders als sein späterer Kommentator Lessing keinen Zweifel. Ein Systematiker war er nicht, selbst wenn er den Anschein erweckte. Eher ein Sensualist vom Schlage Shaftesburys. (Lessings Verdacht, Pope habe von Shaftesbury mehr übernommen als bekannt, hat sich bislang übrigens nicht erhärtet.) Ein Schriftsteller, der auf der Suche nach Harmonie, ob im poetischen Schäferspiel *(The Rape of the Lock)* oder im Freundschaftsbund, vor allem mit Addison und Swift, immer wieder vor neuen Erdspalten ankam, vor aufreißenden Widersprüchen, die ihn nicht ruhen ließen.

Als Autor komisch-satirischer Epen wurde er außerhalb Englands verharmlost, sehen wir von Lessing und Herder einmal ab. Goethes Hinweise auf ihn lesen sich nicht gerade vorteilhaft; verglichen mit Lord Byron, so Goethe, wirke Pope wie eine Wand, steif, aber immerhin etwas, woran man sich anlehnen könne. Er warnte aber davor, die daraus resultierenden Rückenschmerzen schon für einen schöpferischen Impuls zu halten.

Pope war in seinem Schaffen von der Kritik ausgegangen. Überzeugt von ihrer Relativität, schrieb er: der Mensch solle nicht in ihr untergehen. Aber Pope bezog diese Relativität auch auf das ihm so werte Maß der Vernunft. Sein genuin poetisches Vermögen befähigte ihn, sich sogar einer Art »Kritik der Vernunft« *künstlerisch* zu nähern. Auch Kant wußte, wie Lessing, warum er sich auf Pope berief.

Popes Vernunftkritik war jedoch eigenartig gepaart mit einem Bekenntnis zur Wahrheit des Wirklichen: »...in erring Reason's spite, / One truth is clear: Whatever is, is right.« Man fühlt sich dabei an Hegels umstrittenes Diktum aus seiner *Philosophie des Rechts* erinnert, das bekanntlich lautet: »Was vernünftig ist, das ist wirklich, und was wirklich ist, das ist vernünftig.« Leidvoll durch die Geschichte eines anderen belehrt, stoßen uns allgemeine Behauptungen wie diese eher ab. Auch ist hier nicht der Ort, das Wider dieser These eingehender zu erörtern (das ›Für‹ scheint mir in diesem Falle nicht mehr existent). Pope ist jedoch zuzubilligen, daß seine Formel ›Was immer ist, ist richtig (auch: rechtens!)‹ eine poetisch vorgetragene Position ist; sie schließt nämlich den ersten Teil seines *Essay on Man* ab und bringt mithin eine von christlicher Ethik geprägte Auffassung auf den Begriff.

Schon Popes Zeitgenossen, allen voran William Ayre, der 1739 eine Widerlegung von Popes *Essay on Man* vorlegte, beklagten den Meinungswirrwarr in dessen Dichtungen. Es fehle die klare Linie in Popes Argumentation, monierte denn auch Ayre. Das kann man freilich auch anders sehen. Gerade der poetische Traktat erlaubte es Pope, eine neue Erfahrung darzustellen: den Umschlag von Meinungsvielfalt ins Chaos der Ansichten. Modern gesagt: Pluralismus im Zeitalter des Werteverlustes.

Pope spürte in seiner Zeit besonders im Hinblick auf die politischen Querelen und Intrigen, aber auch in der Philosophie einen Zerfall der Orientierung, sah nichts als Wegweiser ohne Richtungsangabe. Er konnte und wollte hier nicht Schiedsrichter sein, sooft er auch die christliche Ethik (nicht die Dogmen!) als Orientierungshilfe in den Vordergrund stellte; was er aber versuchte, war die poetische Darstellung dieser disparaten Ansichten. Denn im Zweifelsfall setzte er auf die Kunst.

Kunst war für Pope Vorstellungskraft (»imagination«) und Form; das eine Begabung, das andere Wahl. Versinnbildlicht fand Pope diese Einheit im Weiblichen. Das geht recht deutlich aus seiner *Epistle To a Lady. Of the Characters of Women* (1735) hervor. In der weiblichen Psyche fand er, der von Frauen Geliebte und Verhöhnte, die des Künstlers vorgebildet. Das hatte gewiß viel mit der Frau zu tun, die sich hinter dem Gedicht verbirgt, mit Martha Blount. Ihr gegenüber konnte sich Pope öffnen, ohne der Zwanghaftigkeit seiner Kompensationsbedürfnisse zu verfallen. (Es dürfte übrigens für Lord Byron mit entscheidend gewesen sein, später Pope so zu verherrlichen, daß er in ihm verwandte Kompensationsnöte spürte.)

Gewiß ist richtig, daß Popes Katholizismus sein Bild vom Weiblichen mit prägte. Auch seine *Epistle* lenkt zum Reinen, »Unbefleckten« über:

> »So when the Sun's broad beam has tir'd the sight,
> All mild ascends the Moon's more sober light,
> Serene in Virgin Modesty she shines,
> And unobserv'd the glaring Orb declines.«

In der »Jungfrau« symbolisiert sich für Pope die Freundschaft, die zwar die Leidenschaft der Liebe nicht ersetzen, sie aber verstetigen, ihr Dauer und Substanz geben kann. Das hinderte ihn nicht, dennoch das frauliche Ideal zu schildern:

> »Reserve with Frankness, Art with Truth ally'd,
> Courage with Softness, Modesty with Pride,
> Fix'd Principles, with Fancy ever new;
> Shakes all together, and produces – You.«

Ist es eine Geschmacks- oder Glaubensfrage, sich über den Sinn einer bestimmten Form zu verständigen, die so unbedingt das Werk eines Künstlers durchdringt wie das Couplet jenes des Alexander Pope? Seine Biographen halten sich hierbei meist zurück. Aber wäre es nicht denkbar, im Couplet etwas von Popes Lebensdeutung zu erkennen?

Ein Couplet bedeutet zunächst eine »Verbindung«, eine

Sinneinheit zweier paralleler rhythmischer Sätze, die ein Endreim verklammert. Ein Vers für Pointen, eine Engführung, halb Scherz, halb Ernst, dabei ganz und gar undialektisch; nichts strebt zu einer Synthese, jedes Couplet könnte nahezu für sich allein stehen, jeweils ein neuer Anwurf, ein neues Beginnen. Dieses Dichten im Couplet hat etwas Serielles, ohne aber je langweilig zu wirken; eine Form, die der Gleichgewichtigkeit der Gedanken Rechnung trägt. Anstelle dialektischer Prozessualität steht hier das Auswiegen unserer Anliegen, das Abwägen der »Gewichte der Welt«, entsprechend einer Zeile Popes über das Europa seiner Zeit:

> »Now Europe's balanced, neither Side prevails,
> For nothing's left in either of the Scales.«

Popes Gespür für – ironische – Ausgewogenheit in wahrhaft englischer Manier besticht. Aber auch wenn er sie wie hier auf politische Machtfragen ausdehnt, gehört sie eigentlich der Kunst. Die Kunst wiederum sieht sich vom Chaos angefochten:

> »Lo! thy dread Empire, *Chaos!* is restored; Light
> dies before thy uncreating word:
> Thy hand, great Anarch! lets the curtain fall;
> And Universal Darkness buries All.«

Die Moral der Kunst hieß für Pope Form. Aber »Form« und »Chaos« fügen sich nur zu einem ungereimten Couplet. Pope beerbte uns mit dieser Ungereimtheit, jener eigentümlichen poetischen Dissonanz, die nicht um jeden Preis aufgelöst werden muß.

Ein Radikaler im öffentlichen Dienst

Über Robert Burns

Träumt davon nicht jeder Poet? Daß seine Gedichte zum Volksgut werden, daß man ihre Kunde von den Dächern pfeifen hört? Dem schottischen Barden Robert Burns erging es so. Seine Landsleute kannten die Lieder dieses menschenfreundlichen Steuereintreibers, der im Namen der englischen Krone seines Amtes waltete, im Herzen jedoch nach den Idealen der Französischen Revolution lebte und dies auch poetisch und pamphletierend zum Ausdruck brachte.

Er dichtete im Sattel, am Rande der Hochmoore, inmitten der Sagenwelt, die ihm, wie er einmal sagte, ins Haus wuchs. Man nannte ihn den vom »Himmel erzogenen Pflüger«, einen poetischen Volkstribun, der mit seinen »Poems, chiefly in the Scottish Dialect« in Edinburgh 1786/87 Sensation machte. Burns war schon zu Lebzeiten eine Legende. Bis in unser Jahrhundert blieb er schottischen Lyrikern ein oft beschworenes, aber nie erreichtes Vorbild.

»My heart's in the Highlands, my heart is not here«: Gedichtanfängen wie diesem kam bald sprichwörtliche Bedeutung zu. Burns war ab 1787 zumindest in Schottland in aller Munde – als Poet und Rebell, als Sinnenmensch, der an eine Vernunft der Leidenschaft ebenso glaubte wie an den Primat der Liebe. »Vive l'amour et vive la bagatelle« waren nach eigener Auskunft seine frühen Handlungsmaximen gewesen. Norman Elrod spricht in seiner Studie über den schottischen Barden von einer »vernünftigen Hingabe an das Lustprinzip«, der Burns auch später gehuldigt habe. Die Freiheit nannte Burns seinen »Adel«; entsprechend verdächtig wurde er seinen Vorgesetzten im Steueramt – zumal nach

Robert Burns (1759–1796)

1789, als das britische Establishment mit Edmund Burke befürchtete, die Französische Revolution könne auf Großbritannien übergreifen.

Es ist Elrods Verdienst, im einzelnen eine bis anhin weitgehend vernachlässigte Quelle für Burns' politische Ansichten genutzt zu haben: Thomas Paines programmatische Schrift »Die Rechte des Menschen« (1791). In einem ein Jahr später verfaßten Gedicht akzentuierte Burns den menschenrechtlichen Ansatz von Paine im Sinne der Emanzipation der Frau: »Im Miteinandersein von beiderlei Geschlecht / Ist Schutz das erste heil'ge Frauenrecht!«

Frauen, Liebe und Leben, das war für Burns eben nicht nur eine Frage der Libido, sondern auch der rechtlichen Sicherung der Würde der Frau. Burns ging in seinem Gedicht so weit, die Errichtung eines Matriarchats zu fordern, da »Könige und Waffenkampf« vollständig abgewirtschaftet hätten. Wie ernst es Burns mit dieser Forderung wirklich war, sei dahingestellt. Gewiß ist, daß er in der Frauenfrage progressiver dachte als nach ihm Byron, den man oft als aristokratische Version von Burns gesehen hat. Idealismus und Resignation gingen in Burns eine problematische Allianz ein (»Sag, wozu gab ein gütiger Himmel / Den Trostlosen und Unglücklichen Licht?«, so zitierte er schließlich seinen Dichterkollegen Ferguson); Leidenschaft und ernste materielle Sorgen quälten ihn bis zuletzt. Er mußte am Ende befürchten, ins Schuldgefängnis geworfen zu werden, was in ihm einen Schock auslöste, den sein ohnehin von »hartnäckigem Rheumatismus« geschwächter Körper nicht mehr verarbeiten konnte: »Armut! Du Halbschwester des Todes, du leibliche Base der Hölle!« hatte er in seinem letzten Jahr notiert.

Burns starb mit siebenunddreißig Jahren; der Überlieferung nach wirkte er doppelt so alt, ausgezehrt, resignierend, tief melancholisch. Es ist der melancholische Burns, der John Keats interessierte, als dieser im Sommer 1818 nach Schottland wanderte – zu Burns' Cottage und seinem Grab. »All is cold Beauty«, dichtete Keats ernüchtert, aber auch: »Great shadow; hide / Thy face, I sin against thy native skies.« Keats sah sich augenscheinlich als Eindringling in dieser Welt, in der Burns über zwanzig Jahre nach seinem Tode noch gespenstisch gegenwärtig schien.

Was bis heute an Burns faszinieren kann, ist das Idiomatische seiner Sprache, die Kühnheit, mit der er Dialekt und Standardsprache vermischte. Das freilich setzt Textausgaben voraus, die mit umfänglichen Fußnoten versehen sind. Wie sonst ließe sich das Verspaar »Should auld acquaintance be forgot, / And auld lang syne« entschlüsseln? »Auld lang syne« meint beispielsweise *frühere Tage und Freunde*. Den volkstümlichen Ton zur Hochsprache erklären und die Hochsprache volkstümlich machen, dies war Burns' Anliegen. Man muß nicht Paine gelesen haben, um die ästhetische und politische Bedeutung dieses Vorhabens zu verstehen: Burns wollte eine »demokratische«, das meint allen zugängliche Literatur, die verbunden war mit seiner Forderung nach dem Menschenrecht auf Bildung, auf Teilhabe an der Kultur. Wer Burns nur als Melancholiker und »heiligen Trinker« ohne Religion sieht, verkennt diesen umfassend emanzipatorischen Charakter seines poetischen Schaffens.

So nachhaltig Burns sich auch für die Bildung der »einfachen Leute« eingesetzt hatte, er selbst stilisierte sich gerne zum unverbildeten Sänger: »The Simple Bard, unbroke by rules of Art, / He pours the wild effusions of the heart: / And if insir'd, 'this Nature's pow'rs inspire; / Hers all the melting thrill, and hers the kindling fire.« Sturm und Drang auf schottisch, keine Regelpoesie, sondern Lyrik aus Natur. Bedenkt man Burns' politisches Engagement, dann wäre hinzuzufügen: eine Kunst aus Natur für eine Gesellschaft, die sich im Geist der Naturrechte organisiert. Eine Utopie? Für Burns war sie in jedem Falle ein – Liedstoff.

Im Asyl der Menschlichkeit

Über Thomas Paine

»Daß es Menschen in allen Ländern gibt, die ihren Lebensunterhalt durch Krieg verdienen und damit die Streitigkeiten
zwischen den Nationen beständig schüren, ist ebenso schok-
kierend wie wahr; aber wenn es jene zu ihrer Aufgabe
machen, Zwist zu säen und Vorurteile zwischen den Nationen zu kultivieren, die mit den Regierungsgeschäften eines
Landes beauftragt sind, dann ist dies noch unverzeihlicher.«
Dies schrieb Thomas Paine im Vorwort zum ersten im Jahre
1791 erschienenen Teil seiner Schrift *The Rights of Man*, die
als Antwort auf Edmund Burkes *Reflections on the French
Revolution* (1790) konzipiert war. Burke, der sich auf die
ästhetische Theorie des Erhabenen genauso verstand wie auf
die wahlweise gesetzte oder feurige Parlamentsrede, deren
Essenz er für seine subtile politische Prosa nutzte, dieser
souveräne Fürsprecher eines konservativen Reformismus
inspirierte Paine, den notorischen Außenseiter, zu einer
Streitschrift, die an rhetorischer Finesse und inhaltlicher
Schärfe alles übertreffen sollte, was es bis dahin in der englischen politischen Literatur gegeben hatte.

Es ist das Jahr 1791: In Frankreich scheint ein Verfassungs-
kompromiß die Revolution in Richtung einer parlamentari-
schen Monarchie lenken zu können; in Prag hört der im
Vorjahr zum deutschen Kaiser gekrönte Leopold II. die zu
seinen Ehren von Amadé Mozart komponierte Opera seria
»La clemenza di Tito« und sinnt darüber nach, ob er den
Reformern im Lande weiter mit Milde begegnen solle; und
in London veröffentlicht Boswell die nach Voltaires Studie
über Karl XII. von Schweden erste große Biographie der mo-

dernen Weltliteratur (über Samuel Johnson), während sich einige mutige Pamphletisten zusammenfinden und eine Zeitung gründen: *The Observer*.

Auch Paine wäre der Redaktion ein willkommener Mitarbeiter gewesen; doch er, eigens aus den Vereinigten Staaten gekommen, um die Publikation seiner *Rights of Man* in London zu fördern, muß ihretwegen nach Frankreich flüchten. Auf Betreiben der Tories ächtet man ihn, und den Burkianern willfährige Karikaturisten versuchen, Paine auf ihre Weise lächerlich zu machen.

In Paris weiß er sich, zunächst jedenfalls, unter Freunden. Vor allem mit Antoine Condorcet versteht er sich. Doch mit dem aufkommenden Jakobinismus und seinem Straßenterror hat er nichts gemein. Als »girondistischen Sympathisanten« läßt Robespierre ihn 1793 verhaften; nur eine Reihe von Zufällen verhindert seine Hinrichtung.

In England hielt man ihn bereits für guillotiniert und verteilte Flugschriften, die seine angeblich »letzte Rede auf dem Schafott« verbreiteten. Paine las sie im Pariser Haus des amerikanischen Sonderbeauftragten (und späteren Präsidenten der Vereinigten Staaten Monroe), der seine Freilassung und Rehabilitierung durch den Konvent erwirken konnte. Bis zu seiner Rückkehr in die Vereinigten Staaten im Jahre 1802 blieb Paine in Paris und erlebte die Konsolidierung Frankreichs unter der Leitung des Direktoriums sowie den rapiden Aufstieg Napoleon Bonapartes, dem er durchaus skeptisch gegenüberstand; und das, obwohl ihn Bonaparte persönlich aufsuchte und Paine versprach, »in jeder Stadt des Universums eine goldene Büste des Verfassers der *Rights of Man*« aufstellen zu lassen.

Bonapartes Verehrung für Paine war aufrichtig gewesen; das steht ebensowenig in Zweifel wie Paines Unbehagen an der Machtpolitik seines Verehrers. Mit der »Verrecht-

Thomas Paine (1737–1809)

lichung« einiger Grundideen Paines machte Napoleon im *Code civil*, seiner würdigsten Leistung, Ernst. Als der fünfundsechzigjährige Paine wieder in die Vereinigten Staaten zurückkehrte, lebte er bis zu seinem Tode (1809) vereinsamt auf einem kleinen Landsitz, nicht weit entfernt von jenem Ort, wo er drei Jahrzehnte zuvor seine erste wichtige Schrift, *Common Sense*, verfaßt und durch sie den entscheidenden ideologischen Anstoß zur Unabhängigkeit der amerikanischen Kolonien von England gegeben hatte. Den Autor des *Common Sense* konnten die Amerikaner zur Legende erklären; als alten, verkommenen Trinker wollten sie ihn jedoch nicht mehr zur Kenntnis nehmen. Ganze sechs Freunde und Bedienstete gaben ihm schließlich das letzte Geleit.

Um eine Gestalt wie Thomas Paine zu erfinden, hätte es der Phantasie mehrerer Schriftsteller bedurft. Anfangs hatte er sich als gelernter Korsettmacher verdingt; dann schlug er sich mit Gelegenheitsarbeiten durch; schließlich wurde er Steuereintreiber in einem englischen Schmugglerstädtchen. 1774 wanderte er in die nordamerikanischen Kolonien aus und faßte dank eines Empfehlungsschreibens von Jefferson, den er in London kennengelernt hatte, und praktischer Hilfe der Quäker rasch Fuß. Erst in Übersee wandte er sich ernsthaft dem Journalismus zu und wurde alsbald zum Propagandisten der Unabhängigkeit, dessen Wortmächtigkeit jene Jeffersons und Madisons übertraf.

Paine, der Quäker, deutete Humanismus als etwas Praktisches. Seine religiöse Dimension leugnete er entschieden, vor allem in seiner dritten Hauptschrift *The Age of Reason*, in der er die Relativität der biblischen Weisheiten und Glaubensinhalte zum Thema machte. Mit dieser nach seiner Inhaftierung in Frankreich ausgearbeiteten Schrift stieß Paine auch in den Vereinigten Staaten auf Ablehnung; man hielt sie für ketzerisch und destruktiv. Auch mit seiner letzten

Schrift, *Agrarian Justice*, die den unrechtmäßigen Landerwerb und die Bodenspekulation als kryptoaristokratisches und damit antidemokratisches Laster geißelte, schuf er sich unter den von der Idee des Landbesitzes besessenen Amerikanern keine neuen Freunde.

Anders als Hobbes und Locke ging Paine davon aus, daß sich der soziale Zusammenhalt eines Gemeinwesens und sein politischer Charakter wechselseitig bedingen. Und anders als Bodin und Rousseau setzte Paine auf die Ausbildung (und verfassungsrechtliche Absicherung!) demokratischer Strukturen; erst in zweiter Linie beschäftigten ihn Fragen der staatlichen Souveränität.

Im zweiten Teil seiner *Rights of Man* (1792) erklärte er, daß sich die Gesellschaft nicht durch Machtkonflikte bilde, sondern durch die Einsicht in die Abhängigkeit der Menschen voneinander. Paine unterstrich nicht ihre Interessenkonflikte, sondern die Verwandtheit ihrer Interessenlage.

Entsprechend deutete Paine die Funktion der Regierung. In ihr »verwirkliche« sich das Volk, ganz im Gegensatz zur erblichen monarchisch-aristokratischen Herrschaft, die Paine als Widerspruch zum Geist des »common sense« und damit der Humanität definierte.

Das aristokratische Prinzip bezeichnete er als Anmaßung und Einladung zum Machtmißbrauch. Ihm stellte er die römische *res publica* entgegen, und zwar in ihrer eigentlichen Bedeutung: als eine »Sache der Öffentlichkeit«. Entscheidend zu sehen ist, daß die *Rights of Man* keinen bloßen Menschenrechtskatalog präsentieren wollten; vielmehr fragte Paine in dieser Schrift nach den Bedingungen, die in einem Staatssystem erfüllt sein müssen, damit die Menschenrechte verwirklicht werden können. Dabei schrieb Paine der Transparenz der politischen Entscheidungsprozesse besondere

Bedeutung zu, ebenso wie der Überlegung, daß allein eine aktive Partizipation des Bürgers an der Vorbereitung bestimmter Entscheidungen dessen kritische Solidarität mit dem Staat fördern könne.

In seinen *Rights of Man* forderte Paine, keine Entscheidungen zu treffen, die das zwischenstaatliche Miteinander gefährden könnten. Er ging sogar so weit, einen »europäischen Kongreß« anzuregen, der auf die Bildung »freier Regierungen« hinarbeiten und die »Zivilisierung der Nationen« betreiben sollte. Unabhängigkeit allein, befand er, genüge nicht. Das besagt, daß Paine die Prinzipien der innerstaatlichen Gemeinschaft auf die zwischenstaatliche Ebene übertragen wollte. Gleichzeitig zeigt dieser Ansatz, daß Paine den Nationalstaat an sich verteidigte, wissend, daß er sich nur im Sinne der *Rights of Man* bewähren könne, wenn er sich »zivilisieren« lasse, womit Paine augenscheinlich »demokratisieren« meinte.

Die *Rights of Man* gründen jedoch auch auf der Annahme, daß jede Generation »unter allen Umständen«, wie Paine ausdrücklich schreibt, frei sein müsse, in eigener Sache zu handeln, unabhängig davon, was frühere Generationen entschieden (oder verbrochen?!) haben. Daß sich dieses Argument ethisch nicht aufrechterhalten läßt, versteht sich zweihundert Jahre nach der Erstveröffentlichung der *Rights of Man* leider von selbst. Ebenso offensichtlich ist freilich die Funktion dieses Arguments im Kontext der *Rights of Man*: Mit Hilfe dieser These versuchte Paine, gegen die Vererbung von Herrschaftsrechten Position zu beziehen. Demokratie war für ihn gleichbedeutend mit Entscheidungsfreiheit. Eine demokratische Nation habe das Recht, so Paine, ihre »gesamte Regierungsform zu ändern«. Sollte das auch für alle Verfassungs*werte* gelten? Dachte Paine, gut römisch, an die Möglichkeit einer Diktatur auf Zeit? Dafür fehlen jegliche

Anhaltspunkte. Gewiß dagegen ist, daß er nur jene Regierungsformen gelten ließ, die antidespotisch waren und die *Rights of Man* verwirklichten.

Zwar wäre ohne Paine die politische Philosophie nicht ärmer, wie man Alfred J. Ayer zugestehen muß, der diese These in einer überaus anregenden Studie über den Verfasser der *Rights of Man* überzeugend vertreten hat (1988); doch dem ist – mit Dolf Sternberger – entgegenzuhalten, daß die Idee der Demokratie selten einen wirkungsvolleren Fürsprecher gehabt hatte als diesen angelsächsischen Girondisten. Der englische Essayist William Hazlitt erkannte als erster, daß der Erfolg von *Common Sense* und von den *Rights of Man* in Paines überlegener Sprachkunst gründete. Auf dem Papier wurde Paine zum Rhetor – Burke dagegen langatmig.

Welche Sprachbilder! Burkes Vorschlag, die Französische Revolution am englischen Wesen genesen zu lassen, kommentiert Paine so: »Das ist, als versuchte die Dunkelheit, das Licht zu illuminieren.«

Paines Stil verbindet Polemik mit Information, Übertreibung mit Analyse. Man denke nur an seine sprichwörtlich gewordene Feststellung, in England habe jeder Club eine Verfassung, nur nicht der Staat. Dabei kümmert sich Paine nicht darum, der Tradition des britischen Parlamentskonstitutionalismus gerecht zu werden; er sieht nur das Fehlen einer modernen Verfassung, aber auch einen Mißstand, der bis heute nicht behoben ist: Der britische Konstitutionalismus geht von der prinzipiellen Gleichwertigkeit der Gesetze aus, einerlei ob es sich um Persönlichkeitsrechte handelt oder um Fischereigesetze. Nicht die Grundrechte stehen über allem, sondern die (einst faktisch, heute eher vermeintlich zu nennende) Souveränität des Parlaments. Paine sah, daß diese Souveränität in Widerspruch zu den *Rights of Man* geraten könnte. Obzwar er diesen Widerspruch nicht weiter bedenkt, legt er doch die Vermutung nahe, daß im Zusammenhang seiner Argumentation »Souveränität« nur sinnvoll ist, wenn sie der Durchsetzung der *Rights of Man* hilft.

Paines Programm, das er in den *Rights of Man* vortrug, hatte, wie er in der Widmung an George Washington sagte, universale Dimensionen; das schloß jedoch nicht die »Universalisierung der Fortschrittsidee« (Ulrich K. Preuß) ein, die sein Freund Condorcet vertrat. Fortschritt war nicht Paines Thema; vielmehr sah er in den Vereinigten Staaten bereits das verwirklicht, was er »demokratisch« nannte: Die *civitas* als Staat, streng republikanisch und ohne Mischverfassung. Fortschritt bedeutete für Paine nur, diesen Zustand zu festigen, wenn er auch in späteren Jahren erkannte, daß dieses System an einer Stelle moralische Legitimationsprobleme aufwies: Sklaverei war mit repräsentativer Demokratie unvereinbar.

In *Common Sense* konnte Paine noch unbefangener die künftige Rolle der unabhängigen Kolonien bestimmen: Ein Asyl sollten sie werden – für die Menschheit und die Menschlichkeit, ein Ort des Widerstands im Namen der Freiheit. Paine hatte den Kolonialisten den amerikanischen Traum vorgeträumt, als diese noch unentschieden zwischen Loyalität zum britischen Mutterland und Selbstbehauptung schwankten. Er tat um 1775/76 genau das, was George Orwell einmal als den Sinn seines Schriftstellertums bezeichnen sollte, nämlich den Menschen neue Perspektiven zu eröffnen.

Paine wollte diese Perspektiven jedoch nicht in Form von Dogmen erstarren sehen. Zu seinem Stil gehört eben auch, daß er Angriffsflächen bietet und zum Widerspruch herausfordert. Seine *Rights of Man* wollten kein Bibelersatz sein, sondern das Prinzip des Demokratischen diskutabel machen. Und dennoch: Der Rhetoriker Paine hatte gute

Gründe, seine politische Schriftstellerei mit Pamphleten über den *Common Sense* zu beginnen. Sie waren ja keineswegs als eine bloße Analyse des »common sense« gedacht, was eben nicht nur »Gemeinsinn« bedeutet, sondern auch »Selbstverständlichkeit«. Mit diesem Titel verschaffte sich Paine insofern einen Vorsprung vor seinen Kritikern, als er damit suggerieren konnte, daß alles das, was er unter diesem Titel sagte, »selbstverständlich« sei; anders ausgedrückt, er zwang mit diesem Titel-Kunstgriff seine Kritiker dazu, »Selbstverständlicheres« aufzubieten, wenn sie ihn widerlegen wollten.

Als Paine seine *Rights of Man* veröffentlichte, konnte er dies als Anwalt des *Common Sense* tun, womit er auch gleichzeitig seine Argumentation in den *Rights of Man* als Fortsetzung eines politisch aufgeklärten Gemeinsinns ausgeben konnte. Raffinierter haben nur wenige politische Schriftsteller ihr Werk angelegt. Denn auf die *Rights of Man* ließ er *The Age of Reason* folgen, gewissermaßen als Apotheose des menschenrechtlich sanktionierten »common sense«. Auch in dieser Hinsicht blieb er sich treu, übrigens eine Eigenschaft, die er in seiner Erörterung des Zeitalters der Vernunft als Voraussetzung für ein glückliches Dasein anführte.

Eine bereits vorgebrachte Kritik an Paine sei hier noch einmal präzisiert. Problematisch ist, daß er Freiheit vor allem als eine Emanzipation von der Geschichte verstand und Kontinuität als etwas *per se* Negatives definierte. Indem er nämlich jeder Generation einen radikalen Bruch mit der vorigen einräumte, gefährdete er im Grunde jenen sozialen Zusammenhalt (in diesem Fall zwischen den Generationen), der ihm im zweiten Teil seiner *Rights of Man* so wichtig gewesen war. Bedenkt man jedoch seine Biographie, die radikale Brüche und immer wieder unternommene Neuanfänge aufweist, und die Zeitumstände, in denen er sich fand, die Aufbruchsstimmung in den Kolonien, die entscheidende Phase der Französischen Revolution, dann mag diese sonst krampfhaft wirkende Weigerung, Kontinuitäten anzuerkennen, verständlicher sein.

Paines Kritik am Wert geschichtlicher Kontinuität war auch darin begründet, daß er um ihren Mißbrauch in aristokratischen Herrschaftssystemen wußte. Er hoffte, ihre Legitimationsbasis dadurch erschüttern zu können, daß er das »Prinzip Kontinuität« außer Kraft setzte. Diese Ansicht teilten zwar auch seine girondistischen Freunde; aber sie bestritten nur den Aristokraten das Recht auf legitimationsstiftende Kontinuität. Doch Condorcet reklamierte sie für die Revolution; seine Fortschrittskonzeption ging davon aus, daß es eine Kontinuität des revolutionären Impulses gebe. Paine antwortete darauf wohl auch deswegen nicht, weil er sich selbst keine Rechenschaft darüber gab, was ihm im einzelnen zu seiner Kritik am Kontinuitätsdenken bewogen hatte. Denn wer im Zeichen des »common sense« schreibt, kümmert sich selten um psychologische Fragen.

Unenglisches Verhalten war noch der mildeste Vorwurf, der gegen Paine in seinem Mutterland erhoben wurde. Kein Buch stand in England länger auf dem Index als seine *Rights of Man*. Die Tories erklärten ihn zum Staatsfeind und leiteten noch zu seinen Lebzeiten eine Verleumdungskampagne gegen ihn ein, deren Spätfolgen die Rezeption Paines noch immer, wenigstens indirekt, beeinflussen.

Paine verkörperte den Selfmade-Intellektuellen, der die konventionelle Gelehrsamkeit verhöhnte und dem man vor allem seiner Popularität wegen nicht vergeben konnte.

Wohl gehören heute die *Rights of Man* zu den Klassikern der politischen Literatur. Aber der Schrift Paines zieht man noch immer entweder die nüchterne Analytik Lockes oder den sensualistischen Politikbegriff Rousseaus vor. Und auch in Deutschland besann man sich, unter der zweifelhaften Anleitung von Carl Schmitt, eher auf Hobbes denn auf Paine. Im übrigen beschäftigten sich nur die deutschen Radikaldemokraten im Gefolge Georg Forsters und der Mainzer Republik mit Paine, wobei auffällt, daß die Anglophilen der Spätaufklärung sich Paines England-Kritik bedienten, als sie erkannten, daß England mit den konservativen Kontinentalmächten die Französische Revolution einzudämmen und, wenn möglich, zu ersticken hoffte.

Dabei verkannte man das Wesentliche: Kernstück der *Rights of Man* waren die Relativierung des Souveränitätsbegriffs und die Etablierung sozialer Kohärenz. Überdies ging Paine nicht über die Forderung nach Gleichheit vor dem Gesetz hinaus. Sein Modell einer repräsentativen Demokratie ging von der Existenz einer erkennbaren gesellschaftlichen Schichtung aus; ihre Auflösung sah er nicht vor.

Nicht durch Klassenkampf wollte er eine Solidargemeinschaft erreichen, sondern dadurch, daß er ihre lebenspraktische Notwendigkeit verdeutlichte; in dieser Hinsicht erwies sich Paine ganz als Aufklärer und nicht als Ideologe.

Daß der Umgang mit Paine Probleme ganz eigener Art aufwerfen kann, beweist die makabre Tatsache, daß seine schließlich doch nach England überführten sterblichen Überreste infolge mehrfacher Auslagerung und versuchter Versteigerung letztlich ganz verlorengingen. England konnte seiner eben nie mehr ganz habhaft werden; das erwies sich auch in diesen Tagen, als eine Kupfertafel an der Außenwand seines einst bevorzugten Pubs im Londoner Stadtteil Islington enthüllt wurde: Alle vier auf dieser Tafel angebrachten Zitate weisen sinnentstellende Fehler auf.

Sprache in Lohe

Notat zu William Blake

Kann man Worten gegenüber eine Berührungsangst entwickeln und sie scheuen wie das Feuer? Mit den Versen William Blakes mag es einem so ergehen. Sie wirken wie Sprachlava und bilden Gedichte, die noch zweihundert Jahre nach ihrer Niederschrift zu beben scheinen.

Seine Gedichte sind Bilder, Visionen, Prophetien. Beim Lesen wird einem, man weiß nicht wie, zumute: Mal glaubt man, über sich hinausgehoben zu werden; dann wieder sieht man abgründige Tiefen vor sich. Blake paßt denkbar schlecht in unsere aalglatte Zeit, die Aufklärung mit Abgeklärtheit, Vielfalt mit Beliebigkeit verwechselt. So war es mit Blake jedoch schon immer gewesen: In seiner Zeit stand, nein, visionierte er zwischen Aufklärung und Romantik; sinnigerweise verdiente er seinen Lebensunterhalt als Illustrator. Für seine poetischen Visionen blieb die Mitwelt, die damals wohl nicht minder zynisch gewesen war als sie es heute ist, blind. Im 20. Jahrhundert entdeckten ihn die Symbolisten, allen voran William B. Yeats; in seinem Gefolge auch Hofmannsthal. Später bezogen sich Intellektuelle, die mit Fragen der drogenbedingten Bewußtseinserweiterung experimentierten, auf den englischen Visionär, der so ganz und gar der Vorstellung vom pragmatisch veranlagten, nur ins Nützliche verliebten Briten widerspricht. Und wir? Verlagern die kosmologischen Dichtungen Blakes in den Cyberspace? Auf jedem angelsächsischen Universitätscampus begegnet man mindestens einem Studenten, der ein T-Shirt mit der Aufschrift *I love Blake* trägt, vermutlich Ausdruck eines Mißverständnisses. Nicht Liebe steht im Mittelpunkt dieses *immer* unzeitgemäßen Werkes, sondern das *tremendum*, das Erschauern vor dem ganz Anderen, in Blakes Nomenklatur vor Urizen, der abstrakten Vernunft, Orc, dem Aufbegehrer, und Los, dem schöpferischen Prinzip. Staunen sollen wir vor der Gewalt der Auseinandersetzung, die zwischen ihnen in kosmischem Raum stattfindet, nicht weil Blake es so wollte, sondern weil diese Auseinandersetzung, weil Urizen, Orc und Los durch ihn sprachen und mithin ihren Widerstreit durch ihn austrugen.

Eine archaische und zugleich subtil differenzierte Sprache durchwirkt Blakes Dichtungen, eine Sprache, die von Dante und Milton, von Jakob Böhme und der Kabbala kommt, aber eben auch von den Straßen Londons. Bevor Blake den ebenso erbitterten wie erhabenen Streit der kosmischen Kräfte visionär schaute und sprachlich umsetzte (er selbst betonte freilich, daß er unter »Diktat« geschrieben habe!), bedichtete er den Widerstreit von sinnlichem Begehren um des Begehrens willen und der Sehnsucht nach *bleibender* Erfüllung. »I laid me down upon a bank / Where love lay sleeping. / I heard among the rushes dank / Weeping, Weeping.«

Allgegenwärtig ist die Hure als gefallener Engel mit ihrem »flammenden Haar«, die immer Gewährende, nie Befriedigte. Thema ist die »kranke Rose«, der Pilger mit »winterlichem Herzen«, der Barde, der ins Gewesene, Seiende und Werdende hineinsieht. »To seek for new Joy, / But I met with scorn«, singt eine »Wildblume« Blakes, *Symbol* im Sinne von Yeats einer kranken Natur, die sich nach kosmischer Neubelebung, nach göttlicher Befruchtung sehnt ebenso wie der Mensch, der als Barde traurige Lieder singt, bis er das Klare, Eigentliche *sieht*.

»Ohne Gegensätze gibt es keine Entwicklung. Anziehung und Abstoßung, Vernunft und Energie, Liebe und Haß sind notwendig für das menschliche Dasein«, schreibt Blake in

William Blake (1757-1827)

der Exposition seiner Dichtung *Die Hochzeit von Himmel und Hölle*. (»Without Contraries is no progression. Attraction and Repulsion, Reason and Energy, Love and Hate, are necessary to Human existence.«) In ihr vernimmt man zuerst die Stimme des Teufels: »Diejenigen, die das Verlangen bezähmen, tun es, weil das ihre schwach genug ist, bezähmt zu werden.« (»Those who restrain desire, do so because theirs is weak enough to be restrained.«) Überboten wird des Teufels Rede noch durch die »Sprichwörter der Hölle«, deren eines lautet: »Brothels [are built] with bricks of Religion.« Dergleichen infernalischen Expositionen folgen in Blakes prophetischen Dichtungen ausgesprochen persönlich formulierte »Erfahrungen«. Ihm ging es nicht um »zarte Empirie«, sondern um den poetisch geführten ›Nachweis‹, daß zur Empirie auch Visionen gehören. »But my senses discover'd the infinite in everything«, diese Einsicht vermittelt Blake in Gestalt eines »Berichts« über seine Begegnung mit den Propheten Jesaja und Hesekiel. »Sie speisten mit mir«, fügte er ausdrücklich hinzu. Das Prophetisch-Spirituelle findet in diesem Satz seine sinnliche Konkretion. Yeats überlieferte Blakes Wort von den »spiritual presences«, die für Blake, wenn man George Steiners Wort bemühen will, »*real* presences« gewesen waren. Ob dies auch für den Leser Blakes zutreffen kann, ist eine andere Frage, die von der eigenen Disposition abhängt. Gehört man zu den verspäteten Freunden der »Beat Poets« um Allen Ginsberg oder zur New-Age-Generation, die sich alterslos wähnt, dann kann diese Wirkung auch heute noch durchaus eintreten.

Man stelle ihn sich vor: Blake als Partygast, im Jahre 1800, irgendwo in einem angenehmen Landhaus in der Grafschaft Surrey, die er just in jenem Jahr für sich zu entdecken begann. (Bis zu diesem Zeitpunkt war er nie aus London herausgekommen!) Wiederum ist es Yeats, der von einem

Nachfahren Blakes dessen auf einer Surrey Tea Party einer unbedarften Lady vom Lande beiläufig gestellte Frage überliefert hat: »Haben Sie schon einmal einem Feen-Begräbnis beigewohnt?« Für Blake war das um 1800 eine völlig normale Frage. Er schrieb, was Geister ihm diktierten, schrieb es als Lektüre für andere Geister.

Was war das? Die exzentrische Überspanntheit eines Illustrators aus Lambeth? Die Frucht eines Intellektuellen nach zu intensiven Studiums von Swedenborgs Schriften, die in Blakes jungen Jahren überall in England zirkulierten, obgleich sie das Ende der Welt schon für das Jahr 1757 prophezeit hatten? Yeats vermutete, wohl nicht ganz zu Unrecht, daß Blake von dieser Prophezeiung gewußt hatte. Wenn Swedenborg, ein damals allgemein als Weiser anerkannter Denker (man weiß um seinen Einfluß auf den frühen Goethe!), ausgerechnet für 1757, Blakes Geburtsjahr, das Weltende vorgesehen hatte, dann mußte dies auf den hochsensiblen Dichter eine eigentümliche Wirkung gehabt haben.

Können vor diesem Hintergrund nicht Blakes »Prophetische Bücher« als Danksagungen eines Dichters gelesen werden, der das »Weltende« überlebt hat? Wollte er durch sie die *Art* der Swedenborgschen Prophetien korrigieren, indem er das Prophetische als lyrische Kosmologie vorstellte? Diese Kosmologie hatte ihre eigene Architektur, nach deren Bauplan, ob verbalinspiriert oder nicht, die poetischen Metaphern und Symbole angeordnet werden konnten. »Große Pfeiler rings um die Leere« ließen sich auf diese Weise errichten, um sich gar zu einer goethischen Kathedrale in Worten zu bauen. Gotische Kirchen nannte Blake übrigens die »Gräber Christi«, Orte, in denen die Imagination ruht und darauf wartet, wie Yeats schrieb, von Gott erweckt zu werden.

Bezeichnend für Blake, daß er in seiner Dichtung *Das immerwährende Evangelium* die Kunst betont, mit der Jesus gesprochen hat: »He says with most consummate Art« – es ist eine Kunst, die nicht nur »vollendet« ist, sondern auch »vollzogen«. Sie vollzieht sich wieder und wieder, Wort um Wort, Predigt um Predigt. Jesus als prophetischer Künstler, der das Evangelium als Kunstwerk stiftete; *deswegen* konnte er für Blake eine Idealgestalt sein.

Blakes Worte, selbst wenn sie sich »nur« einer Lilie annehmen und nicht einem kosmischen Konflikt, stehen immer in Lohe, aber in Flammen, die nichts verzehren, die kalt bleiben können und dabei unbarmherzig hell bis grell. Seine Dichtungen eignen sich nicht für die Lektüre zwischendurch. Sie fordern den Leser ganz, oft auf paradoxe Weise: Indem er versucht, sie sich anzueignen, kann sich ein Befremden entwickeln – angesichts der üppigen entblößten Visionen und religiösen Inbrunst, bar jeglicher auch nur leise distanzierenden Ironie. In Blakes lyrischen Prophetien feiert sich das Absolute, auch um den Preis, daß es dabei nicht selten den Leser übergeht.

Blake entzieht sich jeder Festlegung und Einordnung. Etwas Irrlichthaftes eignet ihm. Und doch brachte dieses ›Irrlicht‹ Gedichte von außergewöhnlicher Strahlkraft hervor. Daß er dennoch geglaubt hatte, seine Dichtungen illustrieren zu müssen, beweist, für wie erklärungsbedürftig er sie gehalten hat. Wohlgemerkt, er deutete sie nicht in prosaischen Worten, sondern bildkünstlerisch, vermittels eines anderen Ausdrucksmediums.

»Hear the voice of the Bard! / Who Present, Past, & Future, sees«, so beginnen die *Songs of Experience*, Lieder der *Erfahrung.* Visionen waren für ihn Wirklichkeiten. Blakes »Stimme eines Rufers in der Wüste« kommentiert: »Da die eigentliche Methode der Erkenntnis die experimentelle Erfahrung ist, muß das eigentliche Vermögen des Erkennens jenes sein, welches Erfahrungen macht.« Dieses erfahrende »Vermögen des

Erkennens« war für Blake die Dichtung, genauer: die Möglichkeit der Wortfügung oder Schaffung von Sprachbildern.

Neu zu entdecken ist jedoch auch der politische Blake, das Politische in seinen Visionen, namentlich in seiner *Amerika*-Dichtung, an deren Ende »Orc«, ein archetypischer Revolutionär, siegt. Im Hintergrund dieser Dichtung steht das Ethos der Menschenrechte, das Thomas Paines Politikverständnis bestimmt hatte und auch für Blake gültig gewesen war: »And all must love the human form, / In heathen, turk, or jew; / Where Mercy, Love, & Pity dwell / There God is dwelling too«, dichtete der Verfasser der *Lieder der Unschuld*. Diese ›Unschuld‹ wollte Blake nicht mit ›Naivität‹ gleichgesetzt wissen; sie meinte einen Zustand ›close to the heart‹, nahe am Herzen, mithin die Kraft des Wahren, Unverfälschten. Blakes Visionen, von übersteigerter Sinnlichkeit nie frei (die Dichtung *Amerika* spricht nicht nur von politischer Freiheit, sondern auch von erotischer Freizügigkeit: »That play around the golden roofs in wreaths of fierce desire, / Leaving the females naked and glowing with the lusts of youth«), diese Visionen griffen dann ins Kosmische aus, als er erleben mußte, wie seine revolutionären Hoffnungen, die er mit zahlreichen Intellektuellen teilte, im England der Restauration begraben wurden. Die weltumspannenden poetischen Entwürfe Blakes, die auf eine Mythologie des ›neuen Menschen‹ zielten, wurden von einem Dichter geschaffen, der zunehmend vereinsamte, in gewisser Weise die Isoliertheit aber auch brauchte. Jene Mythologie wollte ein Gegengewicht darstellen zur fortschreitenden Verelendung des Menschen im frühindustriellen Zeitalter. Blakes ›Nymphen‹, die er in irgendwelchen Mühlen Mittelenglands ansiedelte, sind nicht den Gemälden Poussins verspätet entstiegen; vielmehr leiden sie schon an den Folgen der rücksichtslos betriebenen Mechanisierung der Arbeitsprozesse.

Blake kannte Glanz und Elend in der Metropolis London, kannte die Wildblumen, nach denen ihn verlangte, den Zwiespalt zwischen »Enthaltsamkeit« und Lust: »In a wife I would desire / What in whores is always found – / The lineaments of Gratified desire.« Sublim kann es zugehen in dieser Poesie, die sich vom mythischen Zauberer Merlin inspirieren läßt, aber auch rauh, derb, gewalttätig. In seinen großen Gesängen wird verkündet und vergewaltigt. Dem Ruf nach der Emanzipation der Frau steht in Blakes Dichtungen ihr Verlangen entgegen, wieder und wieder der Lust unterworfen zu sein. Bei allem zivilisatorischen Fortschritt rechnet diese Poesie mit dem Urtümlichen, Gewalttätigen, Elementarischen in der Welt. Wir lesen von der Stummheit der verzweifelnden Liebe ebenso wie von der Stärke der Eifersucht, von der Heiligung der Sinne, des Lebens überhaupt. Trotz sprachlicher Kraft und Wortfülle – Blake war selbstkritischer Künstler genug, um gelegentlich die Leere vor sich zu sehen, um die ›Pfeiler‹ zu errichten seien, auf daß ein Tempel der Leere entstehe, wo sich die Überfülle, die berstenden Kräfte ›reinigen‹ könnten.

Wie im Falle Dantes und Miltons gilt auch für Blake, daß er in seinen ausgreifenden Dichtungen eine Wiedererschaffung der Welt mit poetischen Mitteln versucht hatte (zeitgleich unternahm Haydn in seinem Oratorium *Die Schöpfung* Verwandtes: das musikalische Neuerschaffen der Welt!). Was der Politik in England und Kontinentaleuropa mißlang, die radikale Reform des Politischen, wurde zur künstlerischen Aufgabe. Man nenne das nicht Eskapismus, sondern besser: Mut zur ästhetischen Umwertung aller Werte. Und Blake war ihr erster moderner Prophet. Seine ›Botschaft‹ hatte er in Worte gefaßt, von denen er glaubte, sie seien Pforten zum Unendlichen.

John Keats (1795-1821)

Die Last des Mysteriums verringern

Versuch über John Keats

An den Anfang seines Schaffens hatte John Keats die Maxime gestellt: Gedichte, die nicht so natürlich wirken wie Blätter an den Bäumen, sollten nicht geschrieben, schon gar nicht veröffentlicht werden. Seine Dichtung kam denn auch weitgehend ohne das heroisch-künstliche Pathos Byrons aus, ohne Shelleys Ich-Ekstasen und das allzuoft Säuerlich-Didaktische von Wordsworth. Keats setzte auf die »reine« Imagination. Er schuf Sprachbilder von einer Dichte und Intensität (zuweilen auch Überfülle), wie es sie in der englischen Dichtung seit Shakespeare nicht mehr gegeben hatte.

Dichten war für Keats Zeugung und unbefleckte Empfängnis zugleich. Man mag darin eine Kompensation für seine tragisch unerfüllt gebliebene Liebe zu Fanny Brawne sehen oder einen Liebesakt mit der Sprache, gewissermaßen eine Vorahnung des *l'art pour l'art*. In der Tat hat man später wiederholt Keats' vermeintlich »reines Künstlertum« betont – der frühe Gerard Manley Hopkins ebenso wie Algernon Swinburne, William Butler Yeats ebenso wie Wilfred Owen, Hofmannsthal und Gide, Kassner wie Rilke. Sie alle waren fasziniert von diesem frühvollendeten Dichter der Dichter, einem angeblichen Vorläufer des Fin de siècle, einem ersten »nervösen« *décadent* (als einen solchen hat er sich sogar selbst bezeichnet), einem überreizten liebessüchtigen Ästheten.

Einer genaueren Prüfung hält dieses Bild jedoch nur bedingt stand. Eines jedoch ist gewiß: Keats war ein betont undogmatischer Dichter: »Das einzige Mittel, den eigenen Verstand zu schärfen, ist…, über nichts eine endgültige Meinung zu haben – seinen Geist als Durchfahrt für alle Gedanken offenzuhalten.« Das schrieb Keats als zeitweise eifriger Leser Voltaires, als ein Sprachkünstler, der durch seine poetischen Bilder ein Gegengewicht zu einer, wie er es empfand, zunehmend profanen, phantasielosen Gesellschaft bieten wollte.

Tiefe Skepsis hinsichtlich der inneren Verfassung Englands um 1820 war das eine, der Glaube an das absolut Schöne das andere. »Beauty is truth, truth beauty«, das war die Formel, die Keats in seiner »Ode on a Grecian Urn« für diesen Glauben gefunden hatte. Doch selbst diese mit der Wahrheit identische Schönheit blieb nicht frei von relativierenden Anfechtungen. Keats sah in der Melancholie einen Zustand, der auch das Schöne zersetzen könne.

Wie hatte dieses Poetenleben begonnen? Denkbar früh in Todesnähe. Als Schüler pflegte Keats seine tödlich an Tuberkulose erkrankte Mutter, wenige Jahre nachdem sein Vater bei einem Reitunfall ums Leben gekommen war. Dann erfolgte die Ausbildung zum praktischen Arzt und Apotheker im Londoner Guy's Hospital, das Assistieren bei Operationen, die in jener Zeit Vivisektionen glichen. Keats quälten die markerschütternden Schreie der Patienten ebenso wie der unerträgliche Geruch in den Operationssälen und in den Lehrräumen, in denen man das Sezieren an exhumierten Leichen übte.

Manche von Keats' jungen Kollegen flüchteten sich aus diesen Verhältnissen in den Alkohol, Keats in die Poesie. Dem unsäglichen Schmutz im Londoner Stadtteil Southwark, wo sich Keats' erste Wirkungsstätte des »Heilens und des Ekels« befand, stellte er das poetisch imaginierte »Schöne« entgegen, das er bald in allen Dingen sah. Er beschwor Apollon, den Gott der Heil- und Dichtkunst. Zunächst wollte er als Dichter eine andere Art Arzt sein; zumindest glaubte Keats an seine poetische Therapie des Menschen. Dichtung sollte den Menschen durch »wunderbare Übersteigung« über sich und seine Probleme hinausführen, gleichzeitig aber solle sie auf den Leser so wirken, als habe sie dessen »eigenen besten Gedanken« in Worte gefaßt, so daß ihm die Dichtung »beinahe wie eine Erinnerung vorkommt« – und wie eine Aufwertung seiner Person.

Im Jahre 1819 stieß Keats dann auf jenes Lehrbuch, das ihm seine melancholische Veranlagung als Krankheit, aber auch als Quelle der Inspiration erklärte: Robert Burtons *Anatomie der Melancholie*. Als Hauptursache der Melancholie hatte Burton den »ruinösen Wissensdurst« des modernen Menschen hervorgehoben. Schon zwei Jahre vor seinem Studium der »Anatomie« hatte Keats in einem Brief davon gesprochen, daß es ihm gerade als Dichter auf nichts mehr ankomme als auf Wissenszuwachs. Was jedoch verstand Keats unter Wissen? Zunächst einmal naturkundliche Tatsachen, Einsichten in die Zusammenhänge der Dinge, aber auch in die Art menschlichen Urteilens, in erster Linie freilich eine Verfeinerung der »imagination« und der »sensations«, der Vorstellungskraft und Empfindungsfähigkeit. Wissen wozu? Um beurteilen zu können, was eine authentische und eine durch Lehren vermittelte Erfahrung ist. Keats kam es nicht darauf an, naturwissenschaftliches Vokabular unverarbeitet in seine Gedichte aufzunehmen; vielmehr löste er die Wissenssubstanz poetisch auf und formte sie um: So konnte aus seinem stupenden Wissen über attische Vasen die »Ode auf eine griechische Urne«, ein mythisches Gefäß, entstehen, dessen Verzierungen durch Fragen verlebendigt werden: »What leaf-fring'd legend haunts about thy shape / Of deities or mortals, or of both, / In temples or the dales of Arcady? / What men or gods are these? What maidens loath? / What mad pursuit? What struggle to escape? / What pipes and timbrels? What wild ecstasy?«

Was an Keats' Versen besticht, sind ebendiese Verschmelzung von Wissen und sinnlichem Ausdruck sowie die scheinbar »naive«, unbefangene Darstellung von Reflexionen. Aber auch unvermittelte Kontraste zeichnen diese Dichtung aus. Um bei der Urnen-Ode zu bleiben: Der Flötist, der zum Zierat der Vase gehört, spielt zunächst apollinisch »reine« Melodien, die jedoch in ihr Gegenteil umschlagen: in dionysisches Verlangen, das sich nicht erfüllen kann. Es bleibt bei einer Liebe »vor dem Genusse«, bei der Sehnsucht und dem Beinahe, dem Noch-Nicht, das die »Lippe verschmachten« läßt.

Keats bemühte sich um die Vergeistigung des sinnlichen Verlangens. Doch diese Transzendierung führt meist nur zur Ernüchterung, etwa dann, wenn in der Urnen-Ode auf die sinnliche Ekstase diese Verssequenz folgt: »And, little town, thy streets for evermore / Will silent be; and not a soul to tell / Why thou art desolate, can e'er return.« Das klingt so trostlos wie ein *andante poco mosso* Schuberts, so unverhofft wie der jähe Umschlag in Hölderlins »Hälfte des Lebens«. Die beschwörende Anrufung »O Attix shape! Fair attitude! ....« sieht sich unvermittelt mit einer »cold pastoral«, einem kalt gewordenen Lied Pans kontrastiert, mit einer mehr oder minder heiligen Nüchternheit.

Das Wissen war für Keats stets auch eine Form der Selbsttherapie und der Aufklärung über Vorurteile, die er für immer dringlicher hielt. Im Mai 1818 schrieb er: »Ich bin froh, meine medizinischen Bücher nicht fortgegeben zu haben, die ich mir immer wieder ansehen will, um das wenige wachzuhalten, was ich auf diesem Gebiete weiß. Überdies habe ich vor..., so eine Art Juristenküken zu werden. Denkende Menschen brauchen ein breites Wissen – es vertreibt

die Hitze und das Fieber und hilft, indem es die Denkfähig-
keit erweitert, die Last des Mysteriums zu verringern...«
Dies blieb der zentrale Widerspruch in Keats' Werk: Einerseits wollte er Klarheit über sich und die Zeitverhältnisse, in
denen er lebte, über Wissenschaft und Politik, über seine Gefühle, wollte das »Mysterium« als Wissender durchleuchten,
andererseits suchte er es, als ekstatisch Liebender, zu wahren. Kritische Urteilskraft und der Wille zur poetischen
Vorstellung widerstritten in ihm.

Die schwärmerischen Keats-Verehrer – zu ihnen gehörte
Giuseppe di Lampedusa – entrückten den mit fünfundzwanzig Jahren verstorbenen Dichter in den Bereich des
Unschuldig-Engelhaften. Lampedusa hatte in seinem po-
stum publizierten Keats-Essay gemeint, daß die Gedichte
dieses »Entrückten« Federn glichen, »die dem Engel aus seinen Flügeln fielen, als er davonflog, um die Himmelschöre
zu bereichern«. André Gide sah hier genauer. Ende Mai 1923
notierte er in seinem Tagebuch, daß er Keats deswegen so
bewundere, weil es ihm auf poetische Entpersönlichung angekommen sei. In dieser Dichtung, so Gide, werde das Leiden des anderen wichtiger als das eigene; das Wesen eines
Dings, einer griechischen Urne zum Beispiel, erweise sich als
befragenswerter als die Nöte des Betrachters. Das Eigentümliche der Keatsschen Dichtung ist wohl, daß sie aufgrund ihrer betonten Sinnlichkeit subjektiv scheint, in
Wirklichkeit aber um beständige Objektivierung des Ge-
schauten bemüht bleibt. Hinter diesem Merkmal verbarg
sich eine Lebensauffassung, die der frühe Keats auf den Begriff »negative capability« gebracht hatte. Gemeint war damit die Fähigkeit, in widrigen Umständen auszuhalten, den
Tatsachen ins Auge zu sehen und dennoch die eigene Identität zu erhalten.

Als besonders »widrig« erwiesen sich für Keats zunächst

die politischen Verhältnisse im England der Tory-Restauration. Er hatte zum Kreis um den Radikalliberalen Leigh Hunt gehört, in dessen Zeitschrift *The Examiner* die ersten Gedichte des zwanzigjährigen Arzthelfers erscheinen konnten. Hunt hatte im August 1819 in Manchester zum Widerstand gegen den »repressiven Toryismus« der Regierung Castlereagh aufgerufen.

Als Regierungstruppen diese Protestversammlung blutig beendeten, empörte sich auch Keats. Seine Briefe aus jener Zeit zeugen von seinem hellwachen politischen Urteil; sie sprechen von der systematischen Untergrabung der Freiheit in England und im Europa der Restauration, von der Notwendigkeit verbriefter bürgerlicher Rechte und davon, die »abergläubische Furcht vor allem Neuen und Reformerischen« abzubauen.

»Mein ganzes Leben sei Empfindung, nicht Gedanke«, sagte Keats von sich, aber auch: »Ich gäb ein Goldstück darum, ein vernünftiger Mensch mit nüchternem Menschenverstand zu sein, einer, der sagt, was er denkt, und tut, was er sagt.« War ihm einmal »kritisch nüchtern« zumute, dann klagte er über seine eigene Kälte, ja, Gefühllosigkeit.

Aber es waren nicht nur seine Dichtungen, die ihm Letztes abverlangten, sondern auch seine Liebe zu Fanny Brawne, genauer: seine nahezu pausenlose Arbeit an ihrem Idealbild. Neben seinen Dichtungen wurde auch Fanny zu seinem Werk. Noch im Oktober 1818 schrieb Keats seinem Bruder nach Amerika, daß er niemals zu heiraten wünsche. Denn »das Tosen des Windes ist mein Weib, und die Sterne, die durchs Fenster hereinschauen, sind meine Kinder. Die mächtige, allumfassende Vorstellung, die ich von der Schönheit in allen Dingen habe, erstickt das zerstreutere und unbedeutendere häusliche Glück – eine liebenswerte Frau und süße Kinder sehe ich als Bestandteile jener Schönheit an, doch ich brauche tausend solcher Schönheitspartikel, damit mein Herz erfüllt ist. Ich spüre mit jedem Tag stärker, wie meine Einbildungskraft erstarkt. Ich lebe nicht allein in dieser Welt, sondern in tausend Welten.«

Irgendwann im Spätherbst 1818 begegnet er dann Fanny Brawne; seine erste Schilderung von ihr fällt eher negativ aus (»es fehlt ihren Zügen gänzlich an Empfindsamkeit«). Nur wenige Monate später literarisiert er seine Beziehung zu Fanny und vergleicht sie mit Dantes Schilderung der Begegnung Paolos mit Francesca. Es folgt seine heimliche Verlobung mit seiner »liebsten Lady« – und die Suche nach einer neuen Sprache, um dieses Verhältnis zu beschreiben: »Mir fehlt ein Wort, das ›lichter‹ ist als ›Licht‹, ein Wort, das schöner ist als ›schön‹«, gesteht er seiner Fanny in einem Brief. Wenige Tage darauf erscheinen ihm sein Ideal von Schönheit und Fanny identisch: »Warum soll ich nicht von Deiner Schönheit sprechen, wo ich Dich doch ohne sie niemals hätte lieben können.«

In Fanny sieht er seine kühnsten Imaginationen verkörpert, sogar gesteigert. Sie sieht sich als seine imaginäre Geliebte (an eine tatsächliche Lebensgemeinschaft ist aufgrund seiner finanziellen Verhältnisse nicht zu denken), aber auch als Objekt seiner maßlosen Eifersucht (der bloße Gedanke daran, daß Fanny in die Stadt gehen könnte, peinigt ihn tagelang). In den letzten Wochen und Monaten vor seiner Abreise nach Italien wird Fanny dann zur aufopferungsvollen Pflegerin des bereits todkranken Dichters, der ohne eine von ihr geschriebene Notiz zur Nacht keinen Schlaf mehr finden kann. Ihre Briefe nimmt er schließlich mit in sein römisches Grab.

Auf seinem Leidensweg nach Rom, an Bord der »Maria Crowther«, die sein Freund und Begleiter, der Maler Joseph

Severn, als Todesbarke zeichnete, schrieb Keats: »Der Gedanke, Miss Brawne verlassen zu müssen, ist über alle Maßen furchtbar. Dieses Gefühl der Finsternis, das mich überkommt – immer und immer sehe ich ihre Gestalt, immer und immer entschwindet sie mir ... Werde ich aufwachen und all das als Traum erkennen? Es muß ein anderes Leben geben, wir können nicht zu solchem Leiden geschaffen sein ...«

In jenen Tagen hatte Fanny in einem Notizbuch, das Keats ihr geschenkt hatte, den Vermerk eingetragen: »Mr. Keats left Hampstead.« Man hat später diese Notiz als Beweis dafür gewertet, daß Fanny spröde gewesen sei, affektiert und unterkühlt. Nein, diese Notiz zeigt das Gegenteil: Sie hatte verstanden, was Keats mit »negative capability« meinte: Aushalten zu können, selbst unter schwierigsten Bedingungen. Nach Keats' Tod trug Fanny jahrelang Trauer; man sah sie auf einsamen Spaziergängen über die Hampstead Heath. Mehr als ein Jahrzehnt später heiratete sie einen sephardischen Juden, der um einiges jünger war als sie, etwa in dem Alter, in dem Keats gestorben war.

Seine übersteigerte Intensität werde ihn das Leben kosten, hatte Keats einmal bemerkt und Fanny gestanden: »Mich hat früher gewundert, daß Menschen für ihre Religion den Märtyrertod sterben konnten – bei diesem Gedanken schauderte mich – mich schaudert nicht mehr – man könnte mich jetzt für meine Religion martern – Liebe ist meine Religion – dafür könnte ich sterben – ich könnte für Dich sterben – Liebe heißt mein Bekenntnis und Du bist mein einziger Inhalt – Du hast mich mit einer Macht bezwungen, der ich nicht widerstehen kann ...« Der erregte Briefeschreiber Keats gebrauchte keine Punkte mehr am Satzende, nur Gedankenstriche, flüchtige Übergänge von einer Empfindung zur anderen andeutend. Nur keine Punkte, keine Zäsuren, statt dessen ein unaufhörlicher Strom von Gefühlen und Sehnsüchten.

In seinen letzten Wochen und Tagen jedoch, sein Künstlerfreund und Pfleger Severn hat es überliefert, brachte er es nicht mehr über sich, Fannys Namen auch nur zu nennen. Zu groß war der Schmerz der Erinnerung an sie, zu peinigend das Wissen über seinen Zustand. Das Ende war trostlos. Daß er einmal ein Dichter gewesen sein sollte, hielt er schließlich nur noch für eine quälende Phantasie. »Jeder Mensch, der sein Boot rudern, umhergehen und reden kann, kommt mir im Verhältnis zu mir wie ein gänzlich anderes Wesen vor«, hatte er noch an Fannys Mutter geschrieben und hinzugefügt: »Ich bin kaum von dieser Welt.«

Ein Anarch der Gefühle

*Byron zwischen Sprachmagie
und Rollenspiel*

Frauen, Liebe und Leben. Drei Abenteuer, die Byron mit allen Mitteln seiner Kunst poetisierte; aber, er wußte es, Abenteuer mit notwendig tödlichem Ausgang.

Es machte ihm Freude, sich in Szene zu setzen und die hochnäsigen Gesellschaftsdamen zu brüskieren. Ein *homme fatal*, den die Londoner Salons zu fürchten lernten. Ein Spötter vom Zungenschlag Voltaires, ein Liebhaber wie einst Casanova, ein Dichter, der sich am epischen Schaffen der antiken Barden maß, und ein Einsamer, der sich immer wieder – in London, Venedig oder Athen – ins Getümmel warf, um die Leere, die er oft genug um sich gähnen sah, zu vergessen.

Byron, der politische Aktivist. Seine erste Rede im Oberhaus hält der junge Lord von Newstead Abbey über das Thema »Die soziale Not in und um Nottingham«, verfaßt Epigramme gegen den Tyrannen Napoleon, träumt von einem freien Italien, dessen Unabhängigkeit er die Substanz einer »wahren Poesie der Politik« nennt, und schließlich verschreibt er sich der Sache Griechenlands, bereit, für das Land Homers zu sterben.

Byron, das Sinnbild eines Romantikers, ein Mythos zu Lebzeiten. Und doch verbinden wir mit ihm nicht das Bild eines mondsüchtigen Schwärmers; ihm konnte die Innenwelt nicht genügen. Erlebnishunger trieb ihn – von einer Frau zur anderen, von einem Land zum anderen. Er erzwang die Einheit von Kunst und Leben, indem er ihre Konventionen in seinem Sinne umwertete. Dabei wußte er sich über die

George G. N. Lord Byron (1788–1824)

scheinheilige Moral der Gesellschaft ebenso lustig zu machen wie über die, wie er meinte, versteiften Formen des künstlerischen Ausdrucks.

Worte verstand er als Dinge, die nur darauf warteten, in neue Zusammenhänge gestellt zu werden; und es liege nur an ihm, so glaubte er, diese zu schaffen.

Aber die Art, in der er dies versuchte, gefiel seinen Landsleuten nicht, ein Umstand, der ihn amüsierte, ärgerte, befremdete. Als er 1816 England für immer verläßt, zahllose Liebschaften und seine Gattin zurücklassend, mit der er nur ein knappes Jahr unglücklich verheiratet war, hatte Byron sich innerlich längst von seiner Heimat losgeschrieben: Wort für Wort ein Stück selbstgewähltes Exil, jedes Wort eine Entfremdung mehr. Jahre später befindet Englands größter Literaturkritiker des 19. Jahrhunderts, Matthew Arnold: »He taught us little: but our soul / Had *felt* him like the thunder's roll.«

Nach Byron sprach man dann freilich von *Romantikern* und *Byronisten*; letztere frönten dem Gefühlsradikalismus; sie gaben sich als Dandies und Verteidiger der Freiheit. »Dorthin! Ich muß! ich muß! / Gönnt mir den Flug!« Zeilen aus einem Byron-Gedicht? Nein; obgleich der Sohn der Helena und des Faust, Euphorion, den es hier zum ungezügelten Aufbruch drängt, Lord Byron nachgebildet ist. Beinahe rückhaltlos hatte sich Goethe zu Byron, vor allem zu seiner monumentalen Dichtung »Don Juan«, bekannt; und das war um so erstaunlicher, bedenkt man Goethes Widerwillen gegen das »Romantische« oder genauer: sein gespaltenes Verhältnis zu jener metaphysisch angehauchten Gefühlskultur schwächlicher Phantasten. Aber in Byron wirkte eine Kraft, die – in ihrer Polarität – jener Fausts verwandt war: das Teuflische und Erhabene. Byron sah es selber. Er verglich *Faust* mit Miltons Satan, aber auch mit seinem *Manfred*. Noch bevor er nach Griechenland segelte, richtete er an Goethe einen Brief, an jenen »unbestrittenen Herrscher über die europäische Literatur«, von dem er sich verstanden fühlte: »Ich kehre nach Griechenland zurück, um zu sehen, ob ich dort nicht irgendwie nützlich sein kann; – wenn ich jemals wiederkommen sollte, will ich Weimar einen Besuch abstatten, um die aufrichtige Huldigung eines Ihrer vielen Millionen Bewunderer darzubringen.«

Viele Millionen Bewunderer? Da irrte Byron. Im Jahre 1823, als er diesen Brief abfaßte, erreichten den Frauenplan nicht mehr viele solcher Hymnen. Spät, in einem Gespräch mit Eckermann vom Februar 1831, folgt dann doch noch ein skeptisches Wort Goethes über dieses »Licht der Freiheit in Menschengestalt«: »Lord Byron«, so urteilt Goethe jetzt, »ist an seiner polemischen Richtung zugrunde gegangen.«

So begeistert Byron Goethes dichterisches Genie anzuerkennen bereit war, so kühl verhielt er sich gegenüber den Poeten Englands. Im »Don Juan« bekennt er freimütig: »I hate your poets, so read none of those.« (CLXV) Sein Verdikt traf auch John Keats, dessen leidenden Romantizismus er glaubte verachten zu müssen – vielleicht Byrons krassestes Fehlurteil. Keats sah hier schärfer. Im September 1819 schrieb er in einem Brief: »Sie sprechen von Lord Byron und mir – Es gibt diesen einen großen Unterschied zwischen uns. Er beschreibt, was er sieht – ich beschreibe, was ich mir vorstelle – meine Arbeit ist die schwierigste.«

Dem wäre eine Aussage Byrons entgegenzuhalten, welche dieser im November des Jahres 1813 in seinem Tagebuch notierte: er habe eine Komödie begonnen und sie verbrannt, weil die Szene in die *Wirklichkeit* übergegangen sei. Hat es nunmehr nicht den Anschein, als hätten beide, Keats und Byron, auf ihre Weise ein verwandtes Ziel verfolgt, nämlich die Befreiung des Gefühls durch seine poetische Steigerung? Byron jedoch, anders als Keats, vermochte diese Befreiung der Gefühle auch auszuleben; Keats erreichte sie allein im Gedicht; im Leben peinigten ihn die Konventionen, die quälende Zurückhaltung, die er sich aus materiellen Gründen und jenen der »Schicklichkeit« gegenüber seiner Verlobten, Fanny Brawne, auferlegen mußte.

Keats wußte, daß seine *imagination*, seine Welt der Vorstellung, im Leben keine Verankerung hatte; deswegen konnte er schreiben, daß seine Arbeit die härtere gewesen sei, ein Schreiben ohne Netz und doppelten Boden, ein Drahtseilakt. Byron dagegen gefiel sich im Rollenspiel, will sagen: im Überspielen aller Schranken: venezianische Kostüme, ein Gondoliere für eine Nacht, ein Gespenst, das in Newstead Abbey zum Geistermahl erscheint, den Wein aus einer Schädelschale trinkend. Und in der Kunst verhält er sich entsprechend: sein überlanges »Don Juan«-Epos ist durchsetzt mit freimütigen Selbstbekenntnissen. Don Juans Ich wechselte mit jenem Byrons beständig seine Maske.

Byron – will er »fleißig gelesen sein« wie weiland Klopstock nach dem Urteil der Weimarer Klassiker? Die großen Erzählgedichte Byrons: »Mazeppa«, »Manfred«, »The Vision of Judgement«, »Childe Harold's Pilgrimage« und »Don Juan«, gehören wie einst zu den monumentalen Unbekannten englischer Dichtung.

Manfreds Schicksal scheint faßlicher in Robert Schumanns gleichnamiger Tragischer Ouvertüre; und *Mazeppa*, der Held der Steppe, dürfte durch Liszts sinfonische Dichtung bekannter geworden sein als durch Byrons Worterguß. Diesen fand vor allem T. S. Eliot, erklärter Feind wohliger Sprachschwelgerei, unverdaulich. Sein 1937 erschienener Essay über Byron gipfelt in einer vernichtenden Kritik:

»Der Großteil von Byrons Dichtung wirkt verstörend im Verhältnis zu ihrer Qualität. Wir sind inzwischen gewöhnt, Dichtung für etwas sehr Konzentriertes, etwas Destilliertes zu halten. Aber wenn Byron seine Verse destilliert hätte, wäre nichts übrig.«

Anders gesagt: Byrons Dichtung sei nichts als eine Sprechblase, ein üppig wuchernder Wortflor, unbegehbar, weil sumpfig und substanzlos.

Damit könnte es sein Bewenden haben, wären da nicht doch Stellen in seinem Werk, die aufhorchen lassen, zum Beispiel die Art, in der er in seinem Epos die Mutter des Don Juan charakterisiert:

> At least her conversation was obscure;
> Her thoughts were theorems,
> her words a problem,
> As if she deemed that mystery
> would ennoble 'em.

Anderseits stellt Byron sie uns als eine berechnende Frau vor (»a walking calculation«), eine sinnliche Logikerin, eine Ausgeburt der Widersprüchlichkeit, belesen, überlegen, ein Urwesen und eben Ursache dafür, daß Don Juan – nach Byrons Lesart – an einem schweren Mutterkomplex leiden mußte.

Wieder ein Triumph mehr für alle biographisch arbeitenden Werkdeuter: Hat nicht auch Byron selber in dieser Weise an seiner Mutter gelitten? Über die Maßen sogar. Nur geht es Byron in seinem großen Gedicht um mehr. Um nichts Geringeres nämlich als um das Problem *Sprache* im Munde eines »degenerate modern wretch«, wie er sich schon als Zweiundzwanzigjähriger nennt. Versteht sich somit Byrons »Don Juan« nicht vielmehr als die Frucht verfallender Sprachmoral? Handelt er nicht von einem Menschen, der seine eigene Existenz untergräbt, indem er spricht, weil er sich nur noch ironisch ausdrücken kann?

Byrons *Don Juan* trägt die Züge eines Anarchen der Gefühle; er verkörpert einen Menschen, der paradoxerweise Herr über sein eigenes Gefühlschaos ist und gleichzeitig sein Opfer; und einen solchen Charakter können wir einen »Anarchen« nennen. Er liebt weniger die zahlreichen Frauen als vielmehr die Beziehungen zu ihnen, die er wie geometrische Figuren behandelt.

Byron – Goethe und Carlyle sahen Heldenhaftes in ihm, einen Dichter, der sich bewährte im Labyrinth der Gefühle, der zu handeln wußte. Oder war er nur, Hölderlins aphoristischen Vers auf den Dichter in sein Gegenteil verkehrend, tatenreich und gedankenarm? In keinem Fall paßte zu ihm die emphatische Geste. Von der Unsterblichkeit des Helden wollte er nichts wissen. Der Dandy und Lebemann suchte, oft verzweifelt, Nüchternheit. Entsprechend lehnte er religiöse Metaphysik ab und befand, daß der Mensch ohnehin unglücklich genug in diesem Leben sei, auch ohne die »Absurdität des Spekulierens« auf ein anderes.

Statt dessen sah er das Wort als ein *perpetuum mobile*, gerade weil es seine Unschuld – in seinen Augen – verloren hatte. Die Sprache war das einzige Gegenüber, das er wirklich anerkannte. Ein Spiegel, ein geschliffener Edelstein, ein übelriechender Morast, je nach Stimmung; und Byrons Stimmungen wechselten häufig. Dies hatte schon Puschkin erkannt, genauso wie Byrons zögerlicher Mitstreiter William Hazlitt. Die Sprache als weiches Lager und Nagelbett, als Strudel und Furt – Byron war sie in jeder Form recht, weil er sie sich gefügiger zu machen wußte als seine Geliebten; spröde Worte zwang er in einen glättenden Reim. Hazlitt bemerkte einmal, daß Byron nicht eigentlich gesprochen, sondern Worte ohne Unterlaß gesponnen habe. Er mußte ihre Gewebe um sich haben wie die späteren Künstler der *Decadence* ihren Samt, ihre Seide und den Geruch süßlichen Parfüms. Die Sprache hatte Byron sich zu seinem eigentlichen Lustobjekt geformt.

Schließlich, das ahnte Byron schon früh, würde sein Seelenhaushalt ausgeglichen sein. Kein Segen, kein Trost, nichts als ein Sachverhalt, der bleibt: »There's not a joy the world can give like that it takes away.« In einem Fiebertraum sah er sich verglühen und zu einer Art Morgenröte werden, eine letzte, ins Phantastische gesteigerte Tat, die Nietzsche in seiner eigenen *Morgenröte* als Byrons schwerste Krankheit diagnostizierte: Selbstflucht. Und dennoch ist gewiß, daß es Byron vergönnt gewesen war, stets das zu sagen, was er fliehen mußte.

Unermüdlich arbeitete Byron an seinem Kunstwerk mit dem Titel ›Byron‹. Er inszenierte sich als Tabubrecher und Skandalon, als ein von Lust vergifteter Liebender im »Herzquartier«, wie er Venedig zu nennen pflegte, und als ein Napoleon der Dichtung, gerade *weil* er den echten Napoleon so leidenschaftlich haßte. Widersprüche zuhauf. Er stand auf der Seite des Volkes und verachtete es gleichzeitig. Er idealisierte Griechenland und war angewidert von den plündernden, meuternden wie raffgierigen, aufschneiderischen und erpresserischen Söhnen der Hellenen, mit denen er es vor Missolunghi zu tun hatte. Was Byron 1823 über den Zustand und die Moral der aufständischen Griechen mitzuteilen hat, entspricht beinahe wörtlich dem, eine seltene Koinzidenz in der Weltliteratur, was Hölderlins Hyperion ein gutes Vierteljahrhundert zuvor fiktiv zu ›berichten‹ gewußt hatte. Hyperions Enttäuschung wurde Byrons Desillusionierung über die Frage der Verwirklichung von Idealen in der Politik: »In der Tat! es war ein außerordentliches Projekt, durch eine Räuberbande mein Elysium zu pflanzen.«

Byrons Leben endete im Dauerregen und Morast von Missolunghi. Doch selbst unter diesen Bedingungen gab es noch ein letztes ästhetisches Moment: »O questa è una bella scena« – o welch eine schöne Szene. Der Vorhang durfte fallen. Doch Byrons epilogisches Wort, es ist glaubhaft verbürgt, wurde zum Prolog für das Spectaculum ›Nachleben‹. Von nun an zuckten die Dichter, die etwas auf sich hielten, mit ihrer Oberlippe wie Byron, wähnten sich als Kraftnaturen, auch wenn sie kränkelten. Heine nicht anders als Lamartine, Mazzini oder Mickiewicz. Heine, zeitlebens ein aufrichtiger Verehrer Napoleons, hatte Byron offenbar nicht einmal seine *Ode to Napoleon Buonaparte* (1814) übelgenommen (womöglich kannte er sie gar nicht oder nahm sie schlicht nicht zur Kenntnis), eine Dichtung *in tyrannos*, eine bittere Anklage gegen politische Hybris, gegen den Wahnwitz ungezügelter Macht. Byron hatte in seiner Ode dem Machtwahn Napoleons das Demokratieverständnis George Washingtons entgegengehalten. Es gehört zu den wesentlichsten Daten von Byrons Wirkung, daß dieses Gedicht Arnold Schönberg im amerikanischen Exil zu einer seiner politischsten Tonschöpfungen anregen konnte, zu seinem Opus 41 für Sprecher, Streichquartett und Klavier, komponiert im Jahre 1942, hörbar intendiert als Hymne gegen den Hitlerismus, als Kunstwerk des Widerstands und tönendes Fanal gegen Unterdrückung. Neben Hector Berlioz' Komposition *Harold en Italie* (1834), Schumanns *Manfred*-Musik (1848) und Tschaikowskys »Sinfonie in vier Bildern« gleichen Titels (1885) zählt Schönbergs Werk zu den wichtigsten, mehr noch: bewegendsten Versuchen einer künstlerischen Auseinandersetzung mit Byron.

Byron konnte seine Rollen spielen, weil er Gefühls- und Sprachvirtuose war. Ein Magier der Lust und des Wortes wurde er, ein Akrobat auf Versseilen, dem keine Figur, keine

Arabeske unvertraut schien. Walter Scott hat einmal über Jonathan Swift bemerkt, daß der Reim für einen mittelmäßigen Dichter eine Handschelle sei; der Meister der Reimkunst trage ihn dagegen wie ein Armband. Im Falle Byrons war es nicht nur der Reim, der faszinierte, sondern die schiere Unmittelbarkeit seiner Verse, ihre Sinnlichkeit, aber auch die Höhenflüge, zu denen seine Worte immer wieder ansetzten. Im *Don Juan* findet sich die Zeile »We enter on our nautical existence«, wir beginnen unser Seefahrerleben, was bedeutet: Wir brechen auf in die Freiheit und rechnen mit Stürmen und Flauten, mit Ankunft irgendwo und irgendwann, womöglich im Schiffbruch.

Vom jungen Bismarck weiß man, daß er lange Auszüge aus *Childe Harold's Pilgrimage* angefertigt und Teile davon seiner Braut geschenkt hat. Das Gären und Rumoren in diesen Versen muß ihn angesprochen haben, der Aufbruchsgeist, der sie bestimmt; er beendete freilich dergleichen Lektüre anno 1848, als er spürte, in welche Richtung ein solcher Aufbruch gehen könnte. Fürwahr, man kann sich an diesen Versen die Finger verbrennen, kann unterschätzen, daß nicht alles an ihnen Attitüde ist, sondern einem Glauben an die Rebellion entstammte. Wie nach ihm wohl nur die Jungdeutschen um Heine und Herwegh verband Byron Poesie und Politik. Dem Höhenflug ins Phantastische, ja Gespenstische stand seine Einsicht in die Lage der sozialen Dinge gegenüber. Als es im Frühjahr 1812 eine Gesetzesvorlage zu diskutieren galt, die das Zerstören von Webstühlen zum Kapitalverbrechen erklären und folglich mit der Todesstrafe ahnden wollte, bemerkte er vor dem House of Lords: »Wir dürfen nicht zulassen, daß die Menschheit den Verbesserungen in der Mechanik aufgeopfert wird. Der Unterhalt & das Wohlergehen der arbeitswilligen Armen ist für das Gemeinwesen ein Gegenstand von größerer Bedeutung als die Bereicherung einiger weniger Monopolbesitzer durch irgendwelche Verbesserungen im Gerät ihres Gewerbes (…) Ich habe den Zustand dieser erbarmungswürdigen Menschen gesehen, & er ist eine Schande für ein zivilisiertes Land.« Wundert es angesichts solcher Sätze, daß im Jahre 1988, auf dem Höhepunkt des Thatcherismus, der einstige Labour-Vorsitzende Michael Foot mit einer umfänglichen Biographie Lord Byrons aufwartete und dessen »Gegenwart« als nationale Notwendigkeit einforderte? Freilich, Byron für die Labour-Bewegung (alt) zu reklamieren erwies sich als ebenso waghalsig, wie Heine zum Frühmarxisten zu erklären. In einer zehn Jahre später verfaßten Notiz gab er seine »Parteilichkeit für das Spirituelle« zu.

Im Zweifel plädierte Byron für den Selbstwiderspruch; und das bedeutet für uns, daß wir gezwungen bleiben, unser Byron-Bild wieder und wieder zu revidieren.

Auf der Suche nach einem verschollenen Modernisten

Über Robert Browning

I

»Und blaue Funken brennen / an jedem Blatt und Reis, / und rote Lichter rennen / im wirren, irren Kreis.« Als Robert Schumann diese Verse Heines vertonte, im Mai 1840, als Teil seines Liederzyklus *Dichterliebe*, fühlten sich auch er und Clara, in einem solchen Kreis irrlichtend, gefangen. Jetzt aber waren sie entschlossen, ihn zu durchbrechen. Notfalls auch ohne den väterlichen Segen Friedrichs Wiecks wollten sie, fern von Leipzig, ihr eigenes Leben führen, »am besten irgendwo im Italienischen«, wie Schumann notierte.

Fünf Jahre später, auf den Monat genau, stattet ein, wie er sich nennt, »leidlich bekannter Dichter«, den Barretts in Londons Wimpole Street einen Höflichkeitsbesuch ab; denn die Tochter des Hauses, Elizabeth, hatte jüngst ihre erste Gedichtsammlung veröffentlicht, gleich in zwei Bänden, und darin einen gewissen Robert Browning als ihren lyrischen Mentor »from afar« erwähnt. Wer hatte ihm je so geschmeichelt?

Als er 1840 seine Ballade über Sordello, den bei Dante im »Purgatorio« vorkommenden Troubadour aus dem Mantua des 13. Jahrhunderts, veröffentlichte, meinten die englischen Kritiker, daß dieser einst von Wordsworth geförderte Schriftsteller sich lieber als Landschaftsgärtner oder Schulmeister verdingen sollte, zumal auch sein 1837 am Covent Garden aufgeführtes Drama *Stafford* kläglich durchgefallen war, »mangels zündender Dialoge«, wie die Kritik vermerkte.

Mit anderen Worten: Browning galt als gescheiterte Existenz, als er das erste Mal seiner Elizabeth gegenübersaß. Und wie Vater Wieck widersetzte sich auch Edward Moulton-Barrett einer ehelichen Verbindung der beiden, als Browning wenige Monate nach seinem Besuch um die Hand der »zierlich liebreizenden Poetin« anhielt. Nun sah sich auch Robert Browning ganz wie Schumann (und einst Heine aus anderen Gründen) gefangen in »strange circles«, von Feuer umzingelt. Aber sein Italien war keine Träumerei. Er kannte Rom und Venedig. Und im September 1846 verlassen er und seine »kleine Portugiesin«, wie er seine ihm heimlich angetraute Elizabeth jetzt nennt, buchstäblich bei Nacht und Nebel London, um über Paris nach Italien zu flüchten, »straight into light and eternal brightness«. Aber zunächst warten nur finstere Ausweichquartiere auf sie in Genua, später in Pisa, dann endlich ein standesgemäßeres in Florenz, in der *Casa Guidi*.

Vereint im Wort, nennen sie sich florentinische Engländer und reisen künftig regelmäßig zwischen Florenz, Paris und London. Aber anders als Clara, der Robert Schumann bald verbieten sollte, zu Hause in seiner Anwesenheit Klavier zu spielen, weil dies sein Genie störe, weiß sich Elizabeth zu behaupten. Mehr noch: Zeitweise hat es den Anschein, als stelle sie mit ihrer Poesie das Werk Robert Brownings mühelos in den Schatten. Ihre meisterhaften Sonette, der Zyklus *Casa Guidi Windows*, vor allem aber ihr Epos *Aurora Leigh* (1856) gehören zum Besten, ja Ungewöhnlichsten, was die Lyrik der viktorianischen Epoche zu bieten hatte.

Browning ließ ihr jenen Eigenraum, von dem Virginia Woolf ein halbes Jahrhundert später schreiben konnte, daß nur in ihm die Identität der Frau reifen könne.

Clara Schumann können wir uns nicht Stendhal lesend vorstellen. Elizabeth Barrett-Browning dagegen studierte

Robert Browning (1812–1889)

eifrig *Le Rouge et le Noir* und, auf Anraten Roberts, die Pamphlete der italienischen Freiheitskämpfer. Gewiß, er selbst lehnte revolutionäre Stoffe für seine Poesie ab. Er schrieb über *Love among the Ruins*, über *Fra Lippo Lippi* und komponierte das »Echo in Worten« einer *Toccata of Galuppi's*. Kein geschichtliches Ereignis konnte ihm entrückt genug sein. Aber das nur, um die Form, das Wort selbst, den Rhythmus zur Sprache zu bringen, und das auf eine äußerst revolutionäre Weise: der innere Monolog kam durch Browning auf eine Art in die englische Lyrik, die es im 20. Jahrhundert Pound und Eliot erlaubten, unmittelbar auf diesen gemeinhin ungelesenen Klassiker aufzubauen.

II

Was ist besser: das Labyrinth oder die Weglosigkeit? »Oh how dark your villa was, / Windows fast and obdurate!« dichtet Browning. Vom Dunkeln des Inneren ist die Rede, vom Verlies der Seele, von der Liebe als Verstrickung *und* Erlösung. Dazu gesellt sich eine Moralität, die Browning, ganz unzeitgemäß, als bloßes Dilemma verstand: seine Erzählgedichte stellen sich der Frage nach den Mitteln, die Selbstbefreiung ermöglichen. Kann Ehebruch gerechtfertigt sein, um sich aus einer zwanghaft gewordenen Lebensgemeinschaft zu retten? fragt er in seinem Poem *The Statue and the Bust*. Und er läßt diese Frage ebenso offen wie jene in seiner Ballade *Iuàn Iuànovitch* gestellt, ob es eine Rechtfertigung für das Töten von Menschen geben könne.

Letztlich, so befand er schon in seinem Essay über sein großes Vorbild Shelley (1852), kann jede Flucht nach vorne nur nach innen, nur zur Heimstatt des Wortes, zur Seele, führen. Nein, als Moralist spielte er sich nie auf; aber zum Kritiker der konventionellen Moral fühlte er sich berufen.

Und als solchen stellte ihn Gide neben Nietzsche und Dostojewski.

Browning, der Virtuose. In seinem Erzählgedicht *Pan and Luna* (1879) leistete er sich das Unerhörte: eine Ballade ohne Inhalt: »As when a pearl slips lost in the thin foam / Churned on a sea-shore…«, zu mehr kommt es nicht in diesem nach-bukolischen Idyll. Es schließt lakonisch: »Thus much, one verse of five words, each a boon: / Arcadia, night, a cloud, Pan, and the moon.« Wie in keinem Gedicht sonst gelang es Browning hier, *die* klassisch-poetische Landschaft, Arkadien, und die mit ihr verbundene Stimmung in ihre Bestandteile zu zerlegen. *Pan and Luna* oder: die Destruktion eines Mythos. Auf daß Vergil, dessen *Georgica* er hier parodiert, zum Odysseus werde, zu einem aus jenem Paradies Vertriebenen, das er einst selbst geschaffen hat.

Vor diesem Hintergrund läßt es sich verstehen, daß Browning das novellistische Epos seiner Frau, *Aurora Leigh*, nicht nur tolerieren, sondern auch fördern konnte. Daß seine niedliche »Portugiesin« ein so skandalöses Thema aufgriff wie Auroras Liebe zu ihrem sozialistisch gesonnenen, Kommunen gründenden, in wilder Ehe mit einer Dirne lebenden Cousin Romney Leigh, dergleichen entfremdete Robert keineswegs von seiner literarisch so erfolgreichen Frau, wenngleich er über ihre Lust am Spektakulären, Drastischen, Äußerlichen gelächelt haben dürfte.

Und Elizabeth mochte Robert Browning hin und wieder zu blaß vorgekommen sein; aber im Grunde beneidete sie ihn um die Konsequenz, mit der er seinen Weg ins Innere verfolgte, und um den Mut, mit dem er sich auf das Labyrinth, das er dort antraf, einließ, ohne Hoffnung darauf, irgendwo einen Ariadne-Faden zu finden.

Eliot sprach von Brownings »heroischer Unabhängigkeit«; existentialistisch gesagt: er bejahte seine Geworfenheit ins Sein. Ein Abenteurer in der Welt des Schönen, der ganz unvermittelt das Haus verlassen konnte, dort womöglich eine kleine Gesellschaft zurücklassend, um auf Streifzüge durch Florenz zu gehen: zu Museen und Kirchen, Märkten und Theatern, am liebsten vor und nach den Vorstellungen.

Etwas aber unterscheidet ihn von den modernen Dichtern: er vermochte es noch, den Worten zu trauen. Er setzte auf die Sprache. Sein Wortvertrauen erlaubte es ihm, beharrlich am Reim festzuhalten, an jener lautlichen Klammer des Sinns, auf die er auch dort bestand, wo sich ihm, unter der Hand, der Inhalt aufzulösen begann.

III

»Von einem Dichter verlangt man zwei Dinge: in seinen lyrischen Gedichten müssen Naturlaute, in seinen epischen oder dramatischen Gedichten müssen Gestalten sein«, urteilte Heine, auf Platen als Kritik gemünzt, in seinen *Bädern von Lucca*. Als die Brownings im Sommer 1849 Lucca besuchen, weiß Robert Browning, daß er es in der Dichtung niemals zu wirklichen Gestalten mit klar umrissenen Konturen bringen wird. Und was die Naturlaute in seinen Gedichten anbetrifft, so handelte es sich im höchsten Fall noch um ihr Echo, das zur Virtuosität seines Formenspiels gehörte.

In seinen Gedichten kommt der Natur gewöhnlich die Rolle des schlechten Gewissens der Kunst zu, es sei denn es handelte sich um die Musik, die er, durchaus im Sinne Schumanns, für tonliche Dichtung hielt, die sich freilich um nichts als sich selbst zu kümmern brauche.

Dennoch ging es Browning nicht um bloßen Ästhetizismus. Das zeigt sein Erzählgedicht *Fra Lippo Lippi* (1847), jenes Epos über den Karmeliter-Mönch Filippo Lippi, einen Geistlichen und Freskenmaler aus dem 15. Jahrhundert, einen begnadeten Künstler und Amoralisten, bereit, Nonnen zu verführen, um dadurch für sein Künstlertum neue Inspiration zu gewinnen. Auch *Andrea del Sarto*, Brownings anderes Künstlerepos, gleichfalls 1847 entstanden, handelt von einem schöpferisch Besessenen, der jeden Preis zu zahlen bereit wäre, um seine künstlerische Technik weiter zu vervollkommnen (»Andrea senza errore«, nannten ihn schon seine Zeitgenossen). Das heißt, Browning stellte die Leistung des gewissenlosen Künstlers in Frage und kritisierte den kalten Perfektionismus, ohne daß er jedoch seinerseits bereit gewesen wäre, in seinen Gedichten die Schleusen den Gefühlsströmen zu öffnen.

In Lucca sollte Browning ein Gedicht gelingen, *By the Fire-Side*, das geradezu als ein Arsenal für modernistische Metaphern gelten kann: »...the silence grows / To that degree, you half believe / It must get rid of what is knows.« Diese mit Wissen schwanger gehende, ihrerseits wachsende Stille sieht der Dichter dann im Kaminfeuer verbrennen. Und: »Silent the crumbling bridge we cross.« Aber der Künstler kann nicht anders, als diese vom Verfall bedrohte Brücke immer wieder zu begehen, was besagt, daß er seine kommunikative, Brücken schlagende Arbeit, gleichfalls in Gefahr sieht, ohne jedoch in der Lage zu sein, dagegen etwas zu unternehmen.

IV

Bis 1861 hielt die Brücke von Lucca stand. Dann starb Elizabeth Browning. Fast drei Jahrzehnte sollte Browning seine über alles geliebte ›Portugiesin‹ überleben, und das in zwar wachsender Anerkennung, die man seinem Werk zuteil werden ließ, aber dennoch mit dem Gefühl bedenklich sich verstärkender Isolation.

Was konnte jetzt Trauer bedeuten? Erst suchte er Zuspruch und Kraft im Glauben und Zuflucht in metaphysischen Spekulationen und mystischem Gedankengut. Dann hoffte er, in seiner Poesie seine Elizabeth wieder ins Leben zu rufen: »O lyric Love!« so ruft er sie in seinem Epos *The Ring and the Book* (1868/69). Schließlich graust ihm vor jener bloßen Innerlichkeit, in die er sich begeben konnte, solange sein *Guardian Angel*, Elizabeth, draußen vor dem Arbeitszimmer mit dem kleinen Sohn Robert Liebeswache hielt.

Aber jetzt? Browning versucht es mit einer Flucht ins bunte Menschenleben. Oxford ernennt ihn zum Ehrendoktor, Königin Victoria sieht in ihm einen »netten, doch(!) anständigen Mann«, obgleich ihr Dichter-Favorit ein für allemal Tennyson hieß, Louisa Lady Ashburton möchte Browning heiraten, wie sie ihm am schottischen Loch Luichart eröffnet; zwischendurch bringt er es zu einer charmanten Neufassung der *Alkestis* von Euripides und ebenso zu einer lyrischen Satire auf Napoleon III. mit dem Titel *Prince Hohenstiel-Schwaungau*.

Kaum jedoch, daß der englische Humor mit ihm auf diese unter seinen Lesern peinliche Betretenheit auslösende Weise durchgegangen war, plagen ihn Gewissensbisse. Hat er durch sein Verhalten, durch diese Aufwallung von Lebenslust, das liebende Angedenken an Elizabeth verraten? Hat seine Kunst angesichts dieses Einbruchs von Weltlichkeit gelitten? Konnte er sich je anderen Menschen gegenüber wirklich frei fühlen? Oder erdrückte ihn der Schatten seiner verstorbenen Frau?

Er schreibt in dieser Zeit, daß er mit seinen Fragen nicht mehr wisse, wohin; er könne sich ihrer nicht mehr erwehren. Wir lesen auch: Fragen allein machen kein Gedicht. Fragezeichen anstelle von Versfüßen? Weder fanden sich jetzt in den

Bädern von Lucca noch in den Museen und Folianten Antworten.

V

»Fear death? – to feel the fog in my throat, / The mist in my face.« Noch einmal obsiegt in ihm die Konzentration auf die künstlerische Arbeit. *Prospice, Never the Time and the Place* und das Gedicht *House* entstehen, dessen erste Strophe tatsächlich nur aus Frageversen besteht. Er träumt, beständig Treppen steigen zu müssen, deren obere Podeste in Nebel gehüllt sind. Noch einmal Heine und Schumann? Die *Dichterliebe* schließt mit den Worten »Es treibt mich ein dunkles Sehnen / hinauf zur Waldeshöh, / dort löst sich auf in Tränen / mein übergroßes Weh.«

Browning hört, in der Lagunenstadt angekommen, auf dem Gipfel des abendländischen Verfalls, ein großes Finale der Stille. Und abermals ein Tod in Venedig. Sein ihm zulächelnder Psychagog heißt Katherine Bronson, die ihm von Amerika erzählt. Seine seelischen Nöte kann sie jedoch nicht zerstreuen. Im Gegenteil. Ihn kränkt, daß sie ihn mißversteht. Seine letzten Verse jedoch gehören ihr, darunter auch jene Zeile: »Oh to love so, be so loved, yet so mistaken!«

In der Casa Rezzonico, im venezianischen Palazzo seines durch Heirat vermögend gewordenen Sohnes, stirbt Robert Browning am 12. Dezember 1889. Am Sylvester-Tag findet die Beisetzung im Poets' Corner in Londons Westminster Abbey statt. Zu viele, die sein Werk zu wenig kannten, haben ihn auf seinem letzten Weg begleitet.

George Eliot (1819-1880)

»Niemand kann die Wahrheit
über mich sagen.«

Zur Erzählkunst George Eliots

Ihre Zeit glaubte an nichts mehr als an den Fortschritt, an nahezu unbeschränkten Wissenszuwachs und Erfindungsgeist. England sah sich um 1860 als Zentrum dieser Entwicklungen. Seine Wissenschaft und Technik setzten weltweit Maßstäbe. Und seine Philosophie beeilte sich, in Gestalt von John Stuart Mill und Herbert Spencer, diese Maßstäbe geistig zu sanktionieren. Wer sie zu kritisieren wagte wie Thomas Carlyle, wurde zunehmend isoliert.

Man suchte nach Naturgesetzen. Darwins Evolutionismus, Faradays Experimente mit Sauerstoff und Spencers Theorie der »Fortwirkung der Kraft«, eine philosophische Vorwegnahme des Energieerhaltungssatzes, schienen Erklärungen für alle Rätsel des Lebens zu liefern. Und in der British Library war Karl Marx dabei, die Gesetze der Geschichte zu entdecken…

Fakten zählten, keine Stimmungen oder Gesinnungen, so eindrucksvoll Charles Dickens diese platte Denkweise in *Hard Times* kritisiert haben mochte. Die Eitlen korrumpierten die Gesellschaft und verhöhnten die Gefühle, was William Thackeray in *Vanity Fair* beißend satirisch illustriert hatte. Nichts konnte die britische Weltgeltung ins Wanken bringen, nichts die innere Ordnung auf den britischen Inseln ernsthaft gefährden. Die kontinentaleuropäischen Revolutionen von 1830 und 1848 beobachtete man zwar ähnlich besorgt wie jene von 1789, aber Westminster wußte solchen Umtrieben durch ein raffiniertes Wechselspiel von Reformismus und Traditionalismus zu begegnen. George Eliot, die »mit ganzem Herzen die Aufstände in Wien, Berlin und Brüssel« verfolgte, aber auch nur mit halbem »einen ähnlichen Aufruhr in England« herbeiwünschte, befand um 1848: »Eine revolutionäre Bewegung wäre eher destruktiv als konstruktiv. Außerdem würde sie niedergeschlagen. Unser Militär neigt nicht zu Verbrüderungen... Wir Engländer sind langsame Kriecher.«

Man nannte sie die »befleckte Madonna des viktorianischen Zeitalters«, eine Vorkämpferin der Frauenbewegung wider Willen, die Muse ihrer Zeit, die George Sand aus der englischen Provinz. Sie habe die Revolution gelebt, aber nicht darüber geschrieben (Kate Millet). Ihr Leben war den meisten ein Skandalon, Vorbild nur wenigen. Fünfundzwanzig Jahre lang lebte sie mit dem unglücklich verheirateten Goethe-Biographen, Essayisten und Amateurwissenschaftler George Henry Lewes in »wilder Ehe« zusammen (ihre »Flitterwochen« verbrachten sie in Weimar!), als »Ehepaar« reisten sie nahezu jedes Jahr durch halb Europa, von Kurort zu Kurort, bis zur völligen Erschöpfung Erholung suchend, immer auf der Flucht vor neugierigen und sensationslüsternen Zeitgenossen. Sie führte ein Leben halb unter Pseudonym, halb als Mrs. Lewes, zunächst in spärlichen Behausungen, dann standesgemäß am Londoner Regent's Park, als Sibylle ihrer Zeit literarischen Hof haltend. London sagte ihr nicht viel, trotz der Konzerte und Galerien. Nur um sie zu besuchen, verließ sie ihr Haus, immer in Begleitung ihres sartyrähnlichen George. Alle kamen zu ihr: die Wagners, Turgeniew, Kronprinz Friedrich von Preußen. Sie kannte sie alle: Liszt, Liebig, Paul Heyse und Emanuel Geibel; ihr Partner, Lewes, hatte in Weimar sogar noch den greisen Eckermann getroffen. Sie übersetzte *Das Leben Jesu* von David Friedrich Strauss und *Das Wesen des Christenthums* von Feuerbach, nebst Spinozas *Ethik*. Übersetzend hatte sie sich vorbereitet auf jenen September 1856, als sie sich entschloß, selbst Prosa zu schreiben, zunächst die Erzählung *The Sad Fortunes of the Reverend Amos Barton*, später Teil ihres ersten Buches *Scenes from Clerical Life*. Gleichzeitig galt es, rezensierend abzurechnen mit den »Silly Novels by Lady Novelists«, mit jener trivialen Erbauungsliteratur, über die sich unverfänglich beim Tee parlieren ließ.

Daß George Eliot zu schrillen Dissonanzen fähig war, bewies schon ihre zweite Erzählung *Janet's Repentance*, Teil der *Scenes from Clerical Life:* Ein gewalttätiger Alkoholiker treibt seine Frau in die Trunksucht.

Düstere Schwere charakterisiert auch ihren ersten Roman *Adam Bede* (1859), in dem ihr bereits das gelang, was sie für die Hauptaufgabe des Romanschriftstellers ansah: Alles mit allem zu verweben: Landschaftsschilderung mit der inneren Verfassung der Charaktere, Motivationen mit schicksalhaften Fügungen, Bestrafung und Hoffnung. Das Verweben, von »Wilhelm Meister« hatte sie's gelernt, konnte unregelmäßige Muster hervorbringen, Stoffe, die sich ins beinahe Unabsehbare erweiterten (wie in ihrem mißglückten Renaissance-Roman *Romola*, einem Historiengemälde mit Motiven aus dem Leben und Denken Savonarolas). Im Falle von *Adam Bede* jedoch blieb das Muster übersichtlich, die Handlung überzeugend und die Spannung von Kapitel zu Kapitel gewahrt: Hetty Sorel, von Adam Bede umschwärmt, von einem Landedelmann verführt und geschwängert, tötet ihr Kind nach der Geburt; im Kerker, einer wahren Gretchen-Szene, die E. M. Forster in seinen *Aspects of the Novel* sogar Dostojewski gegenübergestellt hat, wird sie sich über die Tragweite ihres Verbrechens bewußt.

Demgegenüber wirkte ihr zweiter Roman *The Mill on the Floss* (1860) wie ein Versuch, das Idyllische in einer Zeit des Aufruhrs zu retten. Innere und äußere Landschaft schienen ihr Gleichgewicht wiedergefunden zu haben. Das Verweben der Handlungsstränge gleicht in diesem Roman eher einem langsamen Verwachsen.

Langsame Entwicklungen und abrupte Veränderungen wechseln in der Geschichte des Webers von Raveloe *Silas Marner* (1861) beständig. Dieser fleißige Weber verkörpert selbst diese jähen Wechsel: Er arbeitet stetig, leidet jedoch an Epilepsie. Er versteht es, auf lange Zeit zu sparen, wird aber bestohlen. Er bleibt sich selbst treu, sieht sich jedoch von seiner Mitwelt betrogen. Erst in der Fürsorge für ein Findelkind gewinnt seine Existenz (im zweiten Teil dieses Romans) neuen Sinn und Harmonie. Zwei Übersetzungen von *Silas Marner* liegen mittlerweile vor: die Neuauflage einer ersten, 1957 von Kuno Weber besorgten Übertragung und eine Gemeinschaftsarbeit jüngeren Datums von Elke Link und Sabine Roth. Webers Übersetzung, durchaus sinngerecht, wirkt getragen, zuweilen etwas entrückt, während die Neuübersetzung von Link und Roth (im besten Sinne) zeitgerechter ausgefallen ist, präziser, schlichter, aber auch plastischer. Sie bringt uns George Eliots Text näher, während Webers Version ihn überschönt. Dafür ein markantes Beispiel. Es handelt sich um ein Motiv, das George Eliot im *Silas Marner* zum erstenmal in ihr Schreiben eingeführt hatte und das sie in ihren späteren Romanen vielfach variieren sollte: Das Motiv der Wiederholung. Zunächst Webers Version:

»Vertreiben wir uns nicht Zeiten geistiger Leere oder ermüdenden Wartens mit dem Wiederholen irgendeiner alltäglichen Bewegung oder eines Lautes, bis diese Wiederholung ein Bedürfnis, den Anfang einer Gewohnheit erzeugt?«
Im Vergleich dazu Links und Roths Variante:

»Vertreiben wir alle uns Zeiten der Leere oder des müden Wartens nicht dadurch, daß wir irgendeine belanglose Bewegung oder einen Ton wiederholen, bis die Wiederholung ein

Bedürfnis geschaffen hat, das den Grundstein der Gewohnheit legt?«

Die Textstelle lautet im Original wie folgt: »Do we not wile away moments of inanity or fatigued waiting by repeating some trivial movement or sound, until the repetition has bread a want, which is incipient habit?«

Reflexionen wie diese, die bei George Eliot gewöhnlich an den Kapitelanfängen zu finden sind, die ihrerseits von meist philosophischen Motti eingeleitet werden, zeigen die Modernität dieser Romane. Zum Erzählprozeß gehörte für sie auch der Denkprozeß, das Entwickeln einer Moral in Zeiten des Übergangs, die Suche nach religiöser Verankerung der Existenz in einer Welt, die Christus zur historischen Figur erklärt und damit die christlichen Dogmen entscheidend relativiert hatte. Bezeichnend, daß Eliot das *Leben Jesu* übersetzte, wobei ein Gipsabguß von Thorwaldsens auferstandenem Christus auf ihrem Schreibtisch stand. »Nur der Anblick dieser Christus-Statue« habe ihr geholfen, »diese Arbeit zu ertragen«.

Marcel Proust, ein großer Bewunderer von George Eliots Erzählkunst, betonte freilich ihren konservativen Geist. Nach Proust zeichneten folgende Qualitäten ihre Romane aus: nicht allzuviel Bildung, nicht allzu viele Eisenbahnen, nicht allzu viele Ausstellungen, nicht allzuviel Gleichheit, nicht allzu viele Reformen. Statt dessen spüre man das Maßvolle hinter dieser Prosa, zumindest die Bemühung um den Ausgleich zwischen Altem und Neuem, zwischen Tradition und Emanzipation.

Unverhüllt autobiographisches Erzählen gestattete sich George Eliot nur einmal – in *The Mill on the Floss*, ihrer wohl subtilsten Charakterstudie und Darstellung des inneren Entwicklungsprozesses einer jungen Frau. Die übrigen Romane jedoch verschleiern eher ihre Verfasserin, umweben sie mit fiktiver Wirklichkeit. Eliots Ausspruch: »Niemand kann die Wahrheit über mich sagen«, war vor allem auf jene ihrer Leser gemünzt, die glaubten, sie habe sich in ihren Frauengestalten identisch abgebildet.

In *Felix Holt the Radical* (1866) versuchte sich George Eliot am sozialen Realismus. Sie, die beharrlich jede Berührung mit den Elendsvierteln Londons vermied, sie, die nie die Slums des East End besuchte, wollte nun doch über das Elend der Arbeiter schreiben – nicht um zur sozialen Revolte aufzurufen, sondern um dem Geist einer an Feuerbach orientierten »Religion der Menschlichkeit« zu dienen, um die Konfrontation von Ideal und Wirklichkeit zu schildern. Felix Holt ist kein Sozialist, sondern ein Sozialreformer, der sich vorgenommen hat, sich unter die Arbeiter zu mischen, mit ihnen zu leben, ihre Wirklichkeit mit ihnen zu teilen. Einer der Höhepunkte dieses Romans ist Holts Rede an die Arbeiter, in der er sich zu einem reformorientierten Radikalismus bekennt. Was er darunter versteht, bleibt letztlich blaß: »Ich erwarte große Veränderungen, und ich sehne sie herbei. Aber ich erwarte nicht, daß sie rasch erfolgen mit unbedachter Eilfertigkeit.« Er setzt auf den Wandel der Verhältnisse durch wechselseitige Annäherung der sozialen Schichten.

Zwei Jahre nach der Veröffentlichung von *Felix Holt* bemerkte George Eliot in ihren *Notes on Form in Art*: »Die höchste Form ist der höchstentwickelte Organismus, das heißt, die in sich verschiedenartigste Gruppe von Beziehungen, zusammengebunden in einem Ganzen, das wiederum in vielgestaltigsten Beziehungen mit allen anderen Phänomenen steht.« Was für die Kunst und insbesondere den Roman galt, traf nach George Eliot auch für Staat und Gesellschaft zu: der ästhetische und der soziale »Organismus« war auf Zusammenhalt angewiesen, auf ein gemeinsames »Weben«.

Was diese »relations« zusammenhielt, blieb für Eliot jedoch unbestimmt. Es konnten Interessen sein oder Humor, Ambitionen oder Wertvorstellungen. Selbst die extremsten Klassenunterschiede nahm George Eliot nur als wechselseitige Ergänzungen wahr. Schroffe soziale Antithesen dienten dem Erzählhintergrund als kontrastreiches Kolorit; sie waren nicht Aufforderung zur Revolution – weder im Politischen noch im Künstlerischen.

Felix Holt hatte nichts gemein mit der Sprache und Intention des Romans *The Underclassed* des radikalsten unter den spätviktorianischen Schriftstellern, George Gissing. Holt hatte nicht Marx gelesen, sondern die Bibel und die *Reform Bill*.

Und George Eliot selbst verstand sich aufs Kapitalisieren ihrer Erzählkunst. Darin erwies sie sich als so geschickt wie Dickens und Trollope und dem armen Poeten unter den Prosaschriftstellern ihrer Zeit, dem bis heute sträflich unterschätzten George Meredith, haushoch überlegen. Ihr gelang es, ihr gesellschaftliches Außerseitertum als eine Spielart eines neuen Establishments erscheinen zu lassen.

Ihre Romane trafen den Nerv der Zeit, aber überreizten ihn nicht. Das wiederum hatte Elizabeth Gaskell riskiert, deren soziales Engagement, das in Romanen wie *Mary Barton* und *North and South* seinen Niederschlag fand, Felix Holts idealistischen Sozialeifer in den Schatten stellte und ihre bürgerlichen Leser brüskierte.

Doch etwas gelang *so* nur George Eliot: buchstäblich alle denkbaren Aspekte des (früh)viktorianischen Englands literarisch zu spiegeln: Idylle und Fortschrittsdenken, Standesdünkel und Mitmenschlichkeit, Bildungswille und bloße Wissenskompilation, versuchte Selbstbefreiung der Frau und Elend des Intellektuellen. In *Middlemarch*, von Virginia Woolf als einen der »wenigen englischen Romane« geschätzt,

»die für erwachsene Menschen geschrieben« seien, schuf Eliot einen in sich ebenso geschlossenen wie brüchigen Kosmos und Charaktere, so einprägsam wie die besten von Dickens. Alle scheitern sie an überspannten Ambitionen: Dorothea an ihren sozialen Projekten und der Selbstbefreiung durch Wissen, Casaubon an seinem Projekt, den »Schlüssel zu allen Mythologien« zu finden, Lydgate an seinem Versuch, Middlemarch zu einem Zentrum der neuen medizinischen Forschung zu machen, und Ladislaw an seinem allzu bemühten Kunstschaffen, das in politischen Radikalismus umschlägt.

Daß *Middlemarch* den Höhepunkt von George Eliots erzählerischem Können darstellte, war schon zu ihrer Zeit unbestritten. Anders verhält es sich mit ihrem letzten Roman *Daniel Deronda*, von Oscar Wilde als das »langweiligste aller Meisterwerke« geschmäht. Swinburne nannte die Charaktere dieses Romans »bloße Puppen«. Doch mit solchen Pauschalurteilen kann man diesem Roman, dem komplexesten ihrer Kunstwerke, nicht gerecht werden. Gewiß, gewundener, langatmiger hatte Eliot selten geschrieben als in *Daniel Deronda*. Doch das hatte seinen guten Grund. Es geht in diesem Roman buchstäblich um das Verwickeltsein des Menschen in seinem Schicksal, seiner Gedanken- und Gefühlswelt. Mehr noch: Thema dieses Romans ist das Aufeinandertreffen zweier Kulturen: der christlichen und der jüdischen – mithin auch die Auseinandersetzung mit Vorurteilen.

Am Ende ihres Schaffens, man kann es nicht genug bewundern, wagte George Eliot noch einmal alles. Sie begnügte sich nicht mit den bewährten Erzählmustern, die ihr unvergleichlichen Erfolg beschert hatten. Sie setzte – auch im Thematischen – das Erprobte aufs Spiel. *Daniel Deronda* sprengt den Rahmen des englischen Gesellschaftsromans.

Dieses Werk ist ein Experiment gewesen, das man neben Dostojewski, Proust und den *Zauberberg* legen muß. Es spricht von der Angst des Menschen vor seiner eigenen Vergangenheit, vom Verspielen aller Chancen, von der Selbsttäuschung, die mit Erinnerung verbunden ist: »Kein Rückblick führt uns an den wahren Anfang«, so lautet das große Leitmotiv dieses Romans.

Und die Charaktere? Nein, »bloße Puppen« sind sie gewiß nicht. Weder die halb naive, halb berechnende Gwendolen Harleth noch die verängstigte »Fremde« aus Prag, die Jüdin Mirah Lapidoth, schon gar nicht Daniel Deronda selbst, der auf der Suche nach seiner wahren Identität ist, und ebensowenig Mordecai, ein engagierter Zionist, der Gedanken entwickelt, die verblüffend jenen gleichen, die zwei Jahrzehnte später Theodor Herzl in seiner Schrift über den *Judenstaat* vorlegen sollte. Auch die Nebenfiguren zeichnete Eliot mit seltener Präzision, den Musiker Klesmer etwa, ein Paganini und Liszt in einem, und die »Prinzessin«, Derondas Mutter, die ihm schließlich bestätigt, was er seit langem ahnt: daß er selbst Jude ist. Sie selbst verachtet ihr Judentum, weil es ihrer gesellschaftlichen Anerkennung im Wege stand. Den Zionismus lehnt sie ab. Ernsthafte Auseinandersetzungen meidet sie: »Im Wesen dieser Frau wurden alle Gefühle – noch mehr, wenn sie sowohl tragisch als auch wirklich waren – sofort zum Rohmaterial für bewußte Darstellung. Erfahrung verwandelte sich sofort in Theater, und sie spielte ihre eigenen Emotionen.«

Das »Moderne« an diese Charakteren liegt in ihrem Mangel an Beziehungsfähigkeit. Berührungsängste quälen sie, auch wenn Gwendolen sie mit Koketterie zu überspielen versucht. Mordecai braucht seine zionistische Ideologie, um leben zu können, Deronda die Suche nach sich selbst, auch wenn er am ehesten zum Altruismus fähig ist. Und Mirah flüchtet sich in die Musik, um ihre Lebensangst zu überwinden.

Zwar scheint der Schluß des Romans harmonisch auszuklingen (Deronda heiratet Mirah, Gwendolen hat ihre Gefühle wohl verspielt, fügt sich jedoch »geläutert« in ein Leben in Einsamkeit, und Mordecai, der sich als Mirahs Bruder herausstellt, stirbt in den Armen der frisch Vermählten, ausgesöhnt mit sich und der Welt: »Der Tod kommt zu mir wie der göttliche Kuß, der sowohl Abschied als auch Vereinigung ist...«). Das wirkt zu opernhaft, um wahr zu sein, zu aufgesetzt, um überzeugen zu können – wüßte man nicht um die Ironie, die Eliot mit solchen »happy endings« verband. Daniel will mit Mirah nach Palästina fahren, um vorerst dort zu leben, im Geiste des Mordecaischen Zionismus. Doch Daniel, anders als Mirah, ist kein Zionist, sondern ein englischer Liberaler, ein Vertreter der *upper class*. Und sein Empfinden für Gwendolen war zu tief gewesen, als daß es sich folgenlos auflösen könnte. Daniels Beziehung zu Mirah ist somit ähnlich problematisch wie jene zwischen Ladislaw und Dorothea am Ende von *Middlemarch*.

George Eliots Ironie blieb stets verhalten, ihre Metaphern wucherten nie aus; ihre Sätze konnten spröde sein, ausgreifend oder treffend knapp, ebenso reflektierend wie poetisch. Das Poetische dieser Erzählkunst kommt an Stellen wie diesen zum Ausdruck: Daniel, auf der Themse im Abendlicht rudernd, kurz bevor er Mirah zum erstenmal begegnen wird – als ihr Lebensretter:

»Er benutzte seine Ruder nur wenig; ihm gefiel es, sich von der Strömung zurücktragen zu lassen. Er liebte es, sich jener feierlichen Untätigkeit hinzugeben, die leicht aufkommt, wenn die Schatten länger und die Strahlen der Sonne sanfter werden, wenn Denken und Hoffen unmerklich ineinanderfließen und das, was wie Hader aussehen mag, den Charakter eines tief empfundenen Gesichts annimmt.«

Diese für Eliot charakteristische Verbindung von Abstraktion und nur angedeuteter Sinnlichkeit ist in der Literatur ihrer Zeit ohne Beispiel. Gerade in *Daniel Deronda* weiteten sich ihre Reflexionen oft in essayartige Abschnitte aus, und man wünscht sich nun auch eine deutsche Ausgabe ihrer Versuche über *Wilhelm Meister* und Heine, über ihr Bayreuth-Erlebnis und ihre kuriose *Natural History of German Life*. Diese Essays belegen, was George Eliot auch gewesen war: die neben Carlyle, Sarah Austin und Matthew Arnold wichtigste Vermittlerin deutscher Kultur im viktorianischen England.

Poeme als Lebensformen

Über Tennyson

Menschen, Landschaften, geschichtliche Begebenheiten, selbst die Wissenschaften nahm Tennyson lyrisch wahr. Er dachte und fühlte in Versen; auch viele seiner Briefe lesen sich wie Gedichte in Prosa. Verse schreibend, bezeugte er seine lyrische Welterfahrung.

Tennyson war *der* Lyriker der viktorianischen Zeit; sie sah in seinem Werk ein geistiges, nicht selten sogar mystisches Gegengewicht zum wachsenden Utilitarismus und Materialismus, eine Interpretation, die Tennyson durchaus recht gewesen war. Er betrachtete nämlich die immer prosaischer, profaner, weil merkantiler werdende Welt mit äußerster Skepsis und beklagte den Verlust der Religiosität und die zunehmende Verflachung der Empfindungen unter seinen Zeitgenossen. Dem Zerfall der humanen Kultur hoffte er dadurch begegnen zu können, daß er durch seine Poesie einer neuen Sensibilität zum Ausdruck verhelfen wollte. »Neu« wollte sie jedoch nur in der Art der Vergegenwärtigung des Mythisch-Mystischen sein.

Es wäre falsch, im Werk Tennysons nach der »Thematisierung« dieser Aspekte zu suchen. In seinen epischen *Idylls of the King* (1872) etwa spricht sich Tennyson nicht explizit gegen die Profanisierung des Mythos aus, auch nicht gegen den Materialismus seiner Zeit. Vielmehr bemüht er sich darum, den »Gral« lyrisch neu zu stiften (wie Wagner dies musikdramatisch versuchen sollte!).

Tennysons poetische Zivilisationskritik orientierte sich am romantischen Erbe, an Keats und vor allem an Wordsworth. Doch ging er über dieses Erbe hinaus, indem er bewußt die Ergebnisse der Natur-Wissenschaften in sein poetisches Denken miteinbezog. Nicht Naturverklärung betrieb Tennyson, sondern fundierte Naturerkenntnis, darin Goethe verwandter als Wordsworth.

Tennyson vertrat die Überzeugung, daß nur die sinnlich nachvollziehbaren Einsichten der Wissenschaft einen humanen Wert haben könnten. Als er 1850 von Königin Victoria zum Nachfolger von Wordsworth im Ehrenamt des *poeta laureatus* ernannt wurde, hatte sich Tennyson bereits als *poeta doctus* empfohlen, der, Jahre vor Darwins Selektionstheorie, dem Evolutionismus im Gefolge Goethes und Lamarcks poetisch gehuldigt hatte. Sein wichtigstes Gedicht, die einhunderteinunddreißigstrophige Elegie *In Memoriam*, gleichfalls 1850 nach einer zwölfjährigen Entstehungszeit publiziert, enthält Tennysons Auseinandersetzung mit einem Wissenschafts- und Naturbegriff, der in krassem Widerspruch zum schöpfungstheologisch begründeten Glauben stand. Tennyson exponiert das Problem in seiner Elegie an zentraler Stelle (Strophe LV): »Are God and Nature then at strife, / That Nature lends such evil dreams?« Die Antwort auf diese Frage entwickelt er dann sporadisch, betont unsystematisch; ihr Kern lautet: Gott offenbart sich im evolutionären Prinzip. Immerwährende Entwicklung bedeutet schließlich: Nichts bleibt, wie es gegenwärtig ist, nichts, weder das Gute noch das Böse. Auch das Leid wandelt sich. Poetisch und evolutionistisch gesprochen: Die Trauer um seinen besten Freund, den 1833 verstorbenen Arthur Henry Hallam, *entwickelte* sich in seinem Poem *In Memoriam* in skeptische Zuversicht, die Tennyson sentenzhaft zu rechtfertigen verstand: »There lives more faith in honest doubt, / Believe me, than in half the creeds.«

Evolution bedeutete für Tennyson nicht nur ein Naturgesetz, sondern auch die Verpflichtung für den Menschen, sich

Alfred Lord Tennyson (1809-1892)

mehr als nur naturgesetzlich zu entwickeln; es komme auf die Reifung des moralischen Bewußtseins an (»Move upward, working out the beast, / And led the ape and tiger die«). Für Tennyson schloß dies auch die Veränderung sozialer Gemeinschaften sowie des Staates ein, wenn diese nicht mehr dem Niveau des moralischen Bewußtseins der Menschen entsprächen. T. S. Eliot bezeichnete Tennysons (und seine eigene!) Haltung treffend, wenn er schrieb, daß dieser viktorianische Dichter »the most instinctive rebel against the society in which he was the most perfect conformist« gewesen sei.

Was Tennysons eigentliche poetische Qualitäten anbetrifft, gehen die Meinungen gründlich auseinander. Carlyle, einst einer seiner engsten Freunde, warf ihm nach 1860 bloßen Ästhetizismus vor und »inward perfection of vacancy«, während Edgar Allan Poe schrieb, Tennysons Dichtung sei die »rhythmic embodiment of existing and ideal Beauty«. Damit meinte er insbesondere dessen Gedicht *Sleeping Beauty*, das mit den Versen »She sleeps, nor dreams, but ever dwells, / A perfect form, in perfect rest« endet. Die in sich ruhende Schönheit war für Tennyson kein Gegenmodell zu einer als häßlich empfundenen Wirklichkeit gewesen. Anders als Dickens beelendeten ihn nicht die Zustände in den Großstädten, die er instinktiv mied. Das Schöne durchdrang in seinen Augen noch alles: die Natur, auch in wissenschaftlich analysierter Form, den Schmerz, selbst den Tod; das Sterben zelebriert er geradezu in *The Passing of Arthur*; das Scheiden des mythischen Königs erweist sich in seiner Dichtung als ästhetisches Ereignis, das seinerseits dem Gefolge des Königs scheinhaften Trost spendet.

Hartnäckig glaubte Tennyson, daß es – trotz aller Neuerungen, ja Umwälzungen in seiner Epoche – nach wie vor die Zeit der Könige noch sei. Das aristokratische Prinzip hielt er für das Element der Dauer im Wechsel der Zeiten. (Auch hierin sollte ihm T. S. Eliot folgen.)

Doch das Besondere der Lyrik Tennysons besteht nicht in der Spannung zwischen Konformismus und stiller Rebellion, sondern, genauer, zwischen betonten Lyrismen, zauberischen Metaphern und – ungeachtet seiner Vorliebe für reimend erzeugte Wohlklänge – hart gefügten Umsetzungen von wissenschaftlichen Hypothesen seiner Zeit in Poesie. Ich meine zarte Lyrismen wie diese, einzigartig in viktorianischer Zeit: »Short swallow-flights of song, that dip / Their wings in tears, and skim away.« Und ich denke an szientistische Metaphern wie die folgenden: »This world was once a fluid haze of light, / Till toward the centre set the starry tides, / And eddied into suns, that wheeling cast / The planets then the monster, then the man.«

Vor Tennyson hätte nur Shelley so schreiben können, der sich gleichfalls dem Wissen seiner Zeit poetisch gestellt hatte. Tennysons Lyrismen übertrafen an metaphorischer Dichte in seinen besten Gedichten selbst jene der Elizabeth Barrett-Browning, wenngleich seine Lyrik nie die gedankliche und artistische Komplexität eines Robert Browning erreichen konnte.

Gedichte waren für Tennyson nicht einfach sprachkünstlerische Gebilde, sondern geradezu Lebensformen; will sagen, er lebte in ihnen und mit ihnen. An seiner Elegie *In Memoriam* zum Beispiel arbeitete er, nach eigenem Zeugnis, wo immer er sich aufhielt. Zudem glaubte er, in die »Erinnerung« einzugehen, in das Angedenken an den geliebten Freund. Die Komposition dieses Gedichts, das ursprünglich keineswegs umfassend angelegt gewesen war, sondern, Strophe um Strophe, zwischen Essex und Wales planlos wuchs, ist problematisch bis bedenklich. Gewiß, wie erwähnt, vollzieht sich in diesem Gedicht Entwicklung, Verwandlung von

Trauer; es finden sich aber auch maßlose Wucherungen, lyrische Auswüchse, abrupte Wechsel der Stilebenen und recht willkürlich erscheinende Vermischungen von Privat-Familiärem und spekulativer Philosophie. *In Memoriam* ist, auch darin erweist es sich als typisches Zeugnis seiner Epoche, überladen.

Ebenso weisen die nach 1850 verfaßten Dichtungen diese Schwäche auf. (Künstlerisch hatte Tennyson die Berufung zum *poeta laureatus* übrigens ebensowenig geholfen wie in unseren Tagen Ted Hughes, der gleichfalls an dieser Würde zu leiden scheint.) Schwülstigkeit des Stils ist es nicht, was Tennysons Lyrik heute nur schwer lesbar macht. Eher stört sein Mangel an Ironie, an Hintergründigkeit und Doppeldeutigkeit. (Dies hätte er von Elizabeth Barrett-Browning lernen können, deren Lyrik wieder neu zu entdecken wäre, und zwar nicht nur die von Rilke kongenial übertragenen *Sonnets from the Portuguese*.) Tennysons Lyrik leidet überdies an einer gewissen Schwerfälligkeit, die auch seine eleganten Reime nicht überspielen können. Es ist eine Schwere des Gemüts, die diese Gedichte belastet; zu selten entspricht ihr Tiefe des Sinns.

Anders als Goethes Tasso nahm Tennyson den Lorbeerkranz an, den man ihm gereicht hatte: Der *poeta laureatus* der Viktorianer und Intimus der Königin zog im März 1884 sogar ins Oberhaus als Baron ein. Eineinhalb Jahre später veröffentlicht er sein Gedicht *Tiresias*, in dem er sich als Seher empfiehlt: »My warning that the tyranny of one / Was prelude to the tyranny of all?« Doch formuliert er diese Furcht nicht weiter aus; sie bleibt im Raume stehen oder geht auf in jenem Gefühl von Entgrenzung, das Tennysons späte Gedichte prägt: »Forward, backward, backward, forward, in the immensurable sea, / Swayed by vaster ebbs and flows than can be know to you or me.« Die Richtungen lösen sich auf; Erinnerung und Prophezeiung werden eins. Noch einmal ruft er das magische Wort seiner Zeit auf: *Evolution* (so in seinem elegischen Gedicht *Locksley Hall Sixty Years After*): »Well be grateful for the sounding watchword, Evolution here, / Evolution ever climbing after some ideal good, / And Reversion ever dragging Evolution in the mud.« Das getroffene Zauberwort entzaubert sich selbst. Rückschläge existentieller Art können vereiteln, was die Evolution erreicht hat, insbesondere im Bereich der Moralität. In Zeiten der »tyranny of one« (und ohnehin der »tyranny of all«!) kann der Mensch wieder hinter sein mühsam erreichtes Kulturniveau zurückfallen.

Bis zuletzt trägt ihn sein Grundvertrauen in die poetische Sprache. Das Gedicht war ihm Lebensform gewesen; nun klärt sich in ihm auch der Modus seines Sterbens: »Sunset and evening star, / And one clear call for me!« Getrösteter starb kein Künstler an der Schwelle zur Moderne.

Wilkie Collins

Eine Marginalie

»Ach ja«, seufzte ein Fernsehkritiker im Mai 1971, »neuerdings haben wir Sonntag abends ein Gespenst auf dem Bildschirm.« Und vor der letzten Folge des Fernsehfilms »Die Frau in Weiß« nach dem Roman von Wilkie Collins gab er zu Protokoll, daß ihn die Sache eher langweile, er jedenfalls der Lösung des Geheimnisses um die junge Mamsell nicht gerade entgegenfiebere. Die deutsche Fernsehnation sah dies naturgemäß wieder einmal ganz anders. Bis zu fünfundzwanzig Millionen Zuschauer verfolgten die von Herbert Asmodi in Szene gesetzten Episoden; »Die Frau in Weiß« war Tagesgespräch. Und auf die Zuschauer war auch in den Jahren danach Verlaß: »Der rote Schal«, 1973 ebenfalls in drei Folgen gesendet, und »Der Monddiamant«, den wir zu Weihnachten 1974 geschenkt bekamen, schlossen nahtlos an Wilkie Collins' ersten deutschen Fernseherfolg an.

Verlassen konnte sich der Autor stets auch auf seine Leser; sie hielten treu zu dem früh von Gicht und Kritikern geplagten Vielschreiber. Er durfte sich indes gar zu den literarischen Favoriten des späteren britischen Premierministers Gladstone zählen, der Parlamentssitzungen geschwänzt haben soll, nur um die neueste Folge der »Frau in Weiß« lesen zu können, die als Fortsetzungsroman in Englands führender, von Dickens herausgegebener Zeitschrift *All the Year Round* zwischen 1859 und 1860 wöchentlich erschien. Die viktorianischen Lesezirkel nahmen Collins mit unverbrüchlicher Treue schützend in ihre Mitte, wenn wütende Kritiker diesem angeblich »billigen Melodramatiker« und »Schauergeschichtenschreiber« das Leben zu versauern suchten.

Wilkie Collins (1824-1889)

Wiederholt waren ihm auch Erfolge beschieden, wie sie sonst nur Dickens zuteil wurden: allein sechzigtausend Exemplare der »Frau in Weiß« setzte sein Verleger im Erscheinungsjahr 1860 ab. In und um London blühte damals der »Frau-in-Weiß«-Kult auf; ein neues Parfüm führte ihren Namen; ein Walzer wurde für sie komponiert; und der im Roman beschriebene Hut der Schönen fand sich in den Auslagen der führenden Geschäfte. Schließlich ließ Prinz Albert gar für die Bibliotheken aller königlichen Schlösser Prachtausgaben des »Wunderwerkes« anschaffen.

Aber der Erfolg, der sich mit der Veröffentlichung seines Romans »Der Monddiamant« (1868) noch steigern sollte, belastete Wilkie Collins zunehmend. Er kam bei der Arbeit nicht mehr ohne Opium aus. Doch wie vor ihm wohl nur E. T. A. Hoffmann und Edgar Allan Poe, verstand er zu zeigen, was es mit der Lust der Menschen am Phantastischen, Makabren und Abstrusen auf sich hat. Das spezifisch Englische dabei sind nicht nur nebelgeschwängerte Stimmungen und allwissende Butler; er erkannte es auch in der unstillbaren Verkleidungs- und Verstellungssucht seiner Landsleute, die gerne alles für ein Spiel halten, auch wenn daraus blutiger Ernst wird.

Trotz seiner vielen schwachen Novellen, die sich vor allem in seinem letzten Lebensjahrzehnt häuften, steht Wilkie Collins als Klassiker zweiten Grades doch unmittelbar hinter Dickens, Thackeray und George Eliot. Die stilistische Meisterschaft, die insbesondere »Die Frau in Weiß« und »Der Monddiamant« erkennen lassen, haben Chesterton und Borges ebenso zu würdigen gewußt wie Arno Schmidt, dessen deutsche Fassung der »Frau in Weiß« als Zeugnis großer Übersetzungskunst gelten darf. Als erster hatte es T. S. Eliot im Jahre 1927 in einem Essay über Collins gewagt, ihn neben den Säulenheiligen der viktorianischen Literatur,

Charles Dickens, zu stellen, freilich mit der Einschränkung: »Er war ein Dickens ohne Genie.«

Von bürgerlicher Respektabilität konnte bei Wilkie Collins kaum die Rede sein. Im Grunde erfüllte er alle Voraussetzungen, um im Zentrum des Klatsches viktorianischer Doppelmoralisten zu stehen: immerhin führte er, meist gleichzeitig, zwei »wilde Ehen« und war bis zum Ende seines Lebens ein (übrigens treu sorgender) Vater dreier unehelicher Kinder. Über all das aber sah man in seinem Falle großzügig hinweg. Die beiden Frauen an seiner Seite, Caroline Graves und Martha Rudd, hätten schwerlich verschiedenartigere Charaktere sein können: Caroline, ganz Lady, geistvoll, modebewußt, aber auch geheimnisvoll. Martha dagegen schien einfältig, plump, ein Stubenmädchen vom tiefen Land, das sich in einem Hotel in Yarmouth ein paar Pennies verdienen wollte, als sich Collins dort Ende Juli 1864 einquartierte.

Drei Jahre später richtete er für Martha eine Wohnung in London ein. Bis zu diesem Zeitpunkt hatte er mit Caroline zusammengelebt, die er 1851 unter dramatischen Umständen kennengelernt hatte. Sie war ihrem Ehemann weggelaufen: In weißen, wallenden Gewändern soll sie durch Londons Gower Street gerannt sein, und Collins, ganz Gentleman, habe sie in dieser Mondnacht beruhigen und ihr seine »beschützenden Dienste ohne Widerspruch der Dame« antragen können. Caroline verübelte es ihm anfangs sehr, daß er ihr fünfzehn Jahre danach eine Rivalin zumutete. Hals über Kopf heiratete sie einen jungen, reichen Snob; kurios daran, daß Collins brav zur Hochzeitsfeier kam und sein bester Freund den Trauzeugen spielte. Aber die Ehe dauerte keine zwei Jahre, Caroline kehrte zu Collins zurück und war fortan bereit, Martha neben sich zu dulden.

Immer wieder kritisierte dieser Autor in seinen Romanen die Institution der Ehe. Ihr »Bindungsgebot«, wie er es nannte, kam ihm menschenunwürdig, freiheitsberaubend vor. Tragisch gesteigert findet sich dieser Gedanke in seinem novellistischen Ehedrama *Man and Wife*. In bewußter Überzeichnung schilderte er darin den Männlichkeitswahn eines Sport- und Kraftbesessenen, an dessen Seite die Frau seelisch verkümmern muß und sich geistig nur dadurch noch am Leben erhalten kann, daß sie Mordphantasien entwickelt.

Weshalb hat sich Collins so ausgiebig mit dem Verbrechen beschäftigt? Ernst von Wolzogen, der den ersten »biographisch-kritischen Versuch« über Collins noch zu dessen Lebzeiten (1885) in deutscher Sprache veröffentlichte, mutmaßte, daß dessen Romane den Eindruck erweckten, als habe ihr Verfasser in jedem Menschen »den Träger eines fürchterlichen Geheimnisses« vermutet. Schon als Kind hatte Collins das Verbrechen fasziniert. Als sein Vater, ein seinerzeit berühmter Porträtist und Landschaftsmaler, mit ihm durch die Straßen Roms flanierte, beobachtete er einen etwas älteren Jungen, der mit gezücktem *stiletto* auf Beutezug ging, um danach tagelang darüber zu phantasieren. Einige Wochen später verfolgte er in Neapel wie gebannt den Prozeß gegen einen Mönch, der angeklagt war, eine Frau gegen Geld ermordet zu haben.

Seine frühen Romane, besonders *Basil* (1852), *After Dark* (1856) und *The Dead Secret* (1857), zeigen, daß Collins die Menschen immer dem Makabren ausgeliefert sah: Wenn ihre »schwarzen Lüste«, ihre »Nachtseite« entfesselt wurden, entwickelten sie sich zu »allgemeingefährlichen Anarchisten der Seele«. Andererseits hat Collins in seinen Kriminalgeschichten ein großes, auch moralisches Gewicht auf das allmähliche Aufdecken von Verbrechen gelegt, weil er an einen Zusammenhang glaubte zwischen detektivischer Arbeit, Selbsterkenntnis und der Analyse menschlicher Verhaltensweisen. Bei Collins ist es nun gerade nicht der geniale Detektiv, der mit unbestechlicher Logik im Alleingang die Fälle löst, sondern die gemeinschaftliche Leistung vieler: mustergültig geschieht das im Roman »Frau in Weiß«, in dem jeder Zeuge das Seine zur Erhellung des mysteriösen Verbrechens beiträgt.

Immer wieder sympathisierte Collins mit den Randfiguren der Gesellschaft, mit den Schwachen, Ausgestoßenen und Gestrauchelten. In einer seiner ernsteren frühen novellistischen Arbeiten, *Hide and Seek* (1854), befaßte er sich mit dem Schicksal einer Taubstummen. In *Poor Miss Finch*, 1872 veröffentlicht, nahm er sich den Ängsten einer Blinden an, die zum Spielball zweier Männer geworden war. Ein Jahr später entwarf er das Bild der *New Magdalen*, der neuen Magdalena, einer ehemaligen Prostituierten, die verzweifelt darum kämpft, von der Gesellschaft akzeptiert zu werden, der aber nur die schrittweise Selbstzerstörung bleibt. Nach 1870 jagte Collins buchstäblich von Roman zu Roman. Stilistische Flüchtigkeiten und Anbiederungen an den Publikumsgeschmack dürften auch dadurch begründet sein, daß sein wohl wichtigster Ratgeber, Charles Dickens, zu dieser Zeit nicht mehr am Leben war.

Die Freundschaft mit Dickens war nie ganz unproblematisch gewesen. Obgleich Dickens an seinem zwölf Jahre jüngeren Freund vor allem dessen Beständigkeit und den immensen Fleiß schätzte, hegte er doch Zweifel an Collins' Vorliebe für das Makabre. Und er schätzte auch den Erfolgsroman »Der Monddiamant« nicht; er hielt seinen Aufbau für zu gekünstelt und die Handlung für »ausgelaugt«.

Verbarg sich hinter dem eher Ruhe ausstrahlenden Schriftsteller Wilkie Collins nicht ein von Schreckensbildern heimgesuchter, verstörter Mensch, der in Vorworten zu seinen Romanen aus Angst vor den Kritikern bisweilen bekundete, Fachleute hätten seinen Text überprüft? Er selbst gab jedenfalls zu, daß er ohne die Spannung, die er in seinen eigenen Romanen zu erzeugen wußte, nicht leben konnte. Ironisch kommentierte Theodor Fontane diese Sucht. Ein Romancier, schrieb er in einem Brief, müsse auch einmal den Mut zur Langeweile haben: »Davor darf man nicht erschrekken. In diesem Punkte ist Goethe neben Wilkie Collins ein Nachtwächter.«

Fraglos hatte Collins ein feines Gespür für die gesellschaftlichen und psychologischen Probleme des viktorianischen Zeitalters, er sah die Armut und haßte das Falsche, Janusköpfige, in dem sich die Viktorianer so sehr gefielen. Aber er teilte mit ihnen die Vorliebe fürs Kauzige und Überspannte: Berühmt wurde sein Ausspruch, am offenen Grab wünsche er keine Reden; sein Leichnam könnte sich sonst verkühlen. Sein Dilemma aber bestand darin, daß er zuviel sagen und dabei Romancier und Missionar zugleich sein wollte.

Hinzu kam, daß er seine Einsichten in die menschliche Seele oft durch so verschlungene Handlungsgänge zu vermitteln suchte, daß seine Bücher häufig im Wirrwarr endeten. So kommt es auch, daß dem Leser nicht selten nur ihre Absonderlichkeiten im Gedächtnis bleiben: etwa Collins' imaginiertes Leichenschauhaus in Frankfurt, wo er eine seiner Figuren im Machtwahn Hof halten läßt. Dabei hätte Collins allen Grund gehabt, auch über das Deutschland seiner Tage Freundlicheres zu berichten; widerfuhr ihm doch gerade hier schon zu Lebzeiten nur Gutes: er fand seinen verständnisvollsten Biographen und seinen »menschlichsten Arzt«. In Wildbad versuchte er, seine Gicht zu kurieren: Caroline übrigens hatte ihm den Ort mit der Bemerkung empfohlen, daß er im tiefsten Schwarzwald vor weißen Frauen sicher sei.

Die deutschen Leiden
des Thomas Carlyle

Wer heute das Haus Thomas Carlyles in der Cheyne Row Nummer vierundzwanzig in Chelsea betritt, gewahrt bereits, wenn er sein Eintrittsgeld entrichtet, ein etwas düsteres, das frühere Speisezimmer beherrschendes Porträt Friedrichs des Großen. Die Frau des berühmten und entsprechend umstrittenen Gelehrten des viktorianischen Zeitalters, Jane Carlyle, hatte es für ihren weisen geliebten Peiniger einen Tag vor ihrem Tode im April 1866 erworben, ein Jahr nach Abschluß jener gewaltigen Sisyphos-Arbeit, der Lebensbeschreibung des Preußenkönigs in schließlich sechs Bänden, deren Anforderungen das Ehepaar Carlyle in oft traumatische Krisen stürzten. Museale Stille herrscht jetzt in den Räumen, und dennoch vermeint der Besucher etwas von jenen Spannungen zu spüren, die häufig den Alltag in Cheyne Row bestimmten. Er sieht auf so manchen Porträts das nervige Äußere des überspannten Carlyle, erkennt die verhärmten Züge Janes, deren Reinlichkeitsbedürfnis sich nicht selten ins Wahnhafte steigerte. Als die werdenden Exzentriker heirateten, schrieb ihnen Goethe, dessen »Wilhelm Meister« Carlyle als erster ins Englische übersetzt hatte, folgende Verse ins Stammbuch: »Edle deutsche Häuslichkeit / Übers Meer gesendet / Wo sich still in Thätigkeit / Häuslich Glück vollendet.«

Das las sich gut, das junge Ehepaar war gerührt, aber in Cheyne Row sollte Janes übersteigerte »häusliche Tätigkeit« bald zu einem schiefen Haussegen führen. Zudem belegte Carlyle ständig ein anderes Zimmer, das er zu seinem neuen Arbeitsraum erklärte. Da er überaus geräuschempfindlich war, plagten ihn zuweilen das Geklapper in der Küche, das

Thomas Carlyle (1795-1881)

Bellen der Nachbarhunde – Janes eigener Hund benahm sich meistens manierlicher –, Klavierspiel oder die Schiffssirenen irgendwelcher Lastkähne auf der nahen Themse.

Carlyle, der kinderlose Haustyrann, zog sich mehr und mehr auf seine Arbeit zurück, besonders nach 1851, als die Arbeit am »Friedrich« begann. Anfangs hatte man Gäste empfangen, Dickens kam, John Stuart Mill, Thackeray, Ruskin, Darwin – selbst Chopin in seiner Londoner Zeit. Vierzig Jahre währte Carlyles vielgerühmte Existenz als »Man of Letters« schon, als er mit seinem Vorhaben, eine Biographie über Friedrich zu verfassen, seinen Ruf aufs Spiel setzte. Er wagte viel, der Zeitaufwand war »unerhört«, das Material, das er anhäufte, kaum zu übersehen. Varnhagen, Carlyles Briefpartner in Berlin, muß ihm die in den Jahren 1847/48 erschienene Biographie Friedrichs des Großen geschickt haben, die ein gewisser Preuß, Schulmeister zu Landsberg an der Warthe, verfaßt hatte. Sie brachte Carlyle dazu, sich weiter mit Friedrich zu beschäftigen, obgleich er schon gut zehn Jahre zuvor auf den Stoff aufmerksam geworden war.

Der unmittelbareren Anschauung wegen bereiste Carlyle zweimal in den fünfziger Jahren Deutschland, 1852 und 1858, beging die Schlachtfelder der Schlesischen Kriege, erwarb einschlägige Bücher, besuchte Bibliotheken und erstand Friedrich-Porträts, viele, zum Teil kostbare Stiche, die jetzt in seinem Arbeitszimmer aufgestellt sind. Dazu Abbildungen des einen oder anderen preußischen Generals der friderizianischen Armee und natürlich Stiche, die Friedrichs Eltern zeigen. Überhaupt rechtfertigte er seine erste Deutschland-Reise, ja das Friedrich-Projekt überhaupt, mit dem Hinweis darauf, daß beides seiner Mutter, die zu dieser Zeit, hoch betagt, im Sterben lag, gefallen werde. Mit ihr teilte Carlyle seine tiefe Verehrung für Luther und dessen Eltern. Auch ihre Porträts findet der Besucher in Carlyle

House. Die schlichte biedere Häuslichkeit am preußischen Königshof Friedrich Wilhelms I. und jene zu Hause bei den Luthers hatte für Genies gesorgt; es bedarf keiner großen psychologischen Anstrengungen, um zu verstehen, daß Carlyle dabei auch an seine eigene Situation gedacht hat. Nicht anders war es doch bei ihm zu Hause gewesen, im schottischen Ecclefechan, im elterlichen Mainhill Farmhouse: ein gestrenger Vater, eine weise, fördernde Mutter, verständig, ohne intellektuell zu verstehen, aber ahnend, daß im Sohne sich Großes verberge, das nach umsorgender Obhut verlange.

Als Carlyle Deutschland besuchte, befand es sich im Tiefschlaf der zweiten Restauration nach einer gescheiterten Revolution. Carlyles rührend idealistisches Deutschland-Bild litt in jenen Reisewochen. Er suchte nach dem Geist Schillers und Goethes, nach dem überlegen Reformatorischen Luthers, nach Zeichen der Größe, die ihn auf Friedrich weisen würden. Nichts dergleichen erkannte er in den zwar freundlichen, aber einfältigen Menschen, auf die er traf, allesamt, glaubt man seinem Urteil, Schlafmützen und Stockfische. Einzig ein jüdischer Kaufmannssohn aus guter Hamburger Familie beeindruckte ihn, der ihm gleich nach dem Anlegen im Hamburger Hafen eine Nachricht zwecks Weiterfahrt überbrachte, die für Carlyle von anderen hilfreichen Händen vorbereitet worden war. Aus diesem jungen Gesicht sprach ihn, so Carlyle, der Geist des »weisen Nathan« an.

Mit schweren Zweifeln an seiner Fähigkeit, das Leben Friedrichs bearbeiten zu können, kehrte Carlyle nach London zurück. Zwar fehlte ihm nicht die Übung im Umgang mit geschichtlichen Persönlichkeiten, er hatte sich mit Cromwell auseinandergesetzt, mit Luther und Schiller; auch ein eigenwilliges Zeitpanorama der Französischen Revolution war im Laufe der Jahre entstanden; aber Friedrich? Würde

die Energie ausreichen, die schiere Begeisterung und Kritik-
fähigkeit, die erforderlich waren, um ein solches Projekt zu
verwirklichen – und dazu noch weitgehend abgeschnitten
von den wichtigen Archiven in Berlin? Zugänglicher waren
ihm die Archive der britischen Regierung. Aber eine Studie
über britisch-preußische Beziehungen zur Zeit Friedrichs
des Großen wäre Carlyle schon im Ansatz stümperhaft vorgekommen. Er suchte stets – im Sinne Schillers – nach dem
Universalischen in der Geschichte, nach großen Zusammen-
hängen; gleichzeitig liebte er das Detail – bis hin zum Kopf
jener Pfeife, die Seydlitz seinerzeit schlachtenentscheidend
hochwarf. Darin war Carlyle ein Kind seiner Zeit; der Früh-
positivismus hielt Einzug im Geistesleben, zumal im England John Stuart Mills und Jeremy Benthams. Aber nach der
utilitaristischen Komponente des Wissens fragte Carlyle
nicht. Nützlichkeitserwägungen stellten besser die Krämer
an, nicht Menschen von Geist und Bildung. Mit der Verbis-
senheit, die jedem Autodidakten anhaftet, machte sich Carlyle an die Arbeit.

Was trieb ihn zu Friedrich, was ließ ihn dieses kräftezeh-
rende Unternehmen auf sich nehmen? Sicher nicht nur seine
Neigung, Heroisches in der Geschichte aufzuspüren: Dem
Heroischen galt ein ganzer Vorlesungszyklus Carlyles im
Jahre 1840. Überdies suchte er in seinem königlichen »Gegenüber« eine Art Lebenshilfe, da er oft genug fühlte, am
Ende seiner Kräfte und Fähigkeiten zu sein. Er wandte sich
an einen, der, wie er glaubte, standhaft durchzuhalten wußte.
Karg spartanisch sollte es in jenem Raum zugehen, in dem er
sich mit Friedrich auseinandersetzen wollte. Der Dachstuhl
in Cheyne Row wurde ausgebaut, Glasplatten in der Dek-
ken- und Dachkonstruktion sorgten für reichlich Tages-
licht. Ein Treibhaus für geistige Arbeit, dazu ein schlichter
Schreibtisch und ein Sessel, der nichts von viktorianischem

rotem Plüsch an sich hatte, sondern gut preußisch mit Roß-
haar nur leicht gepolstert war. Carlyle disziplinierte sich auf
seine alten Tage: Erst nach Jahren und Abschluß der Arbeit am »Friedrich« wollte er dieses Arbeitszimmer wieder
verlassen, als er wieder einmal umzog innerhalb seines
Hauses.

Trotz dieser stilgerechten Arbeitsatmosphäre, trotz der
vielen Stiche an der Wand, die Friedrich und seine Anver-
wandten und Untergebenen zeigten, gedieh die Arbeit nur
sehr langsam, »schneckenhaft«, wie Carlyle sich beklagte.
Von völliger Demoralisierung ist die Rede, wiederholt von
»Aufgeben«. Aber er arbeitet weiter, Kapitel um Kapitel.
Doch was er als Manuskript vor sich sieht und nachher,
schlimmer noch, als gedruckte Bände, hält er für wertlos,
ja peinlich. Nun ist es Jane, die ihm zur entscheidenden Stütze wird, trotz der vielen gegenseitigen Vorwürfe und Beschimpfungen. Sie glaubt an den Wert dieses großen Werkes,
hält die beiden ersten Bände für das Beste, was er je geschrieben hat. War das nur Zweckoptimismus? Oder schwang da
gar böse Ironie mit, wenn sie, die das Werk ihres Mannes wie
keine andere kannte und zu beurteilen wußte, so seinen
»Friedrich« bewertete? Der große englische Friedrich-Bio-
graph des 20. Jahrhunderts, G. P. Gooch, schrieb im Jahr
1950: »Carlyles berühmte Biographie ist noch immer lesens-
wert als Zeugnis eines glänzenden Amateurs.«

Fest steht, daß die zeitgenössische Kritik weder mit Lob
noch mit Tadel sparte. Als die ersten beiden Bände 1857/58
erschienen, gelangten sie zusammen mit Carlyles »Gesammelten Werken« auf den Markt. Dieses Faktum war nicht
unerheblich, denn es beeinflußte die Aufnahme des »Friedrich«. Kein Kritiker, so Thomas Carlyles Biograph Fred
Kaplan, vermochte sich der schriftstellerischen Leistung
Carlyles zu entziehen und genausowenig dem Umstand, daß

erkennbar wurde, in welchem Schaffensstrom der »Friedrich« entstanden war. Dennoch gähnten manche Kritiker bei der Lektüre der Biographie, viele fühlten sich unter den Details, die auf den Hunderten von Seiten ausgebreitet waren, begraben; man vermißte Struktur und einen wirklich packenden Zugriff. Die zweite Deutschland-Reise kam dann dem übrigen Werk zugute; die Bände drei und vier zeigen plastischere Konturen. Aber die quälende Frage nach der richtigen Anordnung des Materials blieb.

Überhaupt Ordnung – je länger er über den »Friedrich«-Manuskripten zubrachte, desto zweifelhafter erschien Carlyle das Ordnungsprinzip »Leben«. Das war ebensowenig preußisch gedacht, wie es ans Grundsätzliche heranreichte. Das Gefühl der Sinnlosigkeit seines Tuns überkam ihn jetzt auf lange Zeiten hin. Die stoische Philosophie Friedrichs des Großen wollte dagegen nicht ausreichen. Was soll uns Ordnung? Carlyles Antwort ging in die Schlußbände seines Monumentalwerks ein, die in vielem an den »Stechlin« des alten Fontane erinnern.

Zum Hauptproblem für Carlyle entwickelte sich aber im Laufe der Arbeit am »Friedrich« seine Antipathie gegen das 18. Jahrhundert, ein recht viktorianischer Zug. Genau das gestand er sich und seinen Lesern schon auf den ersten Seiten seiner Biographie ein: »Eine der großen Schwierigkeiten in der Geschichte Friedrichs ist es, daß er in einem Jahrhundert gelebt hat, das nahezu keine Geschichte hatte.« Ein Jahrhundert der Schwindler, zu diesem Urteil verstieg sich Carlyle, um das Zeitalter der Aufklärung zu brandmarken. Für Nietzsche reichte das aus, um ihn einen »abgeschmackten Wirrkopf« zu schimpfen.

Carlyle wollte keine Entblößung des Lebens durch die Vernunft. Voltaire hielt er für ein Irrlichtchen im Vergleich zu Luther. Darunter mußte eine Biographie über Friedrich leiden. Nicht ohne Genugtuung stellte Carlyle zu Anfang seiner Arbeit fest: »Friedrichs Selbst, sein Land und sein Jahrhundert sind nicht entzifferbar.« Er wollte ein Werk schreiben, so hat es den Anschein, dessen Schlußfolgerung ähnlich lauten konnte. Nach »melodischer Wahrheit« in der »Epik der Geschichte« fahndete er, und Friedrich hielt er für eine Verkörperung einer »großen Wirklichkeit«, wie er sich ausdrückte.

Carlyle wurde nicht müde, Friedrich als den »letzten wahren König« – darin einem Diktum Mirabeaus folgend – darzustellen. Ein Letzter, der sich aber nicht überlebte, sondern als Refomer auf der Höhe seiner Zeit war. Die soziale Welt im Preußen des 18. Jahrhunderts beanspruchte wenig Platz in Carlyles Blickfeld. Sie fiel aus dem Rahmen, es sei denn, sie diente als Aufmarschgebiet für neue Schlachten. Da vermochte Carlyle so fein mit Worten zu zeichnen wie Menzel mit Pinsel und Kohlestift, da reicht Carlyle an die Historiengemälde seiner Zeit heran. Seine Schlachtenepik steht jener Tolstois und Homers kaum nach. In Carlyles Schilderung des 3. November 1760 (Schlacht von Torgau) offenbart sich ein recht beängstigendes Können. Lebten sich in solchen Schilderungen jene Schlachten aus, die Carlyle mit seiner Frau zu Hause über alle möglichen Trivialitäten auszutragen pflegte? Virginia Woolf schrieb auf ihren trefflichen Seiten über Carlyle House, daß die Wohnung einst die Kulisse für eheliche Auseinandersetzungen abgab, für »Schlachten«, wie sie ausdrücklich vermerkte. Sie wurden gegen den Schmutz geschlagen, gegen die Arbeitslasten, gegen den Partner – je nachdem.

Cheyne Row stellte sich Virginia Woolf stets neblig düster vor, als einen ewigen englischen Februar, ganz so, wie Carlyle dann doch nicht umhin konnte, sich Friedrichs letzte Lebensetappe auszumalen, obgleich Friedrich doch im

Sommer zu sterben vergönnt war, »wenn alles hell ist / und die Erde für Spaten leicht«, um es mit Gottfried Benn zu sagen.

Wie auch immer, zu viele Schlachten sind geschlagen worden, häusliche in Cheyne Row und militärische in Schlesien und anderswo, als daß solche Art Heroismus, wie sie Carlyle suchte, uns Heutige faszinieren könnte. Statt dessen haben wir an ihr Kritik zu üben, nicht nur weil Hitler in seinen letzten Tagen Carlyles »Friedrich« las. Das spricht genausowenig gegen Carlyle, wie es ihn zum Urheber der Bayreuth-Idee Richard Wagners macht, nur weil dieser eine so reizvolle Beschreibung des Markgräflichen Schlosses zu Bayreuth in Carlyles Friedrich-Biographie fand. »Heldenhaft« ging es, wenn überhaupt je, auch im 19. Jahrhundert schon nicht mehr zu. Zu fragwürdig, zu brüchig waren die Werte geworden, die das Heldenhafte bis zum Spätmittelalter genährt hatten; zu pompös klang – auch zu Carlyles Zeit – dieses Wort. Nicht einmal mehr Siegfried, das Urbild des Heroischen, durfte im »Ring« als bloß strahlender Held erscheinen. Was nur hatte sich Carlyle erlaubt, so mögen aufgeregte Geister fragen. Heldendarstellungen, sie mochten noch angehen bei den Kuglers und anderen volkstümelnden Schreibern von Friedrich-Biographien. Aber der Weise von Chelsea, wie er genannt wurde, wußte er es wirklich nicht besser?

Carlyle mit seinem Hang zum Antisemitismus – trotz jener Begegnung mit diesem erfreulichen hellwachen »Kaufmannsjuden« in Hamburg, trotz seiner Freundschaft mit Joseph Neuberg, dem deutsch-jüdischen Fabrikanten aus Nottingham, der für Carlyle sogar Sekretärsdienste erledigte, in der British Library forschte, Kontakte in Deutschland herstellte und das Mammutwerk über Friedrich schließlich ins Deutsche übersetzte (diese Ausgabe muß auch Wagner zur Verfügung gestanden haben, dessen Antisemitismus ähnlich wie jener Carlyles gelagert war: verbale Kraftakte gegen das Judentum und gleichzeitig patronisierende Freundschaften mit Juden, ob sie nun als Geldgeber, Organisatoren oder Dirigenten genehm waren) – verstand Carlyle überhaupt Friedrichs Toleranzwollen? Oder ging ihm an der Haltung des Königs auf, wie schwer es ist, tatsächlich Toleranz zu üben?

Im Koordinatensystem seines Geschichtsverständnisses suchte Carlyle Friedrich irgendwo zwischen Luther und Goethe zu bestimmen, zwischen profunder Religiosität (welcher Art auch immer) und Weltoffenheit, zwischen Prinzipientreue und Verwandlungsfähigkeit. Damit lag Carlyle nicht einmal falsch; nur, daß er darauf beharrte, Friedrich als den wirklich großen Deutschen vorzustellen, rückt sein Unternehmen gerade für den heutigen Leser ins Zwielicht.

Ein Jahrhundert der Spielernaturen, in dem Friedrich wirkte. Aber nachdem Carlyle das 18. Jahrhundert genügend denunziert hatte, ließ er nichts unversucht, Friedrich als seinen einzigen »ehrlichen« Vertreter zu preisen, eine »incommensurable« Erscheinung, die aus Pflichterfüllung und Selbstverleugnung bestanden habe. Daneben betont Carlyle aber das Kunstfertige an Friedrichs Politik. Ja, er geht so weit, den Komponisten, Schriftsteller und Philosophen Friedrich gegen den Politiker auszuspielen, wie Nancy Mitford, selbst Biographin des Preußenkönigs, scharfsinnig herausgestellt hat. Wieder und wieder gebraucht Carlyle das Wort »schaffen« (»create«) in seinem »Friedrich«: ein rastlos tätiger König in einem *geschaffenen* Staat, dessen Künstlichkeit mit Händen zu greifen war und dem Friedrich zu wirklicher Identität verholfen hat. Carlyle betont das Traditionelle friderizianischer Politik (Festhalten an dynastischen Traditionen – selbst wenn sie, wie im Falle Schlesiens, etwas

an den Haaren herbeigezogen waren) und das Unkonventio-
nelle, Überraschende, drastisch Verändernde. Der König
also als Staatskünstler – das meint Carlyle dem Sinne nach,
wenn er auch das Wort nicht gebraucht. Freilich räumte Carlyle nicht ein, daß Friedrich somit doch zu den großen
Spielernaturen seines Jahrhunderts zählte. Der König wußte
Illusionen aus taktischen Gründen aufzubauen wie ein Bühnendichter Kulissen in künstlerischer Absicht. Aber Carlyle
war nicht bereit, dies in seinem »Friedrich« zuzugestehen.

Nancy Mitford nannte Carlyles magnum opus eine der
»eigenartigsten Biographien, die je geschrieben wurden« –
und das nicht, weil Carlyle sich um plastische Anschaulich-
keit in der Darstellung bemühte, das romanhaft Anekdoti-
sche nicht scheuend, wenn es zu den Konturen des Zeitbildes
beitragen konnte. Eigenartig ist diese Biographie wohl vor
allem deswegen, weil sie den Geist des französischen Klassi-
zismus, von dem Friedrich kulturell geprägt war, mit deut-
schem Idealismus verwechselte. Da fiel es Carlyle naturgemäß schwer, zu einer tragfähigen »Idealisierung« Friedrichs
zu finden, deren Unmöglichkeit schon Schiller beklagt hatte.
Hinzu kam, daß Carlyle zu keiner tieferen Differenzierung
seines »Helden«-Begriffs vordrang. Goethes »strahlende
Idealität«, die für Carlyle bis in die fünfziger Jahre keinen
Abbruch litt, ließ sich nicht mit jener des Preußenkönigs
über einen Kamm scheren. Goethes spezifische Leistung,
so sah dagegen Carlyle um 1840 genau, lag gerade in einem
(organischen) Überwinden von Problemen, das Selbstverleugnung nicht erforderte. Die Kraft zur Überwindung der
Krisen bezog Goethe aus einer universalistischen Positivität,
die Friedrich, je länger er lebte, abging.

Weshalb lohnt eine Beschäftigung mit Carlyles Friedrich-
Bild dennoch? Zum einen, weil es keine Alltäglichkeit ist,
daß sich ein Brite mit solcher Absolutheit einer fremden,

wenn auch in manchem wahlverwandten Kultur zugewandt hat. Zum andern, weil hier ein Nicht-Deutscher einen bittersüßen Geschmack von jener Frage bekommen hat, die den Deutschen auch gerade im zweihundertsten Todesjahr Friedrichs des Großen umtreibt: Was heißt es, deutsch zu sein? Von welcher Art ist jene vielbeschworene kulturelle Identität – damals und heute? Carlyle stand vor diesen Fragen, die ihm wie eine unerschöpfliche Quelle vorgekommen waren und ihn zunächst beglückten, schließlich wie der Zauberlehrling seines verehrten Meisters Goethe vor der unstillbaren Flut, wie Faust vor dem Erdgeist, nachdem er ihn beschworen hatte.

Aber Carlyle scheint gespürt zu haben, daß diese Fragen nicht einfach Steckenpferde der Deutschen waren, sondern europäisches Format hatten. Daß die Offenheit der Frage nach der deutschen Identität einen kulturellen (und politischen) Wert darstellt, hätten Carlyle so grundverschiedene Deutsche wie Thomas Mann und Karl Jaspers neben anderen im 20. Jahrhundert bestätigen können.

Ganz abgesehen davon wirft Carlyles Biographie des Preußenkönigs vielleicht drastischer als andere Beispiele dieses Genres das Problem der Lebensbeschreibung als solcher auf. Wie parabelhaft darf sie sein, wieviel Projektion verträgt sie? In unseren Tagen hat Wolfgang Hildesheimer mit seiner fiktiven Biographie »Marbot« den Schluß nahegelegt, daß überhaupt nur Biographien erfundener Persönlichkeiten möglich seien.

Wie auch immer, das größte Kapitel im Lebenswerk des Thomas Carlyle war 1865 abgeschlossen; in seinem Leben, wie konnte es anders sein, wirkte es weiter. Den grauen Blikken Friedrichs blieb er dank der porträtstiftenden Großzügigkeit seiner Frau im Frühstückszimmer weiter ausgesetzt; dem greisen Carlyle ließ schließlich Berlin noch den »Pour le

Mérite« und den Weißen Adlerorden zukommen, die er dankend annahm; hingegen lehnte er britische Auszeichnungen ab. Aber von den Papieren, Exzerpten, Dokumenten und Manuskripten des »Friedrich« befreite er sich; er schenkte sie der Harvard University. Dennoch entdeckt der Besucher in der lichtgeschützten Glasvitrine im luftigen Arbeitszimmer die ersten Seiten des »Friedrich«-Manuskripts. Die Orden liegen daneben, still beredte Spuren einer erarbeiteten Leidenschaft.

Vom Innewerden des Verborgenen

Über Gerard Manley Hopkins

Axtschläge schrecken am Morgen des 8. April einen jesuitischen Priesteranwärter auf; er reißt sich von seiner täglichen Lektüre der Schriften des Duns Scotus und dessen Evangelium des Individualismus los und eilt zum Fenster seiner Seminaristenzelle: dort sieht er, im Park von Manresa House in Roehampton bei London, wie seine mächtige geliebte Esche zu Boden stürzt.

Bis ins Mark durch diesen Vorfall erschüttert, taumelt er zu seinem schmalen Schreibtisch zurück und notiert im Tagebuch, daß er sterben wolle angesichts solcher Barbarei; er könne es nicht länger ertragen, die »inscapes of the world« mehr und mehr zerstört zu sehen.

Inscapes? Was wollte diese Wortprägung des angehenden Jesuiten-Paters, Gerard Manley Hopkins, besagen? Ein Worthybrid, in dem ›Landschaft‹ und ›Flucht‹, *landscape* und *escape*, gleichmaßen nachklingen, wenn auch im Sinne einer Flucht nach innen, eines Entkommens ins Unwegbare der Landschaft des Inneren.

War das ein Versteckspielen mit Worten? Oder handelte es sich hierbei lediglich um eine geistreich-sinnige Gewitztheit des einst brillantesten Studenten im Balliol College, Oxford, der bei John Ruskin und Matthew Arnold hörte und von Walter Pater, dem Erzästheten des Spätviktorianismus, persönlich betreut wurde?

Daß Hopkins Verse schrieb, wußten nur wenige seiner Freunde. Und erst dreißig Jahre nach seinem Tod erschien die erste Ausgabe seiner Gedichte, die sein engster Freund, Robert Bridges, selbst nur ein mittelmäßiger Poet, besorgte.

Gerard Manley Hopkins (1844-1889)

Aber inzwischen gilt Hopkins längst als der radikalste Modernist unter den viktorianischen Lyrikern, dessen (von ihm selbst so bezeichnete) ›sprungrhythmische‹ Poesie noch David Jones und Dylan Thomas beeinflussen konnte.

Hopkins betrachtete die Natur mit den Augen eines bildenden Künstlers (»Das Mondlicht hängt oder fällt von den Wipfeln wie blaue Spinnweben«) und mit dem Forscherblick des um genaue Beschreibung und Klassifizierung bemühten Botanikers. Damit verbunden war für Hopkins die Frage nach der Entstehung des Ästhetischen aus der Wahrnehmung der Natur, über die er jedoch immer auch als Mystiker sprach. Laut Hopkins verkörperte jedes Lebewesen und jede Pflanze einen Aspekt der Offenbarung Gottes, deren Vielgestaltigkeit seine Vorstellung vom Schönen prägte. Genau genommen, meinte er die abgestuften Gegensätze der Erscheinungen, die das Naturschöne bewirkten und zum Maßstab für sein eigenes sprachkünstlerisches Schaffen wurden; denn er hielt die Worte durchaus für Blätter, die das Gedankengeäst belaubten. In seinem platonisierenden Dialog *On the Origin of Beauty* (1865) entwickelte Hopkins diesen ästhetischen Ansatz weiter: »Es ist nicht die Ausstrahlung eines Blattfächers, das seine Schönheit bedingt, sondern diese Ausstrahlung wird erhöht durch ihre Unterbrechung am Stiel.« Blätterstand und Blattstruktur, ihre ›Maserung‹ und ›Farbintensität‹ sowie die Form ihrer Ränder ergaben nach Hopkins' Verständnis ein harmonisches Zusammenspiel natürlicher Verschiedenheiten.

In einem Tagebucheintrag lesen wir: »Man nehme ein paar Schlüsselblumen in einem Glas[,] und die Inwucht aus – Leuchtkraft, Art von Sternigkeit: ich habe nicht das richtige Wort –[,] die eine so einfache Blume gibt[,] ist bemerkenswert. Sie geht, glaube ich, von dem starken Schwall aus[,] der von der tieferen gelben Mitte kommt.« Diese Notiz benennt die wichtigsten Motive und Probleme, die in seinen zwischen 1863 und 1875 entstandenen diaristischen Aufzeichnungen immer wieder zur Sprache kommen sollten: Genauest mögliche Beobachtung der Natur, Frage nach dem, was die Erscheinungen im Innersten bedingt, das Ringen um das ›richtige Wort‹, das dieses ›Innerste‹ adäquat auszudrücken vermag, und schließlich die mögliche symbolische Auswertung des Analysierten, die in diesem Falle »tiefere gelbe Mitte«.

Diese beständigen Spiegelungen der Dinge (und Gedanken) im Licht der Natur erinnern unwillkürlich an Goethes Gedicht *Die Metamorphose der Pflanzen*, vor allem auch mit Blick auf die naturmystische Idee, die solchem Vergleichen oft zugrunde liegt: »Alle Gestalten sind ähnlich, und keine gleichet der andern; / Und so deutet das Chor auf ein geheimes Gesetz, / Auf ein heiliges Rätsel. O könnt ich dir, liebliche Freundin, / Überliefern sogleich glücklich das lösende Wort.«

Hatte Hopkins dieses von Goethe ersehnte ›lösende Wort‹ gefunden? Hieß es ›inscape‹, das Innere des Wandels?

Inscape – eine Begriffsfindung als Glücksfall und als Sinn-Anker. Seit 1868 taucht dieses Wort immer wieder in Hopkins' Aufzeichnungen auf, meist gemeinsam mit der Bezeichnung *instress*, die innere Wirkkraft der Verinnerlichung und des Wandels im Inneren meinend. Das Verhältnis von Inbild und Inwucht oder Inkraft hat Heinz Piontek, einer der ersten Übersetzer von Hopkins ins Deutsche, so beschrieben: »Mit ›Ingestalt‹ eines Dinges ist (...) seine individuelle Einzigartigkeit, seine ganz bestimmte, unvertauschbare Wesensfigur gemeint. ›Instress‹ hingegen ist der Eindruck, ist die Wirkung, die wir von der ›Ingestalt‹ empfangen.«

Beide Begriffe werfen jedoch ein Problem auf: obgleich sie eher sprachmystischer Natur sind, gebrauchte sie Hopkins in aufklärerischer Absicht, um nämlich seinem Kernanliegen, die gemeinhin verborgenen Seiten des Daseins zu erfassen und zu verinnerlichen, Ausdruck zu verleihen.

In bewußter Spracharbeit hatte sich Hopkins schon während seiner ersten Schaffensphase von den lyrischen Schwelgereien und Spracharabesken der Präraffeliten um Dante Gabriel Rossetti gelöst und das eindrücklich Nüchterne betont: »The whole world passes; I stand by.«

Als er im Sommer 1868 in die Schweiz reiste, erhoffte er sich vor allem Klarheit über seinen künftigen Weg als Geistlicher und Poet dazu. Seine Notizen bestechen abermals durch ihren anschaulichen Ausdruck und durch Genauigkeit – auch und gerade in Augenblicken schierer Naturekstase: »Wir gingen in die Grotte und auch in das Gewölbe, aus dem die Rhone fließt. Es sah aus wie ein blaues Zelt und wechselte wie man hineinging zu Lila. Wie man hinaustritt lasiert das Sonnenlicht die Gewölberippen mit glimmender Rosenfarbe. Das Eis im Inneren hat eine verästelte Drahttextur (…) Auf dem Gletscher stehend sah ich die prismatischen Farben in den Wolken, und wert zu sagen welche Art von Wolken: es waren feine formlose Wolken von gittriger Machart, voller Augenbrauen oder wie gerollte Blätterausfütterung wie man sie in scheelen Ecken des Walds findet.«

Das liest sich wie verkürzter Stifter, wie das Zeugnis eines Dichters, der sein Sprachmetier bis in die feinsten Verästelungen des Ausdrucks beherrschte. Doch just er erlegte sich ein Schreibverbot auf – kurz nach der Rückkehr aus der Schweiz, um sich allein religiösen Fragen zuwenden zu können. Schreibverbot meinte für ihn: der Dichtung zu entsagen; seine Notizen berührte diese selbstzüchtigende Maßnahme nicht.

Erst als er vom Untergang der *Deutschland* hörte, bei dem fünf Franziskanerinnen ertranken, durchbrach er sein Gelübde und dichtete, ein Jesuit, im Namen der Religion und des heiligen Wortes, eine fünfunddreißigstrophige Elegie, die er dem Andenken an die ›gläubig Ertrunkenen‹ widmete. Von einer mit grauen Haaren trauernden Hoffnung spricht Hopkins in dieser Elegie, deren formale Struktur bereits zu erkennen gab, welchen Weg er fortan in der Lyrik nehmen sollte: jenen zur freien Form, zum *vers libre*.

In einem Brief an Robert Bridges begründete er seine Hinwendung zu einem ›sprungrhythmischen Verfahren‹ in der Dichtung, das sich durch die Verbindung verschiedener Metren in einer Verszeile ergab: »Warum gebrauche ich überhaupt den Sprungrhythmus? Weil er dem Rhythmus der Prosa am nächsten kommt, und das ist der ursprüngliche und natürliche Sprachrhythmus…, womit man unvereinbar geglaubte Eigentümlichkeiten verbinden kann.«

So betont er sich auch im Religiös-Theologischen der strengen jesuitischen Ordnung unterworfen hatte, so gelöst zeigt sich Hopkins im Ästhetischen. Wenn er auch der Form nach Religion und Kunst unterschied, in einer entscheidenden Hinsicht behauptete er ihre innere Verwandtschaft: Er hielt sie für Arten des Mystischen. In seinem letzten Gedicht sprach er aus, worauf er noch immer hoffte: »I want the one rapture of an inspiration«, das Hingerissenwerden von Erleuchtung, von Inspiration.

Inspiration mag, um mit Francis Ponge zu sprechen, aus dem kombinierten Spiel des kritischen Verstandes und des lyrischen oder sprachlogischen Strömens entstehen. Für Hopkins hatte dieses ›Spiel‹ gleichsam mystische ›Regeln‹, die freilich nach seiner Ansicht nicht erlernbar waren, sondern nur in ekstatischer Schau, die von intensiver Naturbetrachtung auszugehen hatte, greifbar werden konnten. In dieser Phase der ›Wahrnehmung‹ bilden sich – laut Hopkins – Gedanken und mit ihnen die Ingestalt der Worte.

War Hopkins ein *poeta theologus*? Wenn man darunter, mit Otto Pöggeler, einen Dichter versteht, der sich als Hymniker des Logos sieht, dann war er dies gewiß. Aber obgleich er als Prediger eine Zeitlang kreuz und quer durch England und Wales gezogen war, wünschte er doch, mit sich und seiner Wortmystik allein zu sein. Den hypnotischen Sensualismus etwa, der Swinburnes Gedichte bestimmte, lehnte er ab – in der Lyrik ebenso wie in der Kunst überhaupt. In einem aber war er sich mit diesem exzentrischen Ästheten, dem er einst in Oxford von Walter Pater vorgestellt worden war, durchaus einig: Die Erneuerung des Menschen, die als zivilisationskritisches Projekt auch hinter Hopkins' Arbeit stand, müßte sich durch einen vertieften Bezug zur Natur anbahnen. Während Swinburne dabei eher in ›heidnischer Freude‹ an ein intimes Verhältnis mit der Erdgöttin Hertha dachte, setzte Hopkins auf eine bewußtgemachte Ingestalt der Erscheinungen durch die Kunst. Das innere Leuchten des Dings im Kunstwerk, von Chardin bis Cézanne ein Hauptanliegen der bildenden Künstler, sollte auch – so Hopkins – die Sprachkunst bestimmen. Hopkins schmales, aber gewichtiges Werk läßt sich als eine beständige Suche nach diesem Leuchten lesen.

Thomas Hardy (1840-1928)

Zur Metaphysik der erzählten Natur

Über Thomas Hardy

»Ein Roman soll Eindrücke bieten und keine Abhandlungen«, erklärte Thomas Hardy in einem 1892 geschriebenen Vorwort zu seinem ein Jahr zuvor erschienenen Roman *Tess of the D'Urberville*, dem Herzstück seines novellistischen Schaffens. Wenig später präzisierte er in anderem Zusammenhang: »Meine Sprachkunst möchte die natürliche Ausdrucksfähigkeit der Dinge steigern.« Dabei berief er sich ausdrücklich auf Schillers Wort von der »innren Notwendigkeit«, die poetischen Darstellungen zu eigen sein müsse, wenn sie *künstlerisch* überzeugen wollten.

Nichts wäre verfehlter, als in Hardy einen naturalistischen Realisten zu sehen, nur weil er 1883 einen sozialkritischen Essay über *The Dorsetshire Labourer* geschrieben, in London sich mit Zola getroffen und in seinen Erzählungen und Romanen auch das Schicksal der verarmten Landarbeiter angesprochen hat. Was Hardy eigentlich beschäftigte, war das Eingreifen des Schicksals in das Leben der Menschen. Hinzu kam sein geradezu leidenschaftliches Interesse für die Natur. Hardy sah seine Charaktere als ihre Gefangenen; nicht minder jedoch wußte er um die Gefährdung der Natur durch jede Art des zivilisatorischen Fortschritts.

Kein englischer Schriftsteller hat an der Schwelle zur Moderne ein ähnlich differenziertes Bild von der Natur entworfen wie Hardy. In seiner Prosa erscheint sie als Gefahr, Refugium und Opfer zugleich. Exemplarisch entfaltet sie sich in Hardys Werk im Südwesten Englands, namentlich in den Grafschaften von Dorset und Devon, dem »Wessex« seiner Romane. Erzählend erforschte er das Innere dieser Landschaft; das Entgrenzende, Weite des Meeres überließ er, wenn man so will, dem jüngeren Joseph Conrad.

Wenn Hardy Landstraßen und überwucherte Hohlwege schildert, dann weiß sein Leser, daß es sich dabei immer um Wege ins Innere seiner Charaktere handelt.

Hardy warnte davor, die »Bedeutung des Wortes in der Natur« unterschlagen zu wollen. Im Wort, in der schöpferischen Sprache des Künstlers wußte er die »elementare Geistigkeit« des Naturhaften aufgehoben. Er verstand den Roman als eine Landschaft in Worten, als Walstatt der Gefühle und als Ort der Schicksalsdeutung. Dabei erweisen sich in seinen Romanen die Jahreszeiten, insbesondere in *Under the Greenwood Tree* (1872), jener für Hardys Verhältnisse selten heiteren Pastorale in Prosa, als Phasen des Bewußtseins.

»Jeder Baum hat seine Stimme«, heißt es am Anfang dieses Romans, und wir dürfen Hardy auch hier wörtlich nehmen: Die beseelte Natur spricht zu uns, sofern wir nicht verlernt haben, ihr zu lauschen. Dergleichen »Naturspiritualismus« kommentierte Henry James mit charakteristischem Sarkasmus: »Bei Thomas Hardy können wir gemeinhin nur den Schafen und Hunden Glauben schenken.«

Aber diese »Stimme der Natur«, die freilich dem aalglatten Ästhetizismus des weltgewandten Henry James nichts zu sagen hatte, spricht in Hardys Prosa (und Lyrik) jenen Text, der zwischen seinen Zeilen geschrieben steht.

Verhängnisse prägen seine Romane: von gesellschaftlichen Konventionen korrumpierte Instinkte, eine übermächtige Vergangenheit, die nicht zu bewältigen ist und die Menschen immer wieder heimsucht; zudem Menschen, die sich mit Aufgaben konfrontiert sehen, die ihre Möglichkeiten bei weitem übersteigen.

Man darf behaupten, daß Hardy einen ausgeprägten, an Sophokles geschulten Sinn für das Tragische gehabt hat, der unter englischen Romanschriftstellern nicht gerade häufig anzutreffen ist; denn in ihren Werken relativiert zumeist eine virtuos eingesetzte Ironie die tragischen Konstellationen. Anders bei Hardy. Zwar wußte auch er die Ironie, vor allem in seinen Erzählungen, trefflich zu handhaben; aber spätestens seit seiner Arbeit am *Mayor of Casterbridge* (1886) zeigte er, wie ohnmächtig die Ironie der wahren Lebenstragik gegenübersteht. Die Hauptfigur dieses Romans, Michael Henchard, kann sich von seiner Schuld nicht befreien. (Vor seinem sozialen Aufstieg betrieb er Frauenhandel. Eine dieser von ihm seinerzeit verschacherten Frauen macht ihn eines Tages ausfindig, konfrontiert ihn mit ihrem Elend und stellt ihn öffentlich zur Rede. Das hat zur Folge, daß der bisher geachtete Bürgervorsteher von Casterbridge fortan als gesellschaftlich Geächteter weiterleben muß.) Ironische Ausflüchte können ihm nicht mehr helfen. Im Gegenteil; Hardy gebraucht in diesem Roman Ironie eher als ein Zeichen von schlechtem Gewissen.

Begebenheiten seien Experimente des Schicksals, meinte Hardy einmal; und das Unerhörte an ihnen rechtfertige es, daß man über sie schreibe. Man vergegenwärtige sich zum Beispiel nur die trostlosen Lebensumstände seiner Tess: Ihr Kind, die Frucht der ruchlosen Verführungskunst Alec D'Urbervilles, stirbt; Tess läuft von zu Hause weg, trifft auf Angel Clare, der um sie wirbt. Sie gesteht ihm ihre Vergangenheit, und Angel verläßt sie schockiert. Alec spürt sie auf und stellt ihr aufs neue nach; Tess ermordet ihren Peiniger; und jetzt, als es bereits zu spät ist, gibt ihr der zu ihr zurückkehrende Angel zu verstehen, daß er zu ihr hält. Tess, inzwischen steckbrieflich gesucht, flieht mit Angel: nicht an die nahe Küste auf ein rettendes Schiff, sondern in Richtung

Stonehenge. Mitten im Herzen von Wessex sucht Tess Zuflucht an diesem magischen Ort im Landesinnern, bei jener keltischen, weithin sichtbaren Opferstätte, die nur im metaphysischen Sinne Schutz bieten kann. Ihr Weg nach innen führt in eine Falle.

Hardys Welt ist ein Kosmos der Vergeblichkeiten. Tess kämpft umsonst um ihre Freiheit; ihre menschliche Wärme verströmt ungenutzt in der Kälte der zynischen Gesellschaft, in der sie leben muß.

In seinem letzten Roman, *Jude the Obscure* (1896), sollte Hardy die Intensität dieser Lebenstragik noch steigern. Rufen wir sie uns in Erinnerung: Als Jude Fawley und Sue Bridehead nach jeweils gescheiterten Ehen endlich zueinanderfinden, leben sie alsbald in bitterer Armut; jedermann meidet sie. Es fällt ihnen zunehmend schwerer, ihre drei Kinder zu versorgen; ihr ältester Sohn zieht daraus eine grausige Schlußfolgerung: um seine Eltern von ihren drückenden Sorgen zu befreien, erhängt er seine beiden Geschwister und dann sich selbst. Nach diesem Schicksalsschlag trennen sich Jude und Sue, finden zu ihren früheren Lebensgefährten zurück und leben mit ihnen ihrer Selbstzerstörung entgegen. Judes einstige autodidaktische Bildungsversuche erwiesen sich in diesen kritischen Augenblicken als ebenso nutzlos wie Sues emanzipationsbewußte Intellektualität.

Hardy wußte, wovon er sprach. Als Autodidakt hatte er es zu einem respektablen Kirchenarchitekten gebracht (»als Heide baute ich Kirchenschiffe für die Gläubigen«, so Hardy über seinen ursprünglichen Brotberuf), nicht aber, wie er meinte, zu einer positiven Lebensphilosophie. Die Ehe hielt er für eine Folterkammer; jedoch war er unfähig, lange allein zu leben. Nach dem Tod seiner Frau Emma

(1912), der er verboten hatte, in seiner Gegenwart über ihre Krankheit zu sprechen, heiratete er seine Privatsekretärin Florence Dugdale, der er seine Autobiographie diktierte. Aber ihre Ehe stand vom ersten Tag an unter den dunklen Vorzeichen von Hardys Schuldgefühlen, die Emmas Tod in ihm wachgerufen hatte.

Die Arbeit an *Jude the Obscure* habe ihn vom Romaneschreiben »geheilt«, bemerkte Hardy in einem Postscriptum zu diesem seinem erschütterndsten Epos. Aber das war nur die halbe Wahrheit. Die Kritiker hatten diesen Roman verrissen und ihm empfohlen, künftig keine Romane mehr zu schreiben. Und das Unwahrscheinliche geschah: Hardy nahm diesen Ratschlag ernst, sofern man von seiner Arbeit an der Revision seines gemeinhin unterschätzten Romans *The Well-Beloved* absieht. Während der letzten beiden Jahrzehnte seines Lebens, er starb im Januar 1928, widmete sich Hardy beinahe ausschließlich seiner Lyrik, der zeitlebens seine eigentliche Liebe gegolten hatte. Aber erst durch den Tod seiner ersten Frau gewannen seine Gedichte jene Tiefe und Reife, die seine Alterspoesie so unverwechselbar werden ließ. Diese Alterslyrik liest sich wie eine kunstvoll verästelte Variation über das Thema: Schuld, ohne die Möglichkeit zu wahrer Sühne.

Hardy selbst verstand sie als Opfergabe, die er der Erinnerung an Emma (sehr zum Verdruß seiner zweiten Frau) darbringen wollte. Die letzte Sammlung konnte er noch selbst zum Druck vorbereiten; unter dem Titel *Winter Words* wurde sie wenige Monate nach seinem Tod veröffentlicht. Die Kritiker hielten diese Verse für nichts weiter als gereimte Anachronismen, für rhythmisches Geraune aus längst vergessener viktorianischer Zeit. Am Ende seiner »Winterreise« stand ein einsamer Vers im kalten Raum, Hardys (zu pessimistisches) Urteil über sich selbst: »He is one for whom /

Nobody cares.« Nur einer wußte damals diese Alterslyrik Hardys zu schätzen: der revolutionäre Modernist und politische Reaktionär Ezra Pound.

Wissen heißt verändern wollen

Über Beatrice Webb als Autobiographin

Sie stammte aus begütertem Haus. Ihr Vater, Richard Potter, nach Auskunft der Tochter Beatrice ein selbstbewußter »Bürger des britischen Weltreiches«, verkörperte geradezu idealtypisch den erfolgreichen Viktorianer: ein Leistungsethiker mit untrüglichem Gespür für gewinnträchtige Geschäfte und mutige Spekulationsmanöver. Ganzen Konzern-Labyrinthen und Eisenbahn-Gesellschaften stand er vor. Und zudem verfügte er über eine umfassende humanistische Bildung, die es ihm erlaubte, seine Reden über Chancen und Risiken des modernen Kapitalismus, die er so gern hielt, mit ironischen Hinweisen auf Dantes *Paradiso* oder *Inferno* zu würzen.

Er kannte keine Tabus. Mit seinen neun Töchtern und seiner unter dieser »Mädchenwirtschaft« gründlich leidenden Frau erörterte er in allen Offenheit Fragen der Politik, der Religion und Sexualität. Entsprechend freien Zugang hatten die Potter-Töchter zum Entsetzen der Verwandtschaft zur väterlichen Bibliothek. Beatrice nutzte sie wie keine ihrer Schwestern. Schon als Dreizehnjährige las sie auch die delikatesten Bücher Henry Fieldings, daneben Jane Austen und wenig später dann die philosophischen Werke Herbert Spencers.

Sie, die spätere Analytikerin der britischen Gesellschaft, erbaute sich ausgerechnet an Spencers synthetischer Denkweise und schon bald auch an Goethes ganzheitlicher Weltsicht. Ihrer psychischen Entwicklung schien diese frühe schrankenlose Aufklärung jedoch nicht nur genützt zu haben. Zwischen den Zeilen ihres Tagebuches, das sie ihren

»intimsten Freund« nannte, spürt der Leser Berührungsängste. Sie wußte mit ihrem Körper nicht wohin; und deswegen wünschte sie sich geradezu etwas Prüderie. Ihren Halt fand sie jedoch vorerst in der Literatur. Sie übersetzt, einfach zum Spaß, Teile des *Faust* und beginnt zu verstehen, warum einer der Potterschen Hausheiligen, Thomas Carlyle, den »Großen aus Weimar« für *die* Schlüsselfigur der modernen Zeit hält.

Von *Wilhelm Meister* lernt sie die »Kunst der wahren Entwicklung«; und dabei war es noch gar nicht so lange her, daß in der *Edinburgh Review*, die man auch im Hause Potter las, der *Meister* als *sheer nonsense* bezeichnet wurde. Eines also hatte Beatrice' autodidaktischer Eifer bereits bewirkt: selbständig urteilen konnte sie schon.

Unter dem Eindruck der Lektüre des *Wilhelm Meister* begann Beatrice nach dem Sinn von Bildung zu fragen, die sie nicht mehr länger nur als Buchgelehrsamkeit verstehen wollte. »Bestärkt Bildung die Kraft zum Handeln?« möchte sie wissen, und sie antwortet sich: »Ich neige zu der Einschätzung, daß sie die Kraft bestärkt, aber den Wunsch verringert.« Was sie von nun an umtreiben wird, ist ein elementares Interesse am Menschen und an den sozialen Strukturen. Und mehr noch: Sie will den Wert der Arbeit ergründen und ihre industrielle Seite kennenlernen. An Ort und Stelle möchte sie jetzt die Arbeitsbedingungen der Menschen studieren; und, anders als Karl Marx, wird sie sich nicht zu fein sein, durch den nach Regentagen oft knöcheltiefen Schlamm so mancher Arbeitersiedlung zu waten, um ihr Ziel zu erreichen: der britischen Gesellschaft ihren Spiegel vorzuhalten.

Gut und schön. Aber handelt es sich bei ihrer Autobiographie wirklich um Literatur, oder haben wir es nur mit den Memoiren einer literarisch ambitionierten Soziologin zu

Beatrice Webb (1881-1927)

tun? Ein »Klassiker der Sozialforschung« ist dieses Buch gewiß, wie Wolf Lepenies meint. Aber auch ein Klassiker der Literatur?

Bedeutende Schriftsteller und Kritiker haben diese Frage bejaht: Virginia Woolf und F. R. Leavis gehörten zu ihnen. Und Beatrices väterlicher Mentor, Herbert Spencer, hielt sie sogar für eine zweite George Eliot. Grund genug, das vermeintlich Literarisch-Künstlerische dieser Autobiographie zu untersuchen. Man kann der literarischen Qualität der *Lehrjahre* wohl dann am ehesten gerecht werden, wenn man ihre Prosa dokumentarisch nennt, die Sozialstatistiken neben anschauliche Schilderungen der Lebensbedingungen im Londoner East End stellt.

Mit ihren *Lehrjahren* wollte Beatrice Webb augenscheinlich zu verstehen geben, daß ihrer Ansicht nach keine Fiktion die Wirklichkeit zu überbieten vermag. Gleichzeitig kam es ihr darauf an, wie Virginia Woolf bemerkte, sich selbst »als Phänomen zu studieren«, als forschende Abenteurerin, die erkennen will, was die soziale »Welt im Innersten zusammenhält«. Und, wie Faust, sieht sie sich dabei bejahenden und verneinenden Kräften ausgesetzt. Doch mit Wilhelm Meister sucht sie nach dem »besseren Funken in den Menschen«.

Aber die *Lehrjahre* zeigen auch Beatrices schauspielerisches Talent, das sie zum höheren Ruhme der Sozialwissenschaften einsetzt. Als ärmliche Näherin verkleidet, schleust sie sich in einen textilverarbeitenden Großbetrieb ein, dann wieder speist sie in feiner Gesellschaft in einem Pall Mall Club. Sie spielt die Aufgeklärte, die über »sexuelle Perversionen bis zu den Wechselkursen« über alles diskutieren kann, die Maupassant kennt und Zola und noch schlimmere Anrüchigkeiten. Aber es sollte nicht lange dauern, und sie trat als Moralpredigerin hinter den Kulissen der sozialistischen *Fabian-Society* auf, um die ehrbaren Familien Londons und deren frühreife Töchter vor dem Lüstling und Genossen Schriftsteller H. G. Wells in Rundbriefen zu warnen. Gleichzeitig notiert sie im Tagebuch: »Das Verständnis für die Sünde war der Beginn des Fortschritts.«

Hinter ihren trockenen Berichten über sozialwissenschaftliche Feldforschungen erkennt man unschwer die Anstrengungen einer Frau, ihre Gefühle und Leidenschaften zu disziplinieren. Sie redet von »intellektueller Neugier« und meint: Lebenslust, die sie aber nach Kräften zu unterdrücken und zu rationalisieren versucht. Sie zwingt sich zum Studium verstaubter Akten, unternimmt statistische Erhebungen und kämmt dunkle Quartiere durch, in denen gehurt und gemordet wird, bis sie es nicht mehr aushält und für einige Stunden zur »wirklich schönen Literatur« flüchtet.

Sie preist Emersons lebensbejahende Naturphilosophie, aber ruft sich sogleich wieder zur Ordnung mit einem Thomas-Carlyle-Zitat: »England ist voller Reichtum, voll von Produkten aller Art, besitzt alles, was Menschen nur brauchen können; und dennoch stirbt England an Auszehrung.« So verlangt Beatrice Webb im England ihrer Tage »industrielle Demokratie«, also betriebliche Mitbestimmung und Partnerschaftsdenken, um dieser weiteren Auszehrung entgegenzuwirken. Was sie beklagt, ist, um mit Ferdinand Tönnies zu sprechen, daß die Gesellschaft des Empire ihren Gemeinschaftssinn verloren habe. Bezeichnend ist nun, daß Beatrice Webb die Frage nach der Freiheit des einzelnen zurückzustellen bereit war, je mehr sie den Sozialismus für die »ökonomische Seite des demokratischen Ideals« hielt. Daß jedoch der rein »dynamische Staat« die Freiheit des einzelnen nicht gewährleisten kann, hatte bereits Schiller in seiner *Ästhetischen Erziehung des Menschen* gesagt und ihm bekanntlich den »ethischen Staat« an die Seite gestellt, um beide im »ästhetischen Staat« aufzuheben.

Dieser Hinweis auf Schiller ist schon deshalb nicht abwegig, weil Beatrice Webb sich durchaus am klassischen Staatsdenken orientiert und ihre eigene Arbeit als einen Beitrag zur Harmonisierung des Verhältnisses zwischen Individuum und Gesellschaft verstanden hatte. Schillers Idee von der in Freiheit gestifteten Harmonie in der Gesellschaft darf dabei durchaus als Urbild dieses Denkens gelten.

Nein, große Literatur ist diese Autobiographie nicht, dafür ein bewegendes Selbstzeugnis einer Frau, die George Bernard Shaw vorwarf, zu mitfühlend über die Frauengestalten Ibsens geschrieben zu haben, die von einer schrankenlosen Emanzipation ihrer Geschlechtsgenossinnen nichts wissen wollte und der Suffragetten-Bewegung ihre Unterstützung weitgehend versagte. Zu allem hatte sie auch noch einen Aufruf unterzeichnet, der sich gegen das Wahlrecht für Frauen aussprach. Zwar bekannte sie später, hier einen schweren Fehler gemacht zu haben. Aber im Grunde zeigten dergleichen »Entgleisungen«, daß sie im Herzen eine Viktorianerin geblieben war, auch dann noch, als sie die Errungenschaften des sowjetischen Kommunismus begrüßte.

Mit ihrer Autobiographie wollte Beatrice Webb tatsächlich ein Beispiel »wissenschaftlicher Kunst« geben, die helfen sollte, durch novellistisch geformte Wissensvermittlung Veränderungen des menschlichen Bewußtseins zu bewirken. Frisch von der Leber weg konnte sie unter diesen Umständen gar nicht erzählen wollen, selbst wenn ihr diese Fähigkeit gegeben gewesen wäre. Und wenn Virginia Woolf meinte, Beatrice Webb sei »ein Produkt der Wissenschaft & des Verlustes des Glaubens an Gott« gewesen, dann sei mit Goethe geantwortet: »Wer Wissenschaft und Kunst besitzt, /

hat auch Religion.« Beides besaß Beatrice Webb, wenn auch mehr Wissenschaft als Kunst.

Sich selbst führte Beatrice Webb mit ihrer Autobiographie noch einmal vor Augen, wie es schließlich zu jener legendären Partnerschaft mit Sidney kam, jenem blitzgescheiten enzyklopädischen Kopf »voller Wissen über Keats und Arbeitslose« (Shaw), den sie »den Anderen« zu nennen pflegte; ursprünglich war dieses Wort für ihr Tagebuch reserviert gewesen. Sidney sorgte auf einfühlende Weise dafür, daß aus ihren *Lehrjahren* keine *Wanderjahre* wurden, sondern »Jahre vom Geist der Partnerschaft getragenen Glücks«. Dagegen mußte auch ihre Affäre mit Joseph Chamberlain verblassen, über die Beatrice nur vermerkt, daß ihre »animalischen Empfindungen« während jener Londoner Saison, in der ihr der streitbare Politiker zu nahe getreten war, erheblich erregt worden seien. Beatrice Webbs Autobiographie ist das Protokoll einer Selbstkasteiung und ein verschlüsseltes Bekenntnis einer Frau, die ihren überlegenen Intellekt gegen ihre Sinnlichkeit einsetzte, vor deren Uferlosigkeit ihr schwindelte.

Präludien einer Endspielerin

Über Katherine Mansfield

Jeden Tag schien sie bewußt gelebt zu haben, auch in den Monaten und Jahren größter innerer Unruhe. Ihr ungewöhnliches Empfindungsvermögen verstärkte jeden Eindruck bis zu dem Punkt, an dem er zu bersten drohte. Sie sah *in* die Dinge, gebannt von den Möglichkeiten, die sich in ihnen verbergen. Ihre Nerven wußte sie gespannt wie Saiten; und Morgen für Morgen bedurfte es angestrengter Arbeit, diese Nervensaiten neu zu stimmen, so notierte die kaum zwanzigjährige Katherine Mansfield noch im heimatlichen Neuseeland, von dem sie schrieb, daß dort das Neue abgestanden sei wie »alter Brei«. Sie dagegen träumte von Macht, Reichtum und Freiheit für sich selbst und für ihr Geschlecht, und sie glaubte zu wissen, daß dabei der Literatur eine entscheidende Aufgabe zufalle: schreibend könnten die Frauen zu sich selbst finden und ihre Art des Fühlens und Denkens der »Männerwelt« vermitteln. Aber diese These vom Schreiben als emanzipatorischem Akt relativierte Katherine Mansfield bald selbst: spätestens dann, als sie sich ihrer entschieden androgynen Veranlagung bewußt wurde, pries sie den Wert der Literatur für die Förderung des »allgemein Menschlichen«.

Ihre neuseeländische Kindheit und Jugend verarbeitete Mansfield in einer frühen meisterlichen Prosa-Arbeit, genannt »Prelude«, ein Vorspiel, das damit endet, daß die Hauptfigur der Erzählung, Kezia, »allzu schnell und ätherisch davontrippelt« – ins Vergessen.

Aber anders als Kezia hat Katherine Mansfield um 1908 durchaus Ambitionen: sie liest Ibsen, Shaw, Tolstoi (Tsche-

Katherine Mansfield (1888-1923)

chow sollte sie wenig später als den »Liebhaber des Augenblicks« entdecken), d'Annunzio und Byron; und die neuseeländische Welt wird ihr angesichts solcher Perspektiven zu klein. Sie verläßt Neuseeland mit dem Vorsatz, »ins Leben zu reisen«; und dieser Wunsch sollte sich alsbald erfüllen. Kaum in England angekommen, schwängert sie ein kaum siebzehnjähriger Musiker; aus Verzweiflung willigt sie wenig später in die Heirat mit einem anderen »Musenfreund« ein, der sie zu »retten« verspricht. Aber sie verachtet ihn im Grunde und verläßt ihn in der Hochzeitsnacht. Dann stürzt sie sich in weitere Liebesaffären (»um den Haß zu kurieren«), taucht in Bad Wörishofen auf, um sich zu erholen; ihr Kind wird tot geboren, sie verliebt sich abermals, in einen Polen dieses Mal, arbeitet an ihrer Prosa-Sammlung *In a German Pension* und schreibt ein Gedicht »To Stanislaw Wyspianski«, eine Hymne für Polen, halb Kampflied, halb Elegie; sie zieht sich Gonorrhöe zu; die Infektion sollte sie unfruchtbar machen, zu Arthritis führen und schließlich ihren Körper so schwächen, daß sie für alle möglichen Krankheiten anfällig wird. Der gefährlichsten unter ihnen, der Tuberkulose, erliegt sie fünfzehn Jahre später.

»Liebe bezahlt sich als einzige Leidenschaft mit einer Münze, die sich selbst prägt«, behauptete Stendhal, und es erstaunt nicht, daß Mansfield sich gerade ihm besonders zuzuwenden begann. Stendhals Suche nach Klarheit über die Leidenschaft, die Liebe, bedrängte auch sie. Aber die Frage nach den Bedingungen für ein in sich ruhendes Liebesverhältnis erschien ihr nach den ernüchternden Erfahrungen des Jahres 1908 unlösbarer denn je.

Eine ihrer Kurzgeschichten (»Psychology«) versucht, die Beziehung zweier Menschen zueinander von der Sprache her zu deuten, derer sich die Liebenden bedienen: die kleinen Wörter, die zählen, wenn es um Herzensdinge geht, aber auch die Pausen, das Schweigen, die »Sprache des inneren Selbsts«.

Leonhard Woolf charakterisierte Katherine Mansfield in jenen Jahren als »fröhlich, zynisch, unmoralisch und witzig«; und seine Frau, Virginia, die »Kass« als ihre einzige Rivalin unter den zeitgenössischen Schriftstellerinnen sah, aber auch als ihre Freundin schätzte, meinte, daß Katherine aus Angst vor dem Dasein so selbstbezogen geworden sei. D. H. Lawrence hat ›die‹ Mansfield in Gestalt seiner Gudrun novellistisch verewigt; von ihr heißt es in seinem Roman »Women in Love«, daß sie ein »lebhaftes, feinsinnig kritisches Bewußtsein« gehabt »und die Welt verzerrt als ein Schreckensbild« gesehen habe.

Überhaupt ihr Verhältnis zu Lawrence: sie sah sich hin- und hergerissen zwischen leidenschaftlicher Zuneigung zu diesem »sinnlichen Analytiker«, so Anaïs Nin über D. H. Lawrence, und schierer Verachtung für seine drastisch zur Schau gestellte Maskulinität. Sie sehnte sich nach seiner Lebensbejahung und fühlte sich abgestoßen von der Art, wie er seine Lebensgefährtin Frieda (von Richthofen) zuweilen behandelte. Es bleibt der wuchernden Spekulation übereifriger Biographen überlassen, das Verhältnis Mansfield – Lawrence »todesträchtig« zu nennen, so Claire Tomalin in ihrer Mansfield-Biographie, denn, so die Spekulation, die Intimität der beiden könnte dazu geführt haben, daß Lawrence seine »nervige Kass« mit Tuberkulose angesteckt hat. Der Todeskuß vom Meister des *élan vital* in der englischen Literatur. Ein ausreichendes Szenarium für eine halbseidene Künstlernovelle.

Gelegentlich liest man den Vorwurf, daß Mansfield versucht habe, Tschechow nachzuahmen. Gewiß, auch in ihren kurzen Novellen trommelt der Regen nächtelang gegen die Fensterscheiben, hinter denen irgendein Einsamer wohnt.

Mögen die Stimmungen in den Texten von Tschechow und Mansfield auch noch so verwandt sein, die europäisierte Neuseeländerin hätte schwerlich eine Erzählung geschrieben wie jene Tschechows »Über die Liebe«, in der Alyochin, Burkin und Ivan darüber nachsinnen, warum die schöne Pelageya einem unkultivierten und unansehnlichen Koch verfallen sei. Mansfield hätte den *Zustand* dieses Verfallenseins beschrieben, der ja auch tatsächlich Hauptthema ihrer Prosa-Sammlung *The Garden-Party* gewesen ist. Zudem übersieht man leicht, daß sie sich am produktivsten mit Dostojewski auseinandergesetzt hat, wie Tagebucheintragungen vom März 1916 beweisen. Dort finden sich einige bemerkenswerte Sätze, die ebensoviel über die Tagebuchschreiberin wie über die in Rede stehenden Frauengestalten Dostojewskis aussagen: »Sind seine (Dostojewskis) Frauengestalten jemals glücklich, wenn sie ihre Liebhaber quälen? Nein, sie leiden an den Schmerzen ihrer Geburtswehen. Denn sie schenken dabei ihrem neuen Selbst das Leben. Aber dennoch glauben sie nicht an die Entbindung.« Leiden, quälen und gepeinigt werden – die immer wiederkehrenden Themen in Mansfields Briefen und Tagebüchern. In geläuterter Form finden sie sich in den Prosatexten und Gedichtentwürfen, die sie einmal »Harmonieübungen« genannt hat. Zweifellos hat Mansfield diese Themen bis ins Detail durchlebt; aber auch sie konnte verletzen. John Middleton Murry zum Beispiel, der in seiner Zeitschrift *Athenaeum* die meisten Erzählungen seiner späteren Frau veröffentlichte. Aber Murry, ein mittelmäßiger Schriftsteller »und schwacher Charakter voller Eitelkeit und Geltungssucht«, so beschrieb ihn T. S. Eliot, war Katherines Schlagfertigkeit und Kritik nicht gewachsen. Ihre kaum zehnjährige Ehe ließ sich nur deswegen aufrechterhalten, weil sie größtenteils voneinander getrennt lebten: Murry mußte in London seinen Herausgeberpflichten nachkommen, während Katherine, immer ruheloser werdend, durch Frankreich und die Schweiz zog und es nur noch für wenige Wochen im Jahr in London aushielt.

In ihren Briefen beschuldigte sie Murry, daß er sie vernachlässige, warf ihm vor, als Schriftsteller nichts zu taugen, und inmitten solcher Anwürfe ging sie zur Beteuerung ihrer unwandelbaren Liebe für ihn über und zu Selbstbezichtigungen, die wieder und wieder darauf hinausliefen, daß sie sich ihr »Versagen« als Frau nicht verzeihen konnte, ihre Krankheit, die sie, wie sie schreibt, »aushöhlte« und zernagte.

Ähnlich erging es ihrer ständigen Begleiterin, Ida Baker, die ihr beinahe hündisch ergeben war, aber schließlich lästig wurde, obgleich (oder weil) Baker als Pflegerin für die Schwerkranke geradezu unverzichtbar war. Mansfield konnte sie als »vertrottelte Eselin« beschimpfen oder als »verhinderte Nonne« mit »Gutheits-Komplex«. Nein, ihre Krankheit machte sie nicht umgänglicher. Und doch wäre es verfehlt, sie als eine Frau zu sehen, die sich in ihrem Leiden gefiel; zu fest saßen ihre Zweifel am eigenen Wert. Ihrem Tagebuch gesteht sie, daß sie sich oft genug wünsche, ihre Arbeit zerstört zu sehen, weil sie aus nichts anderem bestehe als aus »falschen Ansätzen«.

Im Ersten Weltkrieg, den sie teils in Paris, teils in London, Südfrankreich und Cornwall erlebt und übersteht, fällt ihr Bruder in Flandern, jener Mensch, der ihr am nächsten stand. Bedeutungsleer erscheint ihr daraufhin die Welt, und sie fürchtet sich geradezu davor, das Leben sinnlos mit Worten zu überschütten. Sie will die Sprache abmagern sehen bis auf ihr Skelett, die dürren kleinen Satzkonstruktionen. Sie schwört: »Keinen Schachtelsatz mehr, keine Wortverstopfungen des Gehirns.«

Am 8. Oktober 1919 schreibt sie ihrem Mann: »Ich nahm

heute den Revolver mit in den Garten und übte mich im Schießen: wie man ihn lädt und entlädt und feuert. Es erschreckt mich, aber ich fühle mich wie neu geboren, jetzt, da ich fähig bin, mit diesem Ding umzugehen und es zu verstehen. Ich werde ihn nie wieder zurückgeben. Sind faszinierende Dinge; man ist immer kindisch fasziniert.« Schon zuvor, seit 1914 etwa, begann Mansfield sich nach dem Unterschied von »kindisch« und »kindlich« zu fragen; daraus entstand ein ganzer Kranz von Erzählungen *(Something Childish)*, die zu einem Plädoyer für das Kindliche im Menschen werden, ein deutlicher Hinweis darauf, daß sie nach einer Art geistigem Ersatz für die ihr versagte Mutterschaft suchte. Das Kindliche bedeutete für sie, das Unabgeschlossene, Experimentelle schlechthin, also eine Grundbedingung für die Kunst. Sie verbindet diese Idee mit dem »Prinzip Liebe«, das sie freilich eher beschwört als vertritt; denn zeit ihres so tragisch knapp bemessenen Lebens blieb Katherine Mansfield zu sehr Skeptikerin, als daß sie in einem solchen umfassenden Prinzip hätte aufgehen können.

Als rufe sie sich selbst zur Ordnung, schreibt sie: »Arbeit sei der zweite Atem.« Und Kindlichkeit seine Lunge.

Wie soll man sich Katherine Mansfield vorstellen? Einen Menschen, der unvermittelt fragen konnte: »Gibt es das überhaupt: mich?« Eine Frau mit kohlrabenschwarzem und doch brennendem Blick, immer ausgezehrt wirkend, zuweilen von Lach- und Weinkrämpfen geschüttelt, dann wieder statisch dasitzend, als wollte sie die Stille hinter der Welt verkörpern. Zuweilen wünschte sie, wie eine Zikade zirpen zu können. Auf deutsch vermerkt sie im Tagebuch »Der Mensch muß frei sein«, und gleichzeitig fürchtet sie sich vor Bindungslosigkeit und Isolation. Nur, welches Bild wir auch immer zeichnen, zeitenthoben, entrückt dürfen wir sie uns nicht vorstellen. Aufschlußreich sind in dieser Hinsicht ihre zahlreichen Buchkritiken, vor allem jene, in der sie sich mit Virginia Woolfs Roman *Night and Day* auseinandersetzt; aufschlußreicher noch der Brief an Murry, in dem sie ihre Rezension rezensiert und feststellt, daß Virginia Woolf vor den Anforderungen des Tages, wir schreiben November 1919, kapituliert habe; denn, so Mansfield, der Krieg habe alles verändert. »Ich empfinde zutiefst, daß sich nichts mehr gleicht – und daß wir als Künstler Verräter werden, wenn wir anders empfänden: wir müssen das bedenken und neue Ausdrucksmöglichkeiten finden, neue Formen für unsere neuen Gedanken und Gefühle.« Dagegen spürt sie in Woolfs Roman nur Kälte und Gleichgültigkeit. Was sie nicht erkennt, ist, daß Virginia Woolf gerade in diesem Roman den Selbstschutz übte und den Rückzug als Provokation ausgab. So gesehen, war Mansfields Reaktion von Virginia Woolf durchaus beabsichtigt.

Aber Mansfield sieht sich mehr und mehr schutzlos der Zeit ausgesetzt, dem Trostlosen, dem Ablaufen ihrer inneren Uhr. Sie spricht sich Mut zu und Kraft, dem unabänderlich Werdenden ins Auge zu sehen. Wieder greift sie zu Dostojewski, aber nicht mehr seiner Frauengestalten wegen, sondern weil er die Frage nach dem Ewigen aufgeworfen habe wie kein anderer. Im Tagebuch hält sie aber fest: »Irgend etwas (an ihnen, d. Verf.) ist falsch«, leer, hohl, getüncht, eher Wollen als Gewißheit.

Freunde begehen Verrat, setzen ihr zu. D. H. Lawrence schreibt ihr unverblümt Ende Januar des Jahres 1920: »Ich habe Dich satt. Du widerst mich an, wie Du in Deiner Auszehrung schmorst ...« Der Apostel der Sinnlichkeit hat ihr nichts mehr zu sagen – als Mensch, wohl aber als Künstler. Aber, so fragt sie sich: Was zählt? Die im Kindlichen liegende Hoffnung? Eine vollendete Erzählung? Ein Liebesschwur? Entsagung?

Sie sucht Zuflucht bei Shakespeare, stößt auf Eckermanns Gespräche mit Goethe und glaubt, Weisheit zu atmen: »Goethe war groß genug, um einfach genug zu sein, das zu sagen, was wir alle empfinden, ohne es zu sagen. Und diese Haltung der Kunst gegenüber war edel. Es tut mir gut, in die Brust der Großen zu gehen wie in eine Kirche.«

In ihrer »Shakespeare-Sucht« lernt sie den ersten Akt des *Winter's Tale* auswendig. Wie Hermione muß sie gespürt haben, daß sie »ehrenvollen Schmerz« in sich berherbergte, weil sie ihn mit niemandem teilen konnte.

Gepeinigt von Angstzuständen hört sie immer wieder die harten Stundenschläge der Uhr, auch wenn sie außer Haus ist. Und dabei hat sie doch erst begonnen; die Vorspiele sind in Szene gesetzt, ja, das gewiß, aber eben nur die Vorspiele. Ein Leben im Proszenium, eine Oper, die in der Ouvertüre stecken bleibt; ein Mensch, der mit dem Ende spielt. Hier der Revolver, dort das Gift; aber beides schiebt sie beiseite. Sie will Würde, erinnert sich des Trios von Weber, das sie einst im neuseeländischen Wellington mit diesem blutjungen Cellisten spielte, dessentwegen sie das Cello-Spiel erlernt hatte und von Europa träumte, weil von dort diese Töne kamen. Und nun weiß sie, daß nichts Spiel gewesen war: die Webersche Musik, die sie damals mit den Worten »tragisch, wild dramatisch, voll Rhythmus und Betonungen« zu benennen versuchte, sie kehrt wieder, ernster, getragener, gebietender.

An diesem Ernst gemessen, beginnt sie das Triviale zu hassen, die allzu kleinen Dinge des Lebens, denen sie als Künstlerin aber jahrelang ihre ganze Aufmerksamkeit geschenkt hatte. Ihre innere Unruhe wächst und wächst, und doch fürchtet sie das Reisen »wie die Hölle«. Sie will sich vom allzu Mystischen lösen und suchte doch Zuflucht bei einem Wunderheilpraktiker aus Rußland, der sich in Paris niedergelassen hat. Was ist Hoffnung? fragte sie. Kraft oder Täuschung? Am 14. Oktober 1922 trägt sie in ihr Tagebuch das niederschmetternde Geständnis ein: »Die vermeintliche Besserung meines gesundheitlichen Zustandes ist nahezu nichts als Vorwand – Gaukelspiel.«

Ihre letzte Sprachformel, an der sie sich festhält, lautet: »das Leben: ein Kindermärchen«. Da ist es wieder: die Suche nach dem Kindlichen, dem kleinen Leid, das sich in ihrem Körper wie ein Geschwür festgesetzt hatte und das sie doch auch für ihren ureigenen Besitz hielt. Ihre letzten Briefe an Murry zeigen, weshalb Katherine Mansfield sich so sehr, so unnachgiebig zu isolieren suchte: weil sie die Angst vor dem unablässigen Mißverstehen nicht länger ertragen konnte. Die Frage: »Gibt es mich überhaupt?«, die ihre ganze Existenz bedingte, schürte diese Angst nur noch mehr: denn wer sich seiner Identität nicht sicher ist, kann sich auch den Mitmenschen nicht mitteilen. Das freilich würde ihr völliges Scheitern als Schriftstellerin zur Folge haben. Diese Zweifel zermürbten Katherine Mansfield gerade zu einer Zeit, als sich ihr Ruf als bedeutendste Sprachkünstlerin neben Virginia Woolf in Großbritannien zu festigen begann. Die Kunde vom Erfolg ihrer Erzählungen vernahm sie wohl, aber der Glaube an ihren Wert ging ihr nahezu restlos verloren. In ihrem letzten Brief vom 31. Dezember 1922 schreibt sie: »Mich ermüdet der Gedanke an meine kleinen Geschichten, die wie in Käfigen ausgebrütete Vögel sind.«

Ihr war nicht die Zeit gegeben, an der großen Revolution der englischen Sprachkunst mit allen ihren schöpferischen Kräften teilzuhaben; das war Joyce vergönnt, Virginia Woolf und T. S. Eliot. Nicht einmal als Fackelträgerin konnte sie sich sehen, sondern nur als eine, die Kerzen anzuzünden vermochte – für die Sache der neuen Kunst, wissend freilich, daß »man eine Kerze nicht an einem Ende anzünden kann und mit dem anderen ein Buch schreiben«.

Als sie starb, begann sich ihr Potential gerade erst zu entfalten. Es kommt uns nicht zu, über die Art dieser Entfaltung zu mutmaßen. Sicher scheint, daß das Frische, Augenblickshafte, das so viele ihrer Erzählungen auszeichnet, einer neuen, ihr bis dahin unbekannten Anfechtung ausgesetzt gewesen wäre. In besagtem Brief schreibt sie nämlich auch: »Zum erstenmal in meinem Leben langweilt mich alles. Alles und schlimmer: jedermann kommt mir wie ein lebender Kompromiß vor und so flach, so dumpf, so mechanisch.« Sie sehnte sich nach einem neuen Zustand, nach Veränderung, nach neuen Wörtern, nach »Herzenswandel«, nach allem, von dem sie wußte, daß es ihr versagt bleiben würde.

Im Jahr des Schattens

Über Virginia Woolf

Nichts als schmale, gewundene Nebenstraßen auf dem Weg nach Rodmell; hohle Gassen, die vor Urzeiten, so will es scheinen, in die Kalksteinlandschaft im Süden der Grafschaft Sussex eingesunken sind. Mannshohe, üppig bewachsene Böschungen verdunkeln die alten, notdürftig asphaltierten Landwege auch bei hellem Sonnenlicht, das sich nach den hier häufigen reinigenden Regenschauern in den weißen Kahlstellen der Dünen ersetzenden Kreidefelsen wie in einem stumpfen Brennglas sammelt. Gut hundert Meilen nördlich brodelt London, während in Rodmell Monk's House vor sich hinträumt. Monk's House, der Namen trügt, diente nie als Mönchsklause. Nur um das 1707 erbaute Haus rascher verkaufen zu können, kam ein findiger Makler im vorigen Jahrhundert auf den Gedanken, etikettenwirksames Kapital aus der Nachbarschaft des Hauses zur Gemeindekirche zu schlagen; daher der klerikale Name. Leonard und Virginia Woolf erwarben 1919 dieses Haus für ganze siebenhundert Pfund.

Monk's House, ursprünglich als Zufluchtsstätte für die Woolfs gedacht, in die man sich jederzeit aus der kräftezehrenden Metropole zurückziehen konnte, entwickelte sich mehr und mehr zum Zentrum ihres Lebens. Dann, im Jahre 1940, als die beiden Stadt-Häuser der Woolfs in den deutschen Luftangriffen auf London zerstört werden, übersiedeln sie ganz nach Rodmell.

Jetzt, im zweiten Kriegsjahr täuscht auch die ländliche Idylle. In den Sommermonaten vergeht kaum ein Tag ohne Luftangriffe; kaum eine Nacht, in der nicht Suchscheinwerfer sich am schwarzen Himmel kreuzten. Bomben fallen in nächster Nähe. Rodmell befindet sich plötzlich in der vordersten Verteidigungszone, in der man täglich mit der Landung deutscher Truppen rechnet.

Bei einer Invasion der Deutschen haben die Woolfs Schlimmstes zu befürchten, davon sind sie überzeugt. Leonard entstammt einer jüdischen Familie, und Virginias Wortkunst läßt sich, an braunen Maßstäben gemessen, nur als »entartet« einstufen. Die Woolfs halten für den Fall der Fälle in ihrer als Garage dienenden Remise Benzinkanister bereit. Im August 1940 spricht Leonard von Selbstmord; Freunde raten, sich in den sichereren Norden Englands zurückzuziehen.

Nein, nichts soll sie aus Monk's House vertreiben. Und was da als Krieg tobt, versteht Virginia ohnehin als den katastrophalen Höhepunkt einer tiefen Kultur- und Seelenkrise, der Europa sich ausgeliefert hat und der sich keiner entziehen kann. Ihre Tagebucheintragungen, ihre Briefe und Essays aus dieser Zeit, ihrem letzten Jahr, beweisen, wie bestürzend genau sie die erstickende Gleichzeitigkeit des Krieges und der Freude am Kleinen, an der unrettbaren Idylle, erkannt hat. Die dröhnenden Bomber mit ihrer Todeslast peinigen ihr Gemüt, raschelnde Blätter erschrecken sie und diese Stimmen, die zu ihr aus einer unauslotbaren Vergangenheit sprechen. Je vernehmlicher sie werden, desto fester verschließt sich in Virginia die Hoffnung auf Zukunft.

Und dennoch, wie steht es um die Analyse des Tages? Um das Verstehen des Unbegreiflichen, das einerseits anonym ist, andererseits Namen trägt: Hitler, Nationalsozialismus, Rassenwahn. Aber selbst im Augenblick größter Gefahr trübt sich Virginias überscharfer Blick nicht: sie verurteilt nicht *die* Deutschen, sondern sagt: Hitler und die Seinen.

Virginia Woolf (1882–1941)

August 1940, Virginia formuliert »Gedanken über den Frieden während eines Luftangriffs«, geschrieben für einen amerikanischen Friedenskongreß, der sich mit der Frauenfrage beschäftigen soll. Sie fragt nach dem weiblichen Element in der Politik, nach seiner ausgleichenden Wirkung. Vor allem jedoch fragt sie, eindringlicher noch, nach dem »Hitler in uns«, nach dem »unbewußten Hitlerismus«, der uns gefangenhält. »Uns« schreibt sie, die Deutschen, die Engländer, die Franzosen, alle meinend. Die Hitlers dieser Welt werden von Unfreien, von Sklaven geboren, schlußfolgert sie. Der Machtinstinkt in uns zerstört. Ja, sie geht so weit, zu behaupten, daß auch manche, die jetzt gegen Hitler kämpfen, hitleristische Keime in sich tragen. Gibt es hitlerfreundliche Antifaschisten ähnlich wie es nach Karl Löwith »judenfreundliche Antisemiten« gibt? Ketzerte Virginia? Provozierte sie absichtlich? Am Ende ihres Essays sucht sie abermals Schutz in der Natur: »Schließlich schweigen die Waffen. Alle Suchlichter sind gelöscht. Die natürliche Dunkelheit einer Sommernacht kehrt wieder. Die unschuldigen Laute der Natur werden wieder vernehmbar. Ein Apfel schlägt dumpf im Grase auf...« Die uralte Landschaft von Sussex soll sie bergen, wenn sie jetzt schläft, ohne das Gefühl zu verdrängen, das sie zumindest mit Thomas Mann und Max Picard teilt, das Gefühl, im Hitlerismus einem extremistischen Alter ego zu begegnen.

Sussex möchte Virginia beschwören: »Der Abend ist Sussex wohlgesonnen, denn Sussex ist nicht mehr länger jung, und es ist dankbar für den Schleier des Abends, wie eine ältere Frau froh um den Schatten ist, der auf eine Lampe fällt, so daß nur die Umrisse ihres Gesichts erkennbar bleiben.« Brutalisiert fühlt sich die Meisterin solcher Konturen und gazehafter Schilderungen durch die Ereignisse der Zeit, die dem Wort Gewalt antun. Oder tut das Wort der Zeit Gewalt an?

Gedanken in Monk's House, der Tee dampft – auch im Sommer. Endlose Gespräche mit Leonard. Wo soll das alles hinführen? Aber was ist dieses Alles überhaupt? Die unauslöschlichen Rückblicke in die eigene Vergangenheit, die sich vermischt mit der Vergangenheit des Bloomsbury-Kreises, der Familie, mit dem frühen Tod der Mutter und dem übersensiblen, hochgelehrten, aber eigensinnigen Vater, mit der Vergangenheit Londons, des Landes selbst, mit der Geschichte der Geschichte. Wo immer man hinsieht, bohren die Blicke brunnentief in den Grund des Daseins. Woher die Form nehmen bei soviel End- und Uferlosigkeit? Virginia gibt sich den Strömen ihres Bewußtseins hin wie einem Geliebten. Nicht anders ihre Romanfiguren. Sie entwerfen keine Zukunftsperspektiven; ihre Utopie heißt unablässig Vergangenheit.

Aber die Vergangenheiten verbinden die Menschen nicht; sie nehmen sie isolierend in Anspruch. Virginia fühlt sich allein am offenen Kamin in Monk's House, obgleich Leonard in nächster Nähe bei ihr sitzt.

Von Einsamkeit verstimmte Stimmungsbilder wie in jener Strophe Gottfried Benns: »Einsamer nie als im August: Erfüllungsstunde – im Gelände / die roten und die goldenen Brände, / doch wo ist deiner Gärten Lust?« Zeitlos werden, ja, das könnte retten. Aber wie gegenwärtig nagt diese Einsamkeit an Virginia. August 1940, Virginia schreibt ihrer engsten Freundin: »Was soll ich sagen – außer, daß ich Dich liebe, und ich habe durch diesen seltsam ruhigen Abend zu leben, an Dich denkend, aber allein.« Und Tage zuvor: »Große Lastwagen schaffen Sandsäcke zum Fluß; Gewehre werden am Ufer in Stellung gebracht. Deshalb komm, bevor alles in die Luft fliegt.«

Innen und außen, seelisch und politisch, Pulverfässer überall. Virginia hört Skelette klappern, fleht Vita Sackville-

West um Wärme an, um seelische Geborgenheit, die ihr jedoch keiner mehr schenken kann. Jede Faser der Gegenwart wirbelt vor Virginias Augen im Sog der Vergangenheit.

So liest sich das Gegenteil dieser Erfahrung: »Doch bisweilen kommt eine Art Erleuchtung über einen, als löse der Geist sich vom Körper, und das ist immer zutreffend. Das sind Minuten der Offenbarung, wo man alles versteht und der Blick weit in die Ferne reicht. Eigentlich hat das gar nichts mehr mit mir zu tun, es ist außer mir, über mir.« Von dieser nach vorne, ins Zukünftige gerichteten wahnhaften Erleuchtung spricht Olga Freudenberg in einem Brief an Pasternak. Rückwärts gerichtete Erleuchtung (der Vergangenheit) im Stimmengewirr der längst Gestorbenen suchte Virginia heim. Das Wahnhafte im Schnittpunkt von Zukunft und Vergangenheit, in einer radikal gefährdeten Gegenwart.

Monk's House ist heute eine Gedenkstätte. Pilgerreise zu den Woolfs. Im Dorf kennt man sie noch. Leonard vor allem, der in Monk's House bis zu seinem Tode im Jahre 1967 wohnte. Er liebte Pflanzen, tropische vor allem, die er in Ceylon gesehen hatte. Sein (mißglückter) Romanversuch, *Das Dorf im Dschungel*, eigentlich eine Reportage des angehenden Kolonialbeamten, wollte das Aufeinandertreffen zweier Kulturen beschreiben. Hier, in Monk's House verwachsen ihre Vegetationen. Palmen, Mandelbäume, tropische Schlingpflanzen, Mango und dazu der nachträglich angebaute Wintergarten, wo sich Leonard am liebsten aufhielt.

Im fahlen Nachmittagslicht schimmert Monk's House in allen Violettönen, die sich nicht mit dem kräftigen Grün des Gartens vermischen wollen. Vom Arbeitszimmer im ausgebauten Dachstock des Hauses blickte Virginia auf den klobigen Kirchturm Rodmells, vorbei an ihren heidnisch-antiken

Statuetten aus Ton. Täglich wurde sie von den Glocken geweckt, aber nicht gerufen. Das Leben der kleinen christlichen Gemeinde, die sich in der Kirche hinter ihrem Gartenzaun zur Morgenandacht versammelte, kümmerte sie wenig. Man muß es sich vorstellen: da geht sie, die hochgewachsene, schlanke, trotz ihrer betont nachlässigen Kleidung stets elegant aussehende Virginia erhobenen Hauptes die Schlangenlinie der Dorfstraße entlang, stets gemessenen Schrittes auch bei stärkstem Landregen, ihren Regenschirm so grazil haltend, als flaniere sie in Burlington Arcade oder Regent Street. Nicht, daß sie herablassend gewesen wäre. Noch heute erinnern sich manche Bewohner Rodmells, wie sie mit der einen oder anderen Nachbarin über den Gartenzaun plauschte, wißbegierig nach der Ernte fragte oder nach der Herkunft dieses oder jenes Gegenstandes, und wie sie dann anderntags an eben jenen Dorffrauen völlig selbstvergessen vorbeigehen konnte, ohne sie zu sehen. Dann sagten die Rodmellianer: »She's got her strange day« – sie hat heute wieder ihren Tag… Da tappen wir durch ihren Garten, den sie über alles liebte, in dem sie stellenweise Wildwuchs zuließ, Obst wollte reifen sehen und den Hibiscus blühen; wir staunen im Haus umher mit seinen vornehmlich grün gestrichenen Wänden, seinem großen Eßtisch, der die Kinderlose glauben ließ, sie bewirte eine Großfamilie.

Wir mustern mit leicht gerunzelter Stirn das Zufällige, ja zusammengewürfelt aussehende Inventar, die naiv bemalten Schränke in der Diele und Küche. So lebte also eine der größten Sprachästheten: geschmacksverwirrt, raunen die einen; originell, die anderen.

Kameras klicken und surren, ein verbotenes Blitzlicht hier und da. Ein Aufsichtsbeamter, der in der Diele unter der Treppe sitzt, löst mathematische Gleichungen. Leonard, der rationale Kopf, hätte das gebilligt.

An ihren guten Tagen hätte Virginia diesen Besucheransturm sicher mit Bravour gemeistert. Vielleicht hätte sie sogar selber die Führung durchs Haus unternommen. An schlechten Tagen, die sie mit Depressionen quälten, wäre sie, ungeachtet der gebetenen oder ungebetenen Gäste, in ihrem Schlafzimmer auf und ab gegangen, das die zugezogenen Vorhänge aus grobem Leinen vor Lichteinfall und neugierigen Blicken schützten. Jetzt stehen wir aufdringlich vor ihrem schlichten Bett, ohne so genau zu wissen, wonach wir suchen oder ob wir überhaupt nach etwas Bestimmtem suchen.

Das Schlafzimmer ist an das Haupthaus angebaut, ohne mit ihm durch eine Türe verbunden zu sein. Um in ihr Schlafzimmer zu gehen, mußte Virginia das Haus durch die zum Garten führende Küchentüre verlassen. Des Nachts wollte sie allein sein; Leonard war ihr unersetzlich als Partner im Geistigen und Alltäglichen; aber Virginia litt, auch ihrem Mann gegenüber, an panischen Berührungsängsten.

Vom Schlafzimmer aus konnte sie ihr Gartenhäuschen sehen, in dem sie so gerne schrieb. Beim Schlafengehen und beim Aufwachen stand ihr somit der Ort ihrer Arbeit vor Augen, dieser Ort der größten Herausforderung, von der sie zeitlebens glaubte, sie nicht erfüllt zu haben. Kein Buch, kein Essay, keine Buchbesprechung ließ sie befriedigt zurück; immer blieb das bittere Gefühl, ihre Arbeit völlig verfehlt zu haben.

Anders verhielt es sich jedoch zunächst mit ihrem letzten Roman, betitelt *Zwischen den Akten*, der dann von Leonard aus Virginias Nachlaß veröffentlicht wurde. Als sie am 23. November 1940 das Manuskript abschließt, vermerkt sie im Tagebuch: »Ich triumphiere etwas wegen des Buches. Ich denke, es ist ein interessanter Versuch nach einer neuen Methode. Es ist wesentlicher als die anderen. Mehr entrahmte

Milch. Von reicherem Schlag, sicherlich von frischerem als dieses Elend in *Die Jahre*. Beinahe jede Seite machte mir Vergnügen. Dieses Buch wurde in Abständen geschrieben, und zwar immer dann, wenn der (innere Druck) seinen Höhepunkt erreicht hatte...«

Meinte Virginia damit, daß sie nur in Aufschwüngen von Euphorie oder unter großen belastenden Depressionen schreiben sollte, da sie glaubte, jene Seelenverfassung, in der sie an ihrem Roman *Zwischen den Akten* gearbeitet hatte, sei auch für künftige Produktionen Voraussetzung? Das läßt sich schwer sagen, zumal Virginia auch Phasen kannte, in denen sich ihre Depressionen euphorisch auszuwirken schienen und ihre Euphorien depressiv.

»Es war eine Sommernacht«, so beginnt der Roman, »und sie redeten in einem großen Zimmer, dessen Fenster zum Garten hin geöffnet waren, über die Senkgrube.« Menschen, die insgeheim nach Vertiefung suchen, obgleich ihre Beziehungen zueinander und ihre Sprache an der Oberfläche bleiben oder als morsches Sprungbrett für leere Phantasien dienen. Virginia schilderte das Landleben mit seiner Wiederkehr des ewig Gleichen. Jede Einzelheit des Lebens läßt sich genau voraussagen, selbst das, was die Menschen einander zu erzählen haben.

Und sogar das alljährliche dörfliche Theaterspiel, das auf vorchristliche Traditionen zurückgeht, kann die Phantasie der Zuschauer im Roman auf lange nicht beflügeln. Miss La Trobe, die dieses zeitenumgreifende Spiel verfaßt hat, scheitert in ihren hochgestellten Ambitionen, da seine Darstellung unter der Unfähigkeit der Laienschauspieler leidet. Sein Sinn kann sich auf diese Weise ebensowenig erschließen, wie Kunst- und Alltagssprache etwas Verbindliches ausdrücken können. Abgenutzte Gruß- und Leerformeln vermitteln nicht mehr zwischen den Menschen, sondern pferchen sie ein.

Dennoch lebt Heiterkeit in vielen Szenen des Buches auf, wenn auch zuweilen zur Lächerlichkeit verzerrt, dann beispielsweise, wenn der Schauplatz des dörflichen Festspiels, Pointz Hall, die Anwesenden an einen griechischen Tempel erinnert, der göttergleiche Tiere beherbergt, oder etwa wenn Isabella tagträumt, daß ein Soldat sie zu vergewaltigen versucht, in dem Augenblick aber eine ihrer Nachbarinnen, Mrs. Lucy Swithin, die Tür öffnet und ihr einen Hammer vorhält, um die Bühnendekoration im Heustall anzubringen. Schäferspiele ohne Spielregeln, Senkgruben ohne Wasser, nach dem sich Isabella sehnt, da sie nur durch Wasser stimuliert und zugleich beruhigt wird.

Aber diese Art Heiterkeit steht eben Menschen an, die, wie Nietzsche sagt, nichts »Schweres zu verantworten, nichts Großes zu erstreben« haben; Menschen im Leerlauf.

Vom Schlafzimmer gehen wir wieder zurück ins Haus mit seinen grünen Wänden und niederen Decken. Was zieren wir uns. Scheuen wir uns nicht, diese Wand, diesen bemalten Stuhl, diesen schiefen Türpfosten zu berühren. Wir schnüffeln in Virginias Haus umher, ganz so wie sie es selbst uns angeraten hat. Tat sie es nicht ebenso, als sie Dickens' Haus besuchte und jenes Carlyles, Keats' und Johnsons, um später über die »Häuser großer Menschen« einen fein komponierten Essay zu schreiben?

Jedes Haus habe Stimmen, orakelte sie darin; jedes Haus habe seine Jahreszeit. Selbst wenn diese großen Leute auch keinen künstlerischen Geschmack in Fragen der Inneneinrichtung bewiesen haben, so lesen wir in ihrem Aufsatz, vermochten sie dennoch jedem Stuhl, jedem Tisch, jedem Vorhang und jedem Teppich ihr eigenes Gepräge zu geben. Gleiches trifft auf Monk's House zu: Virginias und Leonards Nüchternheit und Extravaganz bestimmen jeden Winkel; kein Zoll blieb unbemalt, alles im damals avantgardistischen

Stil der Bloomsbury-Künstler gehalten, deren bildkünstlerische Richtung Virginias Schwester, Vanessa, und ihre Freunde vertreten hatten. Kein Ding, das nicht spräche; jedes ist von Künstlers Hand in einen Zustand versetzt, in dem es dezent auffallen darf.

Im Haus wie im Garten halten sich Offenheit und Verschlungenheit die Waage: labyrinthische Wege, beschattete Spuren und eine weite Rasenfläche; drinnen Nischen am Kamin sowie die Geräumigkeit des Hauptzimmers und der Küche. Man kann sich Virginia Woolf nicht vorstellen, wie sie in der Küche hantierte, etwas Zwiebeln schneidend oder mit ihren vom Tabak braungelben Fingern Fleisch einpökelnd. Virginia kam allenfalls, um die Soße abzuschmecken oder den zumeist dürren Speiseplan für die kommende Woche aufzustellen; denn beide, Leonard und Virginia, aßen wenig. Natürlich hielten sich die Woolfs auch in Monk's House Personal. Etwas Londoner Flair war man sich doch schließlich schuldig, wenn man auch, soweit ging der antiviktorianische Geist schon, auf einen Dienstboteneingang, der noch in ihren Elternhäusern üblich war, verzichtete.

Virginias Arzneien mußten aus einer bestimmten Londoner Apotheke gebracht werden; und wer zweifelt daran, daß sie sich für die letzte wirkliche »Lady« hielt? Auch in ihrem letzten Jahr noch. Sie lud Gäste für ein Samstag-Dinner ein und überlegte sich schon eine Woche zuvor, was sie ihnen sagen sollte. Ja, das Snobistische stand ihr so natürlich wie anderen ein nie aus der Mode kommender Hut. E. M. Forster meinte in seinem Nachruf auf Virginia Woolf im Mai 1941, daß ihr Snobismus eher mutig war denn arrogant. In der Tat, Mut und Zivilcourage hatte Virginia immer bewiesen. In einem Vortrag aus dem Jahre 1931 wandte sie sich gegen die Kriegsverherrlichung und den chauvinistischen Patriotismus ihres Landes mit folgenden Worten: »Ich fühle mich tödlich gelangweilt durch diese Kriegsbücher. Ich verachte diesen ›männlichen‹ Standpunkt der Darstellung. Mich langweilen dieser Heroismus, diese Tugend und Ehre. Das Beste, was diese Männer tun können, ist, über sich zu schweigen.«

Virginia Woolf verkörperte eben beides: eine »engagierte« Schriftstellerin, die ihre Öffentlichkeit förmlich suchte, und eine nervöse Ästhetin. Für beide galt, daß sie von der Vielfältigkeit menschlicher Erfahrungen ausgingen. Nichts erschien Virginia zu gering, um es nicht in Worten auszudrücken. Aber ihr Humanismus war zwiespältig. Nächstenliebe gehörte nicht zu ihren Stärken. Zu tief saßen Ironie und Zynismus, mit denen sie seit ihren Tagen im Londoner Bloomsbury ihre Mitmenschen (zumindest in ihrem Tagebuch) argwöhnisch und überlegen bedachte. Menschen, die ihrem Schönheitsempfinden äußerlich widersprachen, lehnte sie ab, brüskierte sie – damals wie jetzt, in ihrem letzten Jahr. Zu Anfang des Jahres 1941 besucht sie Brighton und beobachtet Frauen, »die wie weiße Schnecken an ihren Kuchenstücken knabberten«. Und ihre Bemerkung über junge Gören, deren »seelenloses Gequassel« über Männer Virginia auf der Damentoilette belauscht, weist sie nicht gerade als die glühende Feministin aus, zu der sie immer wieder abgestempelt wird.

Nichts lag Virginia ferner, als den männlichen Chauvinismus, den sie mit allen Mitteln zu bekämpfen suchte, durch radikalen Feminismus zu ersetzen. Nichts wäre abwegiger, als anzunehmen, Virginia habe sich für die (Wieder-)Einsetzung des Matriarchats stark gemacht. Ihre Art »Feminismus« war zeitlebens ein Versuch, der alles beherrschenden Gestalt ihres Vaters etwas Konstruktives entgegenzuhalten, war mehr ein Mittel, inneren Ausgleich mit ihrer Vergangenheit zu finden, als politische Propaganda. Das bedeutet keineswegs, daß ihr Einsatz für die Rechte der Frauen nicht ernst gemeint gewesen wäre. Nur ergab er sich eben als Folge dieses persönlichsten Anliegens.

Spätherbst und Frühwinter 1940. Noch immer weiß sich Virginia im Hochgefühl, diesen Roman *Zwischen den Akten* abgeschlossen zu haben. Einkäufe in Brighton; aus dem wenigen, was zu kaufen ist, macht Virginia das Beste; ein für sie typischer Tagebucheintrag, mit dem sie das Jahr 1940 abschließt: »Ich denke mir Phantasiegerichte aus.« Von Lord Beaverbrook hören die Woolfs, daß er, der Luftwaffenminister im Kriegskabinett Churchill, die Gefahr einer deutschen Invasion für noch längst nicht abgewendet hält. Er sagt sie für Februar 1941 voraus. Churchill dagegen beschwichtigt und appelliert an die Italiener, sich gegen Mussolini zu wenden und der alten Freundschaft mit Großbritannien aus den Zeiten des Ersten Weltkrieges zu gedenken. Virginia ist mit der Maschinenreinschrift des Romans *Zwischen den Akten* beschäftigt, ändert da und dort Kleinigkeiten, überarbeitet die Theaterszenen im Roman. Anfang Januar besuchen die Woolfs London und Cambridge. Das Ausmaß der Zerstörung Londons verwirrt Virginia zutiefst. Hinzu kommt die Nachricht vom Tode James Joyce'. Erinnerungen. Die Tage, an denen die Woolfs in ihrem kleinen Verlag, Hogarth Press, das Manuskript des *Ulysses* zum erstenmal durchblätterten, ihr Verlag, der die literarische Avantgarde wie kein anderer in England gefördert hatte. Wieder diese Unsicherheiten. Jetzt zweifelt sie gründlich am Wert dieser letzten Arbeit *Zwischen den Akten*. Ist sie doch letztlich nur trivial, unbedeutend, meint sie. Die Kenner reden jetzt von T.S. Eliots Gedicht *East Coker*. Sie notiert im Tagebuch, daß sie eifersüchtig sei auf den Ruhm des stets geachteten, aber nie geliebten Freundes T.S. Eliot. Was sei ihre Arbeit dagegen? Aber sie versucht, sich Mut einzuflößen. Ihrer Furche müsse sie nachgehen, und sie dürfe sich nicht von diesem großen Gedicht ablenken lassen, sosehr sie sich auch danach sehne, einmal ein wirkliches Gedicht zu schreiben.

Mitte Januar 1941 suchen Virginia neuerlich Depressionen heim. Sie versucht, sie niederzuringen. Sonntag, der 26ste Januar: »Die Einsamkeit ist groß. Das Leben in Rodmell nichts als Dünnbier. Das Haus ist feucht. Das Haus ist unaufgeräumt. Aber es gibt keine andere Wahl ... Ich beginne, den Blick nach innen zu verwerfen.« Nach außen hin versucht Virginia, sich Regelmäßigkeiten aufzuerlegen. Tee hier, Tee dort. Gäste zu bewirten im winterfeuchten Monk's House. Zuweilen geht sie vorsichtig über die verschneiten Gartenwege. Der verharschte Schnee knirscht unter ihren Füßen. Sie glaubt, auf Nervensträngen sich vorzutasten. Zermürbt schleicht sie sich ins Haus zurück.

14. März, noch einmal London. Gespräche, die wiederum um den Roman *Zwischen den Akten* kreisen. Der Verlag will das Buch schon für dieses Frühjahr ankündigen. Virginia zögert, will es erneut überarbeiten.

Zurück in Rodmell. Vanessa besucht sie. Aber auch die Schwester kann ihr nicht helfen. Sie stehen sich einerseits zu nah, andererseits ist es Virginia gewöhnt, ihrer Schwester gegenüber die geistig Überlegenere zu sein, so daß ihr eine rückhaltlose Offenheit, selbst wenn sie Virginia noch möglich gewesen wäre, Vanessa gegenüber verwehrt bleibt. Später wünscht sich Virginia, daß irgendein Nahestehender ihr seelische Stärke einflößen könnte.

Ihr letzter Tagebucheintrag vom 24sten März lautet eher seelenlos: »Leonard macht sich an den Rhododendron-Sträuchern zu schaffen.«

Wieder die Stimmen allüberall. Vor allem jene ihres geliebten, so früh verstorbenen Bruders George. Am 27sten März bringt sie Leonard nach Brighton zu der befreundeten Ärztin Octavia Wilberforce. Wie soll sie den Wahnsinn, der jederzeit, wie sie glaubt, in ihr beginnen kann zu toben, im Keim ersticken? Octavia kann ihr nicht raten, auch Leonard nicht. Virginias Widerstand gegen die Stimmen, von denen sie sich jetzt geleitet fühlt, erlahmt.

Wir stehen im Speisezimmer; unser Blick fällt auf Leonards kleinen Sekretär, auf den Virginia ihren Abschiedsbrief an ihn und ihre Schwester am Morgen des 28sten März gelegt hatte. Nach dem gemeinsamen Frühstück begibt sich Virginia in ihre Schreibhütte; Leonard glaubt, sie arbeite weiter an ihrem im Januar begonnenen Roman *Seitenwende*; dabei schreibt sie Letztes an ihn und seine Schwägerin.

Auch wir verlassen jetzt das grünviolette Monk's House und gehen behutsamen Schrittes in Richtung Gartenhaus. In wenigen Minuten werden sie das Anwesen für heute schließen. Den Hintergrund säumen, ewig stumm, die Kreidefelsen. Der Gartenteich ist leer wie die Senkgrube nahe Pointz Hall.

Virginia schreibt: »Liebster, ich spüre genau, daß ich wieder wahnsinnig werde. Ich glaube, daß wir eine solche schreckliche Zeit nicht noch einmal durchmachen können. Und diesmal werde ich nicht wieder gesund werden. Ich höre Stimmen, und ich kann mich nicht konzentrieren. Darum tue ich, was mir in dieser Situation das Beste scheint.« Und weiter: »Du hast mir das größtmögliche Glück geschenkt. Du bist mir alles gewesen, was einem einer sein kann.« Virginia fürchtet, Leonards Leben zu ruinieren durch ihre Krankheit, durch ihren neuerlichen drohenden Wahnsinnsausbruch. Der Brief soll Leonard entlasten, beruhigen, jeden Anflug von Gewissensbissen von ihm nehmen, von Schuld gar nicht zu reden.

Das bleibt Virginia: mutig bis zuletzt.

Dann ihr Weg zum Fluß; immerhin gute zwei Meilen. Ein

kalkweißer Weg durch das dunkle niedrige Gestrüpp, an dem noch keine Frühlingsknospen angesetzt haben. Virginia stolpert durch das stille von Kalkhügeln umsäumte Marschland hin zum Ouse-Fluß. Unterwegs hebt sie diesen und jenen Stein auf, steckt ihn sich in die Manteltasche. Die Haarsträhnen hängen ihr wirr ins Gesicht.

Wir gehen ihren Weg jetzt nach. Weidende Kühe auf den Feldern. Ein alter Bauer karrt mit seinem tuckernden Traktor zwei Kälber auf eine Nachbarweide. Als er das Gatter schließt, frage ich ihn, ob es hier 1941 auch so ausgesehen hat, im März zum Beispiel. Da diente er in der Armee in Afrika. Aber er glaube schon. Nur als Soldat habe er Rodmell für die paar Jahre verlassen. Später nicht mehr. Etwas mehr Hochspannungsleitungen seitdem; und das Zementwerk drüben habe sich vergrößert; und die Straßen nach Lewes wurden ausgebaut. Aber sonst?

In diesem Marschland-Tal der Ouse lagert gestaute Zeit. Atmen wir ein, was Virginia ausatmete?

Das wollte Virginia: mit Erinnerungen die immer bedrohlicher werdende Gegenwart untergraben, unterhöhlen, zum Einsturz bringen. Und dann verselbständigten sich diese Erinnerungen und begannen, sie, Virginia selber, zu untergraben.

Zwei Wochen später fanden Kinder ihre Leiche am Ufer der Ouse. Leonard bestattete ihre Urne im Garten von Monk's House im fahlen Schatten der Dorfkirche zu Rodmell. Kein Geistlicher brauchte sie zu begleiten.

Forsters Erzählungen

»Jede Frage hat ihren Ursprung im Unendlichen.« So metaphysisch können Liebende in E. M. Forsters Prosa gestimmt sein; sie fürchten dann sogar, daß »ihre seelische Gemeinschaft durch eine einzige Liebkosung« zerstört würde. Doch dieser Autor verstand sich auf mehr als rein ätherische Teetisch-Kunst, die sich ach so bildschwelgerisch überschönt verfilmen läßt. Besonders in seiner Kurzprosa gestattete sich Forster Derbheiten, die seine ästhetisierenden Jünger bestürzen mußten: »Seine Augen waren immer noch blutunterlaufen, und in seinem Gesicht spiegelte sich weder Zuneigung noch Trauer oder Reue, noch die Fähigkeit zu irgendeiner seelischen Regung, sondern einzig und allein der Hunger eines wilden Tieres, von dem man meint, es müsse zugrunde gehen.«

In seinen großen Romanen, namentlich in *A Room with a View* (1908), *Howards End* (1910) und in *A Passage to India* (1924) sowie in *Maurice* (erst posthum, im Jahre 1971, veröffentlicht), hatte Forster das Prätentiöse der edwardianischen Gesellschaft bloßgestellt und das Künstliche ihres imperialen Dünkels ironisiert. In seinen Erzählungen und Kurzgeschichten wurden Leidenschaft und Gewalt zu seinem Thema, das im Höhlenerlebnis der *Passage to India* noch mythisch verbrämt gewesen war.

Freilich fehlen auch in seiner kleinen Prosa die belanglosen Geplänkel nicht: Da bedient sich die geistig unbedarfte Lady Anstey der Erkenntnisse eines schüchternen Kunstwissenschaftlers über Leben und Werk Giovanni da Empolis und drechselt daraus einen Bestseller; und ein verwöhntes Herrensöhnchen bedenkt den Ausdruckswert des Optativs im Griechischen und den sozialen Abstand zu einem Stall-

E. M. Forster (1879-1970)

burschen auf dem Landgut des Vetters. Außer ein paar aparten Formulierungen (»Wir grasten die Vergangenheit ab, und mir wurde klar, daß wir davon allein nicht satt werden konnten«) geben diese pläsierlichen Geschichtchen nichts her.

Doch Forsters Erzählungen sind immer für Überraschungen gut, etwa das Prosastück *Das zukünftige Leben*; es handelt von der Beziehung zwischen dem Missionar Mr. Pinmay und dem jugendlichen Eingeborenenhäuptling Vithobai sowie ihrer homoerotischen Zuneigung füreinander, die der Missionar im Laufe zu verdrängen sucht, während Vithobai sie mit dem Christentum als der Religion der unbedingten Liebe gleichsetzt und den Ruf »Komm zu Christus« in unkeuscher Demut als Hoffnung darauf mißversteht, noch einmal eine Liebesnacht mit dem Missionar verbringen zu können. Als Vithobai erkennt, daß der Preis für ewige Liebe der irdische Tod ist, ersticht er, selbst bereits sterbenskrank, den Geistlichen und begeht darauf Selbstmord. Der Erzähler deutet an, daß Vithobai damit nur der fortschreitenden Selbstzerstörung der beiden ein Ende gesetzt hat.

Einen gleichermaßen tragischen Verlauf nimmt Forsters Erzählung *Das ferne Schiff von damals*. Die Liebe eines britischen Offiziers zu einem »Mischling« endet mit Mord und Selbstmord. Wie liest sich dieses Ende? »Er streckte sich erneut mit all seiner Wärme auf dem anderen aus, er küßte zärtlich die geschlossenen Lider des anderen, er breitete die grellfarbene Schärpe über ihn. Dann stürzte er aus dieser dummen Kabine aufs Deck hinaus und warf sich nackt, und noch vom Samen der Liebe bedeckt, in die See. Der Skandal war grauenvoll.« Wohlgemerkt der Skandal, nicht die Tat selbst; der Erzähler nennt sie einen »süßen Racheakt«.

In seinen Cambridger Poetik-Vorlesungen *Aspects of the Novel* (1926/27) hatte Forster gesagt, daß es die Aufgabe des Schriftstellers sei, sich selbst und seine Erzählfiguren aus immer neuen Blickwinkeln zu sehen; die Veränderung der menschlichen Natur sei ohne solche neuen Sichtweisen nicht denkbar. Sie können auch durch unerwartete dramatische Wendungen bedingt sein, wie Forsters Meistererzählung *Albergo Empedocle* zeigt. In formaler Hinsicht wirkt sie zunächst wie ein Kapitel aus seinem Roman *A Room with a View* (1908): Bildungsbeflissen gelangweilte Vertreter der britischen Oberschicht befinden sich wieder einmal auf einer Italienreise. Doch Forster bringt Schwerwiegenderes zur Sprache. Die besagte »Veränderung der menschlichen Natur« kann auch zu ihrer Destruktion führen. Harold, ein im Grunde einfältig wirkender Verehrer der über die Maßen schwärmerisch veranlagten Mildred, glaubt sich in der antiken Ruinenwelt Siziliens an sein früheres Leben in vorsokratischer Zeit erinnern zu können. Aus diesem Glauben wird ein Wahn, der ihn von seiner Mitwelt entrückt. Er endet in einer Anstalt. Forsters besondere erzählerische Leistung besteht nun darin, diese gravierende Veränderung im Leben des anscheinend so unbedarften, eher eindimensionalen Harold völlig glaubhaft dargestellt zu haben; denn seine Hauptfigur verfügte von Anbeginn über eine verdächtige Gabe: zum Zwecke des besseren Einschlafen-Könnens vermochte er sich in einen anderen Menschen zu versetzen. Die vom Erzähler noch ironisch geschilderte Fähigkeit verwandelt sich schließlich in Harolds wahnhafte Daseinsbedingung. Doch aus der Sicht des Erzählers ist eben selbst der Wahnsinn nichts anderes als ein – um Forsters Lieblingswort zu gebrauchen – Standpunkt.

Was freilich ist ein solcher ›Standpunkt‹ wert, wenn er so scheinbar mühelos osziliert, schillert, durch Gespräche oder Situationen als hypokritisch entlarvt wird? Forsters Erzählung *Albergo Empedocle* ist gerade deswegen aufschlußreich, weil er die Frage nach den Ursprüngen stellt und nach

dem, was in unserer Zivilisation noch an Unverbildetem auf-
zufinden sei. Diese Frage hat Forster immer wieder beschäftigt und ihn dazu veranlaßt, das Aufeinandertreffen verschiedener Kulturen zu schildern, etwa in *A Passage to
India*. Auf der Exkursion in die Höhlen von Marabar versucht darin Dr. Azis seine hyperenglische Begleiterin, Adela
Quested, in die verborgenen Tiefen der indischen Kultur
einzuweihen. Bezeichnenderweise kommt ihr dieser Versuch wie eine Beleidigung vor, eine unerlaubte Annäherung,
ein Vorwurf, den sie erst später halbherzig zurücknimmt.

Diese Art der Schilderung von Konflikten zwischen Zivi-
lisationen – man denke auch an Joseph Conrads Roman
Heart of Darkness (1902), in dem der Elfenbeinhändler, Mr.
Kurtz, dem Zauber des Kongo erliegt und der Magie des
Dschungels nichts entgegenzusetzen hat als seine pure mer-
kantile Mentalität –, dieses im British Empire naturgemäß
gewesene, aber gemeinhin nicht reflektierte Kollidieren der
Kulturen beschäftigte Forster auch in seinen zwei Studien
über die Stadt Alexandria, wo er im Auftrage des Roten
Kreuzes während des Ersten Weltkrieges arbeitete, und auch
in seinem Versuch über *The Hill of Devi*, einer eingehenden
Schilderung des indischen Bundesstaates Dewas Senior.
Doch man muß gar nicht ins Exotische schweifen, um kulturelle Gegensätze aufzuspüren. Schon in seinem ersten Roman *Where Angels Fear to Tread* (1905) befaßte Forster der
Gegensatz zwischen englischer Mittelklassen-Mentalität
und ihrer geheuchelten Respektabilität und der Welt Italiens
in Gestalt des impulsiven, ungehemmten (›unverbildeten‹!)
Gino, der in eine englische Familie einheiratet, was tragische
Folgen hat. Seine Frau stirbt bei der Geburt ihres Kindes, das
fortan zum Objekt des Streites wird. Gewiß, Forster arbeitete mit Klischees und verzichtete ganz und gar darauf, mit
D. H.-Lawrencescher Intensität das ›andere‹ Ambiente zu

schildern, den Skandal auszumalen. Forster ist nach Hardy der subtilste Erzähler im (nach)edwardianischen England gewesen. Er war ein Meister in der Kunst, Konflikte schweben zu lassen und sie doch schonungslos aufzudecken. So sehr er auch das englische Bürgertum mit seinen Prätentionen verachtete, so ironisch er ihr linkisches Gehabe zeigte, wenn es sich außerhalb der Insel, womöglich in südlichen Gefilden bewegt, ein Lieblingsthema englischer Schriftsteller, er sprach doch ihre Sprache, das überkultivierte English der Public Schools und Cambridges. Er gehörte wohl zum Bloomsbury-Kreis um Lytton Strachey, Virginia Woolf, T. S. Eliot und Maynard Keynes, aber seine ›Libertinage‹ hielt sich in Grenzen. Zwar teilte er uneingeschränkt die Intentionen jenes Kreises, den viktorischen Mief frischer Zugluft auszusetzen und der Frage nachzugehen, wie wahr Kunst sein kann, aber er hielt sich doch eher am Rande dieses Zirkels; er war gewissermaßen ihre Tangente. Ästhetische Rebellion, aber in Maßen; das blieb sein Motto. Da überrascht es nicht, wenn man in seinen *Aspects of the Novel* wenig Erhellendes über Joyce, jedoch ausführliche Kommentare zu Henry James, den anglisierten Priester reinen Ästhetentums aus dem Staate New York, findet.

So vieler Klischees sich Forster auch bediente, stets war es ihm gelungen, lebendige Charaktere zu schaffen, die den Leser in seiner Sympathie oder Antipathie nicht gleichgültig lassen. Die Mehrheit von ihnen wirkt wie Gefangene ihrer Zeit und Kultur. Forsters Erzählungen und Romane eignen sich nicht für multikulturelle Prophetien; vielmehr sind sie das Zeugnis eines Skeptikers, der allzu glatten Versöhnungsformeln mißtraute.

Über T. S. Eliot

Wie das Einzelbild aus einem Stummfilm: Ein Mittdreißiger mit Bowler, zu engem Zweireiher, dazu Lackschuhe mit Gamaschen, stützt sich leicht verschroben auf einen Stockschirm, den rechten Fuß etwas vor den linken gesetzt. Dazu das obligate, lappig herabhängende Einstecktuch und ein gewagt hintergründiges Lächeln.

Die Aufnahme stammt aus dem London der zwanziger Jahre und zeigt den arrivierten Schriftsteller Thomas Stearns Eliot, jetzt, im Jahr 1926, einer der leitenden Direktoren des Verlags Faber & Gwyer. Die dunkeln Ränder um seine Augen zeugen von Überanstrengung und Übernächtigung, von den Sorgen der davorliegenden Jahre. Wer da in Chaplin-Manier posiert, gehörte seit der Veröffentlichung des lyrischen Zyklus *The Waste Land* zu den führenden Schriftstellern seiner Generation. Eliot, der europahungrige Amerikaner aus dem unitarisch geprägten St. Louis, Missouri, hatte sich von Anbeginn übereifrig an die englische Gesellschaft angepaßt. Er gab sich Mühe, so englisch zu erscheinen, wie es der gute Geschmack erlaubte; und mit der Zeit sollte er sogar seinen ohnehin nie starken amerikanischen Akzent ganz verlieren.

Eliot, der mit französischer Kultur im Gebiet der Missouri-Zivilisation von Kindesbeinen an vertraut war, glaubte an das Französische, aber noch mehr an das Feine Neuenglands, das sich in den Salons von Boston kultivierte. Amerika, das war für Eliot weder der Mittelwesten noch New York, sondern die Teegespräche, die sich in der Gesellschaft der Tanten in Boston oder Kommilitonen zu Harvard ebenso führen ließen wie später in Oxford oder Bloomsbury. Ein Künstler muß sich verwandeln können, das Cha-

T. S. Eliot (1888-1965)

mäleon ist seine wahre Muse und sein Vorbild. Eliots gesellschaftliche Anpassung war eine Kunstübung, nichts weiter, eine alltäglich mögliche Probe seines Virtuosentums, das seine Gedichte und Vorträge bereicherte.

Aber Eliot ergab sich deswegen nicht gauklerischer Clownerie. Dies verboten zum einen die kargen Umstände, in denen er zunächst lebte, zum anderen und entschiedeneren seine tief religiöse Gesinnung. Der Wolf im Schafspelz war im Grunde zahm. In einem seiner frühen großen Gedichte, dem »Lovesong of J. Alfred Prufrock«, gesteht er, daß er bestenfalls nur ein Gehilfe des Prinzen Hamlet sein könne. Auch Eliot war mehr Repräsentant als Märtyrer, um eine Selbstaussage Thomas Manns zu zitieren. Eliot repräsentierte, bevor er genau wußte, was. Scheu zunächst, immer etwas verkrampft wirkend, dann wieder geschmeidig und gewinnend. Vor allem seine korrekte Kleidung fiel auf – auch in Zeiten, in denen er wohl eher mit dem Gedanken gespielt haben mußte, sie zu versetzen anstatt sie auszuführen. Aber wer merkte ihm schon etwas an? Die Contenance galt es zu wahren, so hatte man es schon über sein Kinderbett gesprochen.

Contenance, auch wenn zu Hause Vivien, seine Frau, an manischen Depressionen litt. Er mußte Geld verdienen, um die Medizin und die Landaufenthalte seiner Frau bezahlen zu können. Ein Posten bei der Lloyds Bank half über die schlimmsten Nöte hinweg, nachdem er nicht mehr länger in einer Privatschule unterrichten konnte und wollte. Hysterie, überspannte Ekstase, Schreckensvisionen – in einem Gedicht aus dem ersten Zyklus seiner *Collected Poems* spiegeln sie sich wider: »As she laughed I was aware of becoming involved in her laughter and being part of it (...) I was drawn in by short gasps, inhaled at each momentary recovery, lost finally in the dark caverns of her throat, bruised by the ripple of unseen muscles.«

Ein Stiller im Lande. Seine Poesie funkelt zuweilen ironisch, Gesellschaftssatire fehlt nicht, vor allem nicht in den frühen Gedichten, aber Satire eher wie die eines Spitzwegs des 20. Jahrhunderts, nie beißend und ätzend wie jene des George Grosz. Selbst Eliots »expressionistischstes« Gedicht, das zuvor zitierte »Hysteria« schließt mit der Bemerkung: »… and I concentrated my attention with careful subtlety to this end.« Keines seiner Gedichte ist laut, keine verzweifelte Flöte schallt schmetternd in ihnen wie in der Lyrik Georg Heyms, noch brüllen je in Eliots Versen die Augen wie beim frühen Gottfried Benn. Bedacht, formvoll, still gründend, ohne je betulich zu klingen, so weitet sich die poetische Landschaft, die sich dem Leser von Eliots *Collected Poems* öffnet.

Distanz umgab ihn. Im angeregten Gespräch mochte sie plötzlicher, unverhüllter Intensität weichen, um sich beim Abschied wieder um ihn zu legen. Eindringlichkeit galt dem Gesprächsgegenstand, besonders gerne Dante und John Donne, dem elisabethanischen England, selten dem Gesprächspartner. Mit ihm waren gesellschaftliche Unverbindlichkeiten auszutauschen; das reichte, um die Gedankenpausen zu überbrücken.

Und dennoch, Eliot sucht nach dem Mitmenschen, dem »semblable«, nach dem Bruder, dem Wesensverwandten. Es bricht aus ihm plötzlich heraus – im *Waste Land*. Wo ist er? Wo wäre er zu suchen? Doch nur im Reich der Toten, in der Totenstadt. Ursprünglichstes Anliegen Eliots: Wesensnöte paaren sich in diesem großen Gedicht mit bewußt gewählten Plagiaten, Zitaten, Montagen. Für einen eigenständigen Band erweisen sich die Gedichte des *Waste Land* als zu schmal; der Verleger bittet um Erweiterung. Wie wäre es mit Anmerkungen zu den Gedichten? Eliot zögert nicht und verfaßt die beinahe wissenschaftlich aussehenden »Notes on the Waste Land«, ein Spiel mit der Gelehrsamkeit. Goethe hatte diese kokette Unart begonnen, als er die »Noten und Abhandlungen zum West-Östlichen Divan« verfaßt hatte. Eliot kannte sie nicht, aber das Augenzwinkern, mit dem Goethe, der Meister der Verstellung, sie geschrieben hatte, war Eliot gewiß nicht fremd gewesen. Nach Eliots eigenen Aussagen wurden die Anmerkungen populärer als der Gedichtzyklus selber.

Wagner, die Bibel, Verlaine, der heilige Augustinus, Dante und die Upanischaden finden sich in diesem sprachlichen Gesamtkunstwerk vereinigt. Und er verkündet: Im Herz des Lichtes war die Stille. Das Leben, eine gesteigerte Unauffälligkeit. Ein Schachspiel der Schöpfung. Das Schach, jenes »sei auf der Hut«, bildet denn auch ein Kernmotiv des *Waste Land*. Dazu gesellt sich die wiederholte Frage nach dem Bruder, die sich schließlich in die Frage nach dem Mysterium verwandelt. Sein tierisches Symbol ist auch für Eliot die Katze. Sein Kater George etwa gehörte unverbrüchlich zur kinderlosen Familie. Ein Bruder, eine Reinkarnation? Vereinsamten Späßen über Katzen widmet Eliot eine Unzahl von Versen. Und so hatte mit dem Musical »Cats« das Broadway-Amerika ihn wieder, den verlorenen Sohn, denn Andrew Lloyd Webber hatte sich der Katzenverse Eliots musikalisch bemächtigt. Eliot wäre es wohl einfach zu laut gewesen, zu wenig Mysterium bei aller Komik. Das Mysterium – es kann kein Gedicht an sich sein, nicht für Eliot. (Seine Liebe zur französischen Kunst ging nie so weit, daß er ihr *l'art pour l'art*-Denken der Jahrhundertwende je ganz übernommen hätte.) Das Gedicht vermochte bestenfalls eine Wegemarke zum Mysterium zu sein.

Wer wie Eliot die »metaphysische« Poesie Englands verehrte, der konnte nicht umhin, das verborgen Metaphysische im Heute, im Hier und Jetzt aufzuspüren. »Öd' und leer das

Meer«, das stand im »Tristan« (und zitiert im *Waste Land*), und dennoch gab es gerade in Wagners Apotheose der Romantik die Metaphysik der Liebe, wenngleich sie in der parfümierten Plüschwelt der großbürgerlich verschuldeten Salons ersonnen war. Eliot suchte nach dieser Metaphysik und nach dem Mysterium um 1922 zwischen den Kontotabellen und Devisenkursverzeichnissen der Lloyds Bank in der Londoner City und in der versnobten Geistigkeit des späten Bloomsbury.

Wie so viele seiner Zeitgenossen und Nachfahren spürte auch Eliot, wie sein Jahrhundert in Gegensätze zerfiel, wie nahe es dem Chaos kam. Nur glaubte er nicht, daß man diese Welt ruhig dem Chaos aussetzen könne, da er nicht von der natürlichen Fruchtbarkeit des Chaos überzeugt war. Konnte die Form helfen? War die Form das Zauberwort, mit dem sich die Geister des Chaos bannen ließen? Die Erfahrung der Arbeit am *Waste Land* muß in Eliot eine Veränderung bewirkt haben, die seinen Formwillen und Formglauben nährte. Eliots Betonung der Form ließe sich allenfalls noch mit Gottfried Benns Bekenntnissen zu einer kompromißlosen Ästhetik vergleichen. Dennoch wirkt nichts an Eliots Formen überspannt oder gekünstelt, sofern wir die einen oder anderen Verspassagen, die sich in seinen Bühnenstükken finden, einmal ausnehmen. Eliots Suche nach einer »Klassik« des Modernen konnte sich nicht mit der Wiederbelebung des elisabethanischen Theaters begnügen. Er mußte mehr aufbieten als eine Beschwörung Miltons. Und er bot mehr auf: poetische Meditation und eine Chronik des Schreckens unserer Tage, Endreime, die binden sollten, was sich in den Versanfängen schon gesprengt sah, Beobachtungen, die sich zu beinahe unerträglichen Sezierungen schliffen.

Die poetische Vereinbarkeit des Unvereinbaren, die lyrische Erfahrung hoffnungsloser Zerfahrenheiten – sie beginnen mit dem »Lovesong of J. Alfred Prufrock« und mit der mehrfach wiederholten bangen Frage: »Would it have been worthwhile?« Was ist die Erfahrung selber wert, wenn nur noch Disparates auf den Menschen einströmt? Da scheinen zwar die ästhetischen Formgebilde, das prägnante Wort, vielsagend umspielt vom Rhythmus, den es selbst und seine Mitworte zeugen. Aber die überkommenen Formen? Die geschichtliche Wirklichkeit bietet nichts als Formruinen. Eliot wird in den letzten Zeilen des *Waste Land* den kauzigen Mystiker der Moderne, Gérard de Nerval, zitieren: »Le prince d'Aquitaine à la tour abolie«, so beschreibt Nerval das Los des Untröstlichen in seinem gleichnamigen Gedicht (»El Desdichado«). Der trostlose Künstler überlebt nur in den Chimären, in den kurz aufleuchtenden Oasen des öden Landes wie bei Eliot oder im Olivenhain, in dem sich – bei Nerval – christlicher Geist mit der Antike vereint – für die Dauer eines Stoßgebets. Der elfenbeinerne Turm des Künstlers aber ist geschleift, der Teich, in dem Narziß sich auf Dauer zu spiegeln hoffte, ausgetrocknet.

Hatte nicht auf einem anderen Ölberg Zarathustra jene Vereinigung des Christlichen mit dem Antiken verspottet? »Im Sonnen-Winkel meines Ölbergs singe und spotte ich alles Mitleids.« Und mußte nicht auch Zarathustra am Tor zur »großen Stadt« gewahren, daß sich hier, in der Stadt, die Hölle für Einsiedlergedanken auftat? Der Narr belehrt ihn: »Hier werden große Gedanken lebendig gesotten und klein gekocht... Riechst du nicht schon die Schlachthäuser und Garküchen des Geistes?« fragt er den Propheten.

Vision und Zivilisationskritik spielen einander zu. Auch bei Eliot. Über dem *Waste Land* steht auch diese überriechende Luft »gesottenen« Geistes. Die Sinne des heiligen Hieronymus, den Eliot aufruft, haben sich in solcher Atmosphäre verwirrt; denn anders als Zarathustra setzte sich der Eliotsche Hieronymus der Stadt und ihrer Wüste aus. Bei Eliot bleibt es aber nicht bei dieser übelriechenden Geruchsglocke über der wüsten Stadt. Etwas anderes legt sich über sei, ein Friede, der das Verstehen übersteigt. Um dies zu sagen, bedarf es abermals einer anderen Sprache, der Sprache der Upanischaden: »Shantih shantih shantih«, jener Refrain, der jeden Upanischad beschließt. Einen »formalen« Schluß nennt ihn Eliot, ein Formsymbol einer entrückten Ordnung. Es wirkt auch jetzt noch, nach der Beschreibung der Verwüstung, er verfremdet, transzendiert in einen Bereich jenseits der Verstandesgrenzen. Und genau das hat Gottfried Benn seinem im Ansatz wahlverwandten Zeitgenossen T. S. Eliot vorgeworfen: die Flucht vor den Konsequenzen seiner eigenen Anfänge. Aber das zeichnet Eliots Kunst bis zum *Waste Land* vor allem aus: analytisch zu sein und gleichzeitig zu verbrämen, den Dingen auf die Spur zu kommen, um sie dann sogleich wieder zu verwischen.

Auch im Leben. So verwischt Eliot jene Spuren, die nach der Trennung von seiner Frau zu ihr in die Pflegeanstalt nach Nordlondon führen. Er verwischt sie (für sich) so sorgfältig, daß er selber den Weg nicht mehr zu ihr findet. Denn wer auf die Adern drückt, die zur Wunde reichen, kann sie wieder zum Bluten bringen. Die Form hält nicht alles aus, sie ist labil bis zu dem Grad, daß selbst geringfügige Verschiebungen des wohlgeordneten Inhalts sie sprengen können. Es lag so lange nicht zurück, daß Eliot geschrieben hatte: »You, madam, are the eternal humorist, / (...) Giving your vagrant moods the slightest twist.« *(Conservation Galante)* Diese so angesprochene Madame war in vielerlei Hinsicht Eliots weibliches Selbst gewesen.

Gibt es in diesem Leben denn überhaupt noch Orientierungspunkte? fragte Eliot weiter. Wo wären sie überhaupt zu suchen? Seine Antwort um 1925 lautet: in den jeweiligen Zwischenbereichen des Lebens. Aber auf sie fallen Schatten und hüllen die zu vermutenden Orientierungspunkte in Dunkel. Hinter den Erscheinungen aber lauert eine Apokalypse, jeder Erscheinung die ihre. Kläglich und wimmernd sah Eliot die Welt scheitern, nicht tragisch grandios; schluchzend, nicht mit großer Geste. Das alles bildet den Hintergrund zu jener Photographie, die Eliot am Eingang zur materiell gesicherten Bürgerlichkeit lehnend zeigt.

Wenig später begann Eliot mit einem ersten poetischen Kehraus. Der »Aschermittwoch« dämmert herauf, so der Titel eines Zykus, der gleichsam die beiden Hälften der *Collected Poems* bezeichnet. Was davor lag, mutet, so besehen, nahezu wie »Karneval« an: die Gesellschaftspose der ersten beiden Zyklen (1917/1920), dann das Masken- und Zitatenspiel im *Waste Land*, schließlich die Strohpuppe (»Hollow Man«), eine Art grazieloser Marionette der eher fülligen als erfüllenden Geschichte.

Nach »Ash-Wednesday« beginnt die Fastenzeit, religiösmeditative Strenge beherrscht jetzt die lyrische Gefühlswelt Eliots – oder zumindest die Suche nach ihr. In dieser Zeit entstehen die Hymnen »From ›The Rock‹«, Eliots wohl am meisten unterschätzte poetische Arbeit, die zu einem mächtigen Introitus zu den berühmten *Four Quartets* anschwellen. Die »Vier Quartette« – noch einmal besticht Eliots Wille zur Form. Er ist in ihnen auf der Suche nach den Orten und Ursprüngen seiner Familie. Ein »ad fontes«, ein Zurück zu den eigenen Quellen. Sein Vorsatz ist heraklitisch, vorsokratisch. Wo ist das Urelement, fragen die »Quartette« und geben bereits in ihrem ersten Vers die Antwort: in der Zeit. Vier Quartette, vier Elemente und die vierte Dimension, die Zeit.

Eliot gibt zu verstehen, daß das Klassische der Moderne im Umgang mit den Zeitformen zu liegen scheint. Spielen wir mit den Zeitformen oder sie mit uns? Was ist die Vergangenheit im Angesicht des Ortes East Coker in Somerset, von dem aus die Vorfahren einst nach Amerika auswanderten? Eine Reminiszenz oder der Nährboden für Wiedergeburt? Anfang und Ende bezeichnen nicht einfach Existentialismen, sondern größtmögliche Einfachheiten. »History is now«, ruft Eliot im letzten der *Four Quartets* aus, und da ergibt es sich nur zwangsläufig, daß die *Collected Poems* nicht mit der Getragenheit der »Quartets« enden, sondern mit »Gelegentlichkeiten«, Gelegenheitsversen, die dem Alltäglichen in seiner verallgemeinerungsfähigen Besonderheit gelten; denn das ist die Substanz der Geschichte. So goethisch wie so manches andere an Eliot. Hätte er Goethes zentralen Begriff der »Weltfrömmigkeit« gekannt, Eliot hätte ihn ungeniert auf sich anwenden können. Eliot wußte sich in den Weltreligionen beheimatet und im erfüllt heiligen Augenblick. Er wählte den anglikanischen Katholizismus, da er ihm am ehesten den mittelalterlichen Universalglauben in der Gegenwart zu versinnbildlichen schien. Selbst jenen, die ihm diesen Schritt verübelt haben, ist er der geistige Gläubiger geblieben.

Eliot, das war noch einmal gelebte Synthese, Zeitenvereinigung, Kultursymbiose, Mönchisches und Welthaftes (man denke an sein erfolgreichstes Bühnenstück *Die Cocktail Party*), Repräsentation der Tradition bis in die gefährlichen Zonen der Versteifung, Mystik und Nüchternheit, das war der Versuch, die abgrundtief gewordene Bedeutung von Scherz, Satire und Ernst zu ermessen.

Eine Religion hatte jedoch in Eliots ›Weltfrömmigkeit‹ keinen Platz: die jüdische. Es wäre angesichts des Forschungsstandes über Eliot unredlich, dessen antisemitische Ressentiments galant mit dem Hinweis zu übergehen, daß er sie in seinen Gedichten (am notorischsten in »Burbank with a Baedeker: Bleistein with a Cigar«) als ›Material‹ verarbeitet habe, wie Christopher Ricks in seiner Studie *T. S. Eliot and Prejudice* (1988) behauptet hat. Ob wir so weit gehen und mit dessen Kritiker, Anthony Julius, seines Zeichens Literaturwissenschaftler und Londoner Staranwalt, die These verfechten, der Antisemitismus sei geradezu eine Triebfeder im Schaffen des Dichters gewesen, oder ob wir ›nur‹ Eliots Antisemitismus als Faktum konstatieren, gewiß ist, daß zu dessen Bagatellisierung kein Anlaß ist. Im Gegenteil. Eliot stand seit 1911 unter dem Einfluß des ultrakonservativen, offen antisemitisch agitierenden französischen Intellektuellen Charles Maurras, dessen judenfeindliche Äußerungen in *L'Avenir de l'intelligence* (1905) Eliot ebenso unwidersprochen hinnahm wie die antisemitischen Leitartikel in dessen Zeitung *L'Action française*. Mehr noch: Zu keiner Zeit störte Eliot der offene Antisemitismus seines engen Freundes Ezra Pound. Nach allem, was bekannt ist, teilte er des weiteren die antijüdischen Ressentiments eines anderen Freundes, des Journalisten Gerard Wallop, der noch 1939 von Hitler empfangen wurde und begeistert über dessen ›gute Werke‹ für Deutschland zu berichten wußte. Dessen Mentor, Colonel Lane, hatte ein antisemitisches Kompendium veröffentlicht, das im Jahre 1933 immerhin in vierter Auflage erschienen war *(The Alien Menace)*, in dem er das Jüdische als »artfremd« gebrandmarkt und gefordert hatte, diese »schreckliche Horde« in Palästina oder den Tälern des Euphrat wiederanzusiedeln.

Sie alle gehörten zu Eliots geistigem Umfeld, so daß es kaum noch verwundert, wenn man liest, daß Eliot von der »Unerwünschtheit frei denkender Juden« sprach und 1936 in seiner Zeitschrift *The Criterion* ein Buch, das über die Verfolgung der Juden in Deutschland berichtete *(The Yellow Spot: The Extermination of the Jews in Germany)*, als bloßen

»Sensationalismus« abqualifizierte. Eliot, einer der größten Dichter dieses Jahrhunderts, war, man kommt aufgrund solcher Befunde nicht an diesem Urteil herum, mehr als ein Mitläufer des Faschismus. Dieser Mann mit Bowler und Regenschirm, der in den Londoner Bussen mit Vorliebe die Kreuzworträtsel in der *Times* löse, litt an moralischen Defiziten, die auch durch seine Flucht in den Anglokatholizismus nicht auszugleichen waren. Da war sein qualvolles Ehedrama mit Vivienne Haigh-Wood, das strindbergisches Niveau hatte, manche sagen: ein ›produktives Verhängnis‹, aus dem dann die Jahrhundertdichtung, *The Waste Land*, hervorgehen konnte. Da war aber auch Eliots kurios verkrampfter Versuch, englischer als alle Engländer zu werden. Darin lag ein Teil der Tragik seiner ersten Ehe: daß er mit Viviennes Hilfe hoffte, Eingang in die besseren Kreise Englands zu finden und sich vollends zu anglisieren, während Vivienne ihrerseits versuchte, durch die Heirat mit einem amerikanischen Poeten eben jenen Kreisen zu entkommen. Von ihr sind Verse überliefert, die in keiner Betrachtung Eliots fehlen sollten: »I looked at you and you looked at me. / I longed to speak to you, but I didn't. I longed / To come and stand beside you at the window and look out at the fleering cold English sunshine and say, / Is it necessary –/ Is it necessary –/ Tell me, is it necessary that we go through this?« Dies liest sich wie ein Echo zu Eliots Zeile »Would it have been worthwhile« – eine Frage nach dem Sinn der Seelenqual, eine Frage, die Vivienne pointiert in den Raum stellte, eine Frage, vor der Eliot fortan zu fliehen versuchte. Michael Hastings hat in seinem Stück *Tom and Viv* den tragischen Leerlauf dieser Künstlerehe eindrucksvoll dargestellt, indem er sich von der Frage leiten ließ, welches Opfer die Kunst eigentlich wert ist.

Eliot war eine bizarre Mischung aus Modernist und Reaktionär. Das Fragmentarische hatte es ihm angetan, wobei er sich doch an den geschlossenen Dichtungen orientierte, ob an Dante oder an Vergil. Da paßt es ins Bild, wenn er in den *Four Quartetts* den problematischen Satz prägte: »This is the use of memory: / For liberation (…) From the future as well as the past.« Im Hinblick auf seinen Antisemitismus sollte sich dies jedoch als ein zu unfrommer Wunsch erweisen.

Zynisch

Wyndham Lewis' Roman ›Tarr‹

Als Wyndham Lewis 1928 eine gründlich überarbeitete Fassung seines zehn Jahre zuvor mit Hilfe von Ezra Pound veröffentlichten Roman *Tarr* vorlegte, bezeichnete er ihn als das Schlüsselwerk einer ganzen Epoche in Englands Kulturgeschichte.

Bescheidenheit war nie seine Sache gewesen, elitärer Snobismus dagegen um so mehr. Über den »gemeinen Mann auf der Straße« etwa urteilte er mit beißender Ironie: »Wenn dieser Herr nicht die Intelligenz aufbringt, sich auch anderswo aufzuhalten, dann ist das seine Schuld.« Für Lewis, dessen Rang als bildender Künstler im Gegensatz zu seinem Ruf als Schriftsteller unumstritten ist, stand fest, daß der Künstler nur sich selbst und seiner Kunst verantwortlich sei; und Kunst bedeutete für ihn unbedingte Ausdrucksgenauigkeit, scharfkantige Formen und das Vermögen, die nackte Wahrheit darzustellen. Er haßte das Zwielichtige, Zweideutige und Zweifelhafte; und er verachtete die, wie er meinte, Unaufrichtigkeit der Bloomsbury-Literatur um Virginia Woolf, weil sie seiner Ansicht nach im Labyrinth ihrer verschachtelten inneren Monologe Verstecken mit der Wirklichkeit spielte.

Der 1882 auf der Yacht seines Vaters vor der kanadischen Küste geborene, in Englands Eliteinternat Rugby erzogene und in der bedeutendsten Kunstakademie Londons, der Slade School, ausgebildete Lewis hatte für Großbritannien kaum ein gutes Wort übrig. In *Tarr* etwa lesen wir: »Das ganze englische Bildungswesen ist ein System zur Abtötung der Gefühle.« Offenkundig aber hatte es seine Wirkung auf

Wyndham Lewis (1884-1957)

Lewis nicht verfehlt; denn den »romantischen Restbeständen« in der Kunst hatte er den Kampf angesagt. Besonders in seiner Prosa versuchte er zu zeigen, wie sich das Innenleben seiner Zeitgenossen langsam zersetzte.

An die Stelle widerstreitender Gefühle wollte Lewis die Dialektik von Formtrieb und Geschlechtstrieb, von kalter Versachlichung und treffsicherem Beleidigen setzen. Folgerichtig wurde in Lewis' Händen aus der erzromantischen skurrilen Künstlerfigur E. T. A. Hoffmanns, dem Musiker Johannes Kreisler, der Gegenspieler seines Tarr in Gestalt des dumpfen, eher brutalen Malers Otto Kreisler. Auch die Lektüre der frühen Novellen Thomas Manns wirkte in diesem Roman nach; insbesondere das Gespräch zwischen Tonio Kröger und Lisaweta Iwanowna dürfte Schatten auf den Dialog Tarrs mit der Exilrussin Anastasya geworfen haben; auch bei ihnen geht es nämlich um die Kardinalfrage nach dem Verhältnis von Kunst und Leben. Freilich kommen sie zu einer deutlich anderen Interpretation der Kunst als Thomas Manns Lisaweta: »Totsein ist die erste Bedingung der Kunst. Die Panzerhaut des Nilpferds, die Schildkrötenschale, Federn und Maschinerie kannst du auf der einen Seite zusammenbringen; die nackte, pulsierende und beweglich weiche Innenseite des Lebens, … das geht auf die Gegenseite. Gute Kunst darf keine Innenseite haben.«

Fein gezeichnete Charakterstudien darf man bei Lewis nicht erwarten. Er lieferte Holzschnitt-Typen, kontrastreiche Gesichter grobschlächtiger Lüstlinge, widerlicher Schmarotzer und abgebrühter Betrüger. Über Tarr hören wir: »Gesellschaftlich funktionierte er überhaupt nicht und mußte sehen, wie er mit seiner schwerfälligen Denkmaschinerie zu Rande kam.«

Psychischen Terror, scheiternde Beziehungen und ein wahres Arsenal voller Psychopathen bot Lewis in diesem ausdrucksgewaltigen Furioso in Prosa auf, das ihn als einen der kraftvollsten (um nicht zu sagen berserkerhaften) Schriftsteller in englischer Sprache ausweist. Niemand hat die kokettierende Heuchelei des *understatement* so bloßgelegt wie Lewis; aber niemand, nicht einmal D. H. Lawrence, hat auch wie er die Kritiker zu ähnlich extremen Reaktionen herausgefordert: Die einen sahen in ihm einen neuen Swift, die anderen hielten seine Prosa für die mit Abstand schlechteste, die man auf englisch schreiben könne.

In jedem Falle aber hatte Lewis Grund, seinen *Tarr* ein epochales Werk zu nennen; denn es handelte sich hierbei um den ersten Versuch, die bildkünstlerische Bewegung des »Vortizismus« auf die Prosa anzuwenden. Der in der Hauptsache von Lewis begründete Vortizismus bemühte sich um eine programmatische Verbindung von Expressionismus und Kubismus, von explosivem Ausdruck und Statik. Im *Tarr* ging es Lewis nun darum, die Spannung zu beschreiben, die entsteht, wenn diese Extreme aufeinandertreffen. Er erhöhte im *Tarr* diese Spannung noch dadurch, daß er in der Pariser Künstler-Bohème nach der Jahrhundertwende Pseudo-Künstler aus europäischen Ländern miteinander verstrickte; die Konflikte dieser Künstler, die in ihren Ateliers nur Mißverständnisse, aber keine Kunst zuwege bringen, führen jedoch ins Leere.

Das Harte, Abstoßende und dann wieder Sinnlich-Ekstatische dieser Prosa wollte, ganz im Sinne des Vortizismus-Manifests, dem britischen Gegenstück zu den kontinentaleuropäischen Manifesten der Futuristen und Dadaisten, der »sterilen Seichtheit des Edwardianismus« (Lewis) ein Ende bereiten. Lewis hatte die Absicht, das »Kerninteresse«, das alle Phänomene miteinander verbinde, in seiner Kunst sichtbar zu machen. (Später sollte Gottfried Benn dieses Kerninteresse die »zähe Wurzel des Phänotyps« nennen.) In Lewis'

Roman *Tarr* heißt dieser Kern der zur Maschine werdende Trieb im Menschen.

Das Erschreckende dieser Lebensauffassung ist, daß sie selbst das bunt Schillernde des Daseins nur noch in »zwanghaft häßlichen Farben« (Ezra Pound) wiederzugeben vermag. Hinzu kommt, daß, wie Lewis im *Tarr* zeigen will, die »Triebmaschine Mensch« es verlernt habe, sich über das zu entsetzen, was ihre eigene Maschinerie anrichtet. Verwundert es angesichts dieser Sichtweise, daß jene exzentrische Kunstauffassung bei Lewis' selbst in ein radikales Politik- und Staatsverständnis umschlagen konnte, das ihn sogar dazu veranlaßte, in einem 1931 unter dem Titel *Hitler* veröffentlichten Band den Faschismus als eine notwendige Abhärtung gegen die »liberalistische Dekadenz« zu begrüßen?

Bis zuletzt glaubte Lewis, dieser 1957 gestorbene »Künstler der genialen Geschmacklosigkeit« (Shaw), an den Sinn einer Autokratie der Ästheten. Eine kritische Auseinandersetzung mit seiner Kunst lohnt heute durchaus noch; denn diese Kunst war bereits von jener zynischen Vernunft durchdrungen, die unsere Zeit auf bedenkliche Weise prägt.

Charles Morgan

Ein Vergessener

Verschiedentlich hat sich Heine über das »Mißgeschick deutscher Schriftsteller« lustig gemacht, »daß sie jeden guten oder bösen Narren, den sie aufs Tapet bringen, erst durch trockne Charakterschilderung und Personalbeschreibung bekannt machen müssen«. Auch Benn, ein Jahrhundert später, äußerte sich über dergleichen »Vorstellungen« lakonisch: jeder sei ohnehin irgendwo geboren und zur Schule gegangen und habe früher oder später die Bekanntschaft mit seinen lieben Verwandten gemacht.

Gewiß. Aber etwas brauchen wir von dieser »Personalbeschreibung«, wenn wir uns dem heute völlig in Vergessenheit geratenen Engländer Charles Morgan nähern wollen. Er war ein – in Heines Sinn – »guter Narr« gewesen, geboren in der englischsten aller Grafschaften, in Kent. Marineoffizier, Kolumnist bei *The Times* und später deren erster Theaterkritiker; ein tiefreligiöser Mensch, Ästhet von frankophiler Gesinnung (der Engländer witzelt bekanntlich über die Franzosen, bezieht sich aber auf das Französische, wenn er Geschmack beweisen will) und überdies ein populärer Romancier und Bühnenschriftsteller. Und in dieser Eigenschaft brachte er es nicht nur zu Ansehen in Großbritannien, sondern zu weit mehr in Frankreich und Deutschland.

Noch im Jahre 1939 geht die deutsche Ausgabe seines Romans *Sparkenbroke* (»Die Flamme«) in ihr zwanzigstes Tausend; und zu dieser Zeit sah sich Morgan mit seinen drei großen Romanen im nationalsozialistischen Deutschland vertreten: *The Fountain* (»Der Quell«), *Portrait in a Mirror* (»Das Bildnis«) und eben *Sparkenbroke* (»Die Flamme«).

Charles Morgan (1894-1958)

Aber hüten wir uns vor falschen Rückschlüssen auf Morgans politische Einstellung. Er bekundete sie unmißverständlich in einem Vortrag, den er im November 1936 in der Sorbonne hielt. Morgan führte darin unter anderem aus, daß er den Nationalsozialismus schon deswegen verachte, weil er vom Künstler fordere, sich aktiv für diese »Weltanschauung« einzusetzen und nicht abseits zu stehen. Morgan folgert: »Solche, die einen reinen Künstler ›vom Leben abseits stehend‹ nennen, sind Nazis, ohne es zu wissen.« Eines der radikalsten Bekenntnisse Morgans zum Prinzip *l'art pour l'art*, das er zeit seines Lebens nie in Frage stellte.

Moralisten mögen darüber urteilen, ob er unter solchen Umständen seine Bücher nicht aus Deutschland hätte zurückziehen müssen; er ging offenbar davon aus, daß es besser sei, durch die Veröffentlichung seiner Bücher, da sie nun einmal – zumindest teilweise – von Berlin gestattet war, das humanistische Gegengewicht zum Nazismus zu verstärken helfen. Denn das sprach aus den Büchern: der Glaube an das Menschliche, an die Liebe und an die Möglichkeit der Selbstfindung. Im Schöpferischen, so der Gedankengang des besagten Vortrages, verwirkliche sich dieser Glaube.

Morgan beschreibt die Kunst als eine mystische Erfahrung, als religiösen Akt, als Weihe, als Meditation über die letzten Werte und Dinge. Sein sich selbst verzehrender Held Sparkenbroke schreibt an einem Tristan-Epos, weil »Liebesgeschichten immer auch Geschichten vom Tod sind«. Dafür lobt ihn 1936 das *Berliner Tagblatt*, ihn, Charles Morgan, der endlich den englischen Realismus à la Thomas Hardy und John Galsworthy ablöse.

Aber was heißt hier »Realismus«? Hat nicht Hardy das mystische Erlebnis der *Tess of the d'Urbervilles* beschrieben? Und kein geringerer als der angeblich so unrealistische Morgan erging sich seitenlang über die Anzahl der Teelöffel und Reiseplaids, die bei der Aufführung seines Stückes *The Burning Glass* (»Das Brennglas«) zu sehen sein sollten.

Wer immer diesen Charles Morgan »einordnen« wollte, hatte seine liebe Not. Die Kritik handelte ihn als »Antwort auf James Joyce«, als die geistige Seite der Leidenschaftlichkeit eines D. H. Lawrence, als Extrakt aus Virginia Woolf und Joseph Conrad (mit letzterem hatte er wirklich nur die genaue Kenntnis der chinesischen Gewässer gemein); glücklicher ist da schon der Hinweis auf E. M. Forster, denkt man an die Frage nach dem Wert sublimierter Liebe, die beide mit Begeisterung diskutierten. Aber wenn es solcher namhafter Orientierung bedarf, dann sollten im Falle des Charles Morgan vor allem George Moore und Henry James Erwähnung finden.

Mit George Moore wechselte er Briefe, aber dessen Kritik an Henry James teilte Morgan nicht. Und obgleich Morgans erster bedeutender Roman, *Portrait in a Mirror*, deutlich Züge der 1888 von Moore veröffentlichten *Bekenntnisse eines jungen Mannes* trägt, mußte er Moores darin offenbarte radikale Ästhetik ablehnen. Steht doch bei Moore der Satz: »Ich schäme mich für nichts – ich bin Schriftsteller; es ist mein Beruf, ohne Scham zu sein.« – Das wäre Charles Morgan zu keiner auch noch so vorgerückten Stunde über die Lippen gekommen. Noch weniger galt ihm Moores Maxime: »Die wirkliche Genialität bei der Liebe besteht nicht darin, zu ihr hin, sondern von der Liebe fort zu kommen.« Morgan hielt dagegen, daß der Liebende seine Empfindungen ständig destillieren müsse, verfeinern, reinigen.

Nirgends spricht er dies deutlicher aus als in *Portrait in a Mirror*. Ein junger Künstler findet mit Hilfe eines Spiegels zu sich selbst, und er erkennt darin auch seine Geliebte. Indem er sie im Spiegel sieht, verwandelt er sie in seinen Augen auch in ein Kunstgebilde. Der Spiegel versteht sich hier als ein optisches Kondensat, als Medium und Mystikum. Die emphatische Ästhetik, die Morgan hier verkündet, sie ist es, die an Moore erinnert. Die Frage, ob der Künstler sich seine Produktivität erhalten kann, auch wenn er »spiegelfern« arbeitet, läßt sich von Henry James ableiten, besonders von seiner Erzählung *The Real Thing* (1892). Hinzu kommt das Spirituelle der Kunst, das sie der Religion verwandt macht, und das potentiell Erotische der mystischen Erfahrung, die an diesem Punkt künstlerische Möglichkeiten bietet (siehe die Sprache der Mystiker) – auch diese Themen greift Morgan in dem zunächst eindimensional wirkenden, aber psychologisch mehrschichtig aufgebauten Roman auf. Sprachkünstlerisch verdankt er hierbei viel der Erzählung *Portrait of the Artist as a Young Man* von James Joyce (1916).

Charles Morgan – der geborene Epigone? Ein Nachzügler? Anfangs ja. Er verteidigt das Bürgertum, die feine Lebensart. Er schildert Kavaliere, wie sie in einem Antiquariat einer jungen Dame ein Buch aufheben, sich verbeugen und dabei zum Tee eingeladen werden, um zu besprechen, ganz beiläufig versteht sich, wie man einen gemeinsamen Hausstand gründen könnte. Englische Landsitze, eine verglaste Veranda; man sitzt beisammen, erinnert sich. Mit Blick auf gepflegte Rasenflächen unterhält man sich über die Schützengräben und Untergrundorganisationen, die im von den Deutschen besetzten Frankreich von Verfolgung Bedrohten Fluchthilfe gewährten (*The River Lane*, »Die Kette«).

Man glaubte, einen deutschen Agenten in dieser Organisation aufgespürt zu haben und erschoß ihn. Da stellt sich heraus, daß er einer von ihnen gewesen war, einer aus der Grafschaft Kent, der eben damals einen Brief aus Leipzig in seiner Tasche trug. Aber nur nicht die Fassung verlieren! Hier ist weder Camus am Werk gewesen noch Wolfgang Borchert. Keiner lungert hier entnervt »draußen vor der

Tür«; dafür gibt es Sandwiches mit Gurkenscheibchen und eine versöhnliche Geste zum Schluß.

Auch als Bühnenstück hat Morgan diesen Stoff bearbeitet. Im Jahre 1953 inszenieren Leo Mittler und Harry Buckwitz das Stück in Hamburg und Frankfurt am Main. Karl Korn klagte über die »quälende Öde« des Stückes, vor allem seiner Rahmenhandlung; andere Kritiker stellen es mit den Stücken T. S. Eliots auf eine Stufe. Das gewohnte Bild: Morgan zwischen den Fronten, den Zeiten, den Moden. Scharfe Gesellschaftskritik lehnte er ab. Seine Begründung: »Ein Künstler ist nicht in der Welt, um die Menschheit zu kreuzigen, sondern um ihre Füße zu waschen.« Auf daß sie eintreten in den unsichtbaren Tempel. Um wen oder was zu verehren? Wir erfahren es nicht von Morgan – oder zumindest nicht unmittelbar.

Was tun mit einem Schriftsteller, der in der Mitte des 20. Jahrhunderts unbeirrt daran glaubte, daß der Künstler das Heilige verkörpern müsse, das asketische Ideal. Der junge Dylan Thomas nannte ihn eine »merkwürdige Erscheinung«, was immer das besagen wollte. Die englischen Kritiker irritierte der humanistische Bildungsanspruch, den Morgan in seinen Romanen und Essays vertrat. Man wird ihn von dem Vorwurf nicht ganz freisprechen können, daß er oft zu angestrengt Geistvolles, Bildungsschwangeres »zu schinden« versuchte.

Natürlich sah er, daß die klassischen bürgerlichen Werte am Zerfallen waren. Und er hat diesen Vorgang novellistisch analysiert, behutsam und doch eindringlich, aber nicht in Form theorielüsterner Gesellschaftskritik, sondern mit Blick auf jene Menschen, die mit diesem Zerfall spielen, ohne sich im geringsten um die Spielregeln zu kümmern.

Gemeint ist Morgans Roman *The Judge's Story* (»Der Richter«), erschienen im Jahre 1947. Vor den Augen des

Richters Gaskony spielen sich die zweifelhaften Machenschaften eines Kapitalmagnaten ab, der sich als Kunstmäzen in Szene setzt. Aber Gaskony muß dem zusehen; denn er ist ein pensionierter Richter. Auch der Ehemann seines Mündels Vivien sieht sich im Netz des Bösen verstrickt: Er hat beträchtliche Summen in seiner Firma unterschlagen und gerät so in die Abhängigkeit des Kunstmäzens Severidge. Hier die Welt der verbrecherischen Spekulanten, dort die kultivierte Sphäre des Richters im Ruhestand, der sich in Zeiten monetärer Inflation mit den ewigen Werten beschäftigt, die Plato der Menschheit erschloß. Gaskony träumt von wahrer Ethik, über die er ein Werk plant, das »Der Athener« heißen soll. Gaskony philosophiert sich an Hellas Gestade, Severidge operiert derweilen kaltschnäuzig an der Börse, Vivien und ihr angetrauter Spekulant – sie alle gehören einer Gesellschaft an, die aus den Fugen zu geraten droht; aber Morgan läßt das Band der Konventionen nicht zerreißen. Bürgertum verpflichtet – noch. Aalglatt erzählte Morgan diese Geschichte, gepflegte Konversation bis zum bitteren Ende. Der Richter überläßt die Zeit ihrem eigenen Gericht; ansonsten läßt er sich entschuldigen; er bleibt auf der Suche nach seiner philosophisch-ästhetischen Utopie. Als Morgan letzte Hand an diesen Roman legt, als er darin die ästhetische Dimension des Urteilens zur wertvollsten erklärt und den Richter seiner einstigen Liebe nachtrauern läßt, sind drüben in Deutschland die Nürnberger Prozesse in vollem Gange.

Nein, Charles Morgan will nicht verletzten, sondern retten, bewahren. Er schreibt Essays über die Psychologie der Anstandsformen; und seine Leser bleiben ihm treu; vorerst noch. Dagegen nehmen ihn die Schriftstellerkollegen im eigenen Land kaum noch wahr; in den englischen Kritiken werden gewisse hämische Bemerkungen über den »getreuen Charles Morgan« laut. Repräsentativen Pflichten indessen entzog er sich selten; seine Stegreif-Ansprachen, *After-dinner-speeches* in Clubs anläßlich feiner Gesellschaften, fielen stets druckreif aus. Morgan, der Botschafter einer versunkenen Welt. Applaus für ihn, das war immer auch eine Bekundung nostalgischer Gefühle.

»Etwas von einem überreifen Adelsmenschen ist in ihm«, heißt es in einer Kritik schon aus dem Jahre 1946. Hinderte ihn etwa seine Vornehmheit daran, sich rückhaltlos der Wirklichkeit auszusetzen? Ein Artikel in *Der Tagesspiegel*, Berlin, urteilte: »Wenn seine Romane Meisterwerke genannt wurden, so sind sie ebenso als prätentiöse Betrügereien bezeichnet worden. Selbst das Wort ›Bluff‹ ist gegen ihn gefallen. Kein Zweifel: Ein Rationalist wie Voltaire würde diesen Mann in Grund und Boden gestampft haben. Seine Erlösungslehre ist doch zum großen Teil die der Sentimentalität und der Weltflucht.

Unstreitig ist, Morgan schrieb eine bestechend gefeilte Prosa. In Morgans Diktion müssen wir uns wohl jene drei Seiten abgefaßt vorstellen, die Thomas Mann seinen Gustav Aschenbach in Venedig am Strand schreiben ließ. Und dieser Vergleich hinkt gar nicht; denn wie Aschenbach wußte sich auch Morgan von den Symptomen des Verfalls überall verfolgt. Wie Aschenbach setzte er ihnen den Glauben an die Form entgegen, die Disziplin, das Durchhalten, den ethischen Rigorismus. Aber anders als Aschenbach gestattete sich Morgan nie eine Ausflucht ins »Dekadente«. Sein Vermögen, das Gesicht zu wahren, erwies sich als zäher als jenes des Gustav Aschenbach. Er blieb sich treu.

Man mag diese Konsistenz bewundern oder langweilig finden; offensichtlich ist, daß Morgan nach dem »holden Bescheiden« in einem Jahrhundert der Exzesse suchte, nach einem Weg in der Mitte. Das ist kein geringer Grund für Morgans Popularität, vor allem im Nachkriegsdeutschland.

Er predigte Selbstbescheidung; seine Charaktere – mit Ausnahme des byronesken Lord Sparkenbroke – müssen lernen, mit ihrer Dürftigkeit fertig zu werden. Ob dabei der Rückgriff auf die alten Tugenden das richtige Lernmittel gewesen ist, bleibt dahingestellt (Morgan war offenbar davon überzeugt).

In seinem grundlegenden Vortrag über das Schöpferische hatte Morgan bereits darauf hingewiesen, weshalb in seinen Augen der Selbstbescheidung des Menschen in der Moderne eine so große Rolle zufalle: Nur sie, so Morgan im Jahre 1936, könne den Menschen von dem Gefühl des Unglücklich-Seins, das ihn zu überwältigen drohe, befreien. Der Überambitionierte zerstückele seine Energien und vernichte jegliches Glücksgefühl; mehr noch, er stürze sich in »wilde Paradoxien«. Aber hier zeigt sich dann doch, daß Morgan ein feines Gespür für den Zeitgeist hatte, denn er schreibt: »Es ist ein skeptisches Zeitalter, und viele Menschen, die den Glauben ihrer Vorfahren weggeworfen haben, suchen nach einem neuen Glauben, um ihn zu ersetzen. Es ist ein wissenschaftliches Zeitalter, in dem die Kenntnisse des Menschen seine Weisheit überholt hat, und nun wird er gehetzt von der zerstörerischen Macht seiner eigenen Erfindungen, die er nicht mehr in der Gewalt hat.«

Das Psychogramm des »Zauberlehrlings«. Was Morgan hier andeutete, sollte er knapp zwanzig Jahre später in seinem letzten Bühnenstück ausführen, The Burning Glass (»Das Brennglas«), das zu den wichtigsten seiner Arbeiten zählt. Ein Klimatologe hat ein Gerät erfunden, mit dessen Hilfe er die Sonnenstrahlen so bündeln kann, daß sie bestimmte Landstriche verbrennen würden (heute dächte man vielleicht an einen »Ozon-Loch-Manipulator«). Die dramatisch zugespitzte Frage versteht sich von selber: Soll diese Erfindung, die unser Wissenschaftler ursprünglich zur Wärmegewinnung nutzen wollte, den Politikern zur Verfügung gestellt werden? Macht und Wissenschaft, vom *Galileo Galilei* Brechts bis zu Dürrenmatts *Die Physiker* und dem *Fall Oppenheimer* von Kipphardt ist dieses Thema zum Leitmotiv einer ganzen Schriftstellergeneration geworden. Morgan ergänzte es durch andere Bereiche; durch einen juristischen: Wann wird Mitwisserschaft zur Täterschaft? Durch einen sozialen: Wie lassen sich Erfindungen überhaupt gesellschaftlich nutzbar machen? Durch einen moralischen: Keine Gewissensentscheidung ist unfehlbar. Und durch einen emotionalen: Christophers Erfindung beherrscht auch das Verhältnis zu seiner Frau. Er braucht sie als Vertraute; aber anstelle von Liebe schenkt er ihr eine Formel zum Einprägen. In jedem Lebensbereich, so heißt es im Stück, schreite die Funktionalisierung fort.

Aus ästhetischen Formen werden Funktionen; Liebesbeziehungen reduzieren sich auf ein gemeinsames Schachspiel. Das Forscherehepaar lädt den Premierminister des Landes ein, um die Lage mit ihm zu besprechen. Das Ergebnis: Im Verteidigungsfall soll die Erfindung zum Einsatz kommen, aber nicht zur Massenvernichtung. Aber Christopher will mehr, das deutet das Stück nur an. Er spürt, daß er mit dieser Erfindung den Politikern die Macht versauern kann; er möchte sie nicht für sich, sondern für die Wissenschaft.

Das Stück zeigt, wie aus »machtgeschützter Innerlichkeit« eine wissenschaftsgeschützte Macht werden kann. Ein radikaler Vorgang, aber Morgan bleibt auch an dieser Stelle eher halbherzig. Christopher ahnt, daß er aufgrund dieser Erfindung die Macht in der Hand hat, die Politiker dahin zu bringen, eine Wissenschaft um der Wissenschaft willen zuzulassen, also Übertragung des *l'art pour l'art*-Prinzips auf die Forschung. Aber Christopher hat nicht die nötige Skrupellosigkeit, um dieses Konzept gegen den Premierminister durchzufechten. Mag er auch als Wissenschaftler Überragendes geleistet haben, als Mensch, als Charakter kann er sich vom Mittelmäßigen nicht befreien.

Im Urteil der Nachwelt vermochte Charles Morgan nicht zu bestehen, wohl auch deswegen nicht, weil er verkennen wollte, daß zur Form nunmehr auch das Spiel mit ihrer Auflösung gehört, daß Würde und Haltung ohne ironisches Augenzwinkern steif wirken, daß die Frage nach dem Glück jene nach dem Leiden mit einschließt und daß die Kunst der Moderne befleckte geistige Empfängnis voraussetzt. So blieben seine Werke Pyrrhus-Siege, erfochten im trügerischen Lichte des allzu schönen Scheins.

Audens lyrische Sendung

Auden zerfielen die Worte nicht wie modrige Pilze im Mund; eher wucherten sie unter seiner Hand. Sprachskepsis war ihm weitgehend fremd. Mit Vorliebe monologisierte er, dabei sprunghaft von einem zum anderen Thema wechselnd. Seine Foren waren Bars, Mansarden in zwielichtigen Gegenden und Hörsäle in erlauchten Akademien.

Kein Lyriker des 20. Jahrhunderts pflegte den Reim und das Metrum sorgfältiger als Auden. In seinen Gedichten reimt sich alles: *Law* auf *war, sheep* auf *weep*. Auden reimte exzessiv; er kultivierte den sprachlichen Wohlklang in einer Welt der Mißtöne. Reimend band er zusammen, was längst nicht mehr zusammengehörte. Audens poetisches Prinzip, Gegensätze sich reimen zu lassen, war seine Art, der Erfahrung absurder Verhältnisse Ausdruck zu verleihen (»At least my modern pieces shall be cheery / Like English bishops on the Quantum Theory«).

Die bestechende Eloquenz seiner Gedichte, die Eingänglichkeit ihrer Rhythmen und die Klarheit der Sprachbilder haben auf den ersten Blick nichts gemein mit der wortknappen Lyrik der Moderne. Doch in einem späten Essay (*Words and the Word*, 1968) zitierte Auden eine Maxime von Max Picard, die andeutet, was es mit der Sprachfülle seiner Gedichte auf sich gehabt haben könnte: »Die Sprache des Kindes ist in Laut verwandeltes Schweigen. Die Sprache des Erwachsenen ist ein Klang, der das Schweigen sucht.« Sollte Auden so wortreich geschrieben haben, um sich auf diese Weise Stille zu erarbeiten? Hoffte er sich dichtend zu entschlacken? Wollte er Sprachballast abwerfen, um Ruhe zu finden, er, der sich eine Jukebox wünschte, die »Stille spielen könne«?

W.H. Auden (1907-1973)

Trotz der verbalen Plutokratie, die sein Werk kennzeichnet, gab sich Auden nie einfach nur einem Sprachrausch hin, wenn er schrieb. Immer legte er größten Wert auf kritische Spracharbeit und Präzision seiner Verskonstruktionen. Ein Beispiel mag dies illustrieren. Aus Unzufriedenheit über einen Vers entschloß er sich, sein bedeutendes Gedicht *1. September 1939* nicht in seine *Collected Poems* aufzunehmen. Die fragliche Zeile lautete: »We must love one another or die.« Er hielt sie offenbar für zu prätentiös, erwog die Version »We must love one another *and* die« und verwarf auch sie als zu tristanhaft. Mir scheint jedoch, daß es noch einen anderen Grund für Audens Entscheidung gegeben haben könnte, dieses Gedicht aus seinem Werk zu streichen: Er vermied gewöhnlich Selbstenthüllungen in seinen Gedichten. Dieses neunstrophige Poem dagegen schließt mit einem ebenso offenen wie bangen Bekenntnis in Frageform: »May I, composed... / Of Eros and of dust, / Beleaguered by the same / Negation and despair, / Show an affirming flame.«

Wiederholt variierte Auden in *verschlüsselter* Form diese Frage in seinen Gedichten: Darf der Dichter bejahen, positive Worte finden in einer Zeit der Negativität? Und woher soll er sie nehmen? Wiederum hilft das Essay über *Words and the Word* weiter, das die Aufgabe des Lyrikers in der Verdichtung der Worte zum *einen* Wort sieht, zu einer Schwelle zur Stille. Und dieses eine Wort ist weder negativ noch positiv, sondern der absolute Ausdruck an sich, die letztmögliche Verdichtung und zugleich ihre den Sinn transzendierende Auflösung. Das ist es, was der späte, christlich gewordene Auden unter »religiöser Lyrik« verstand, während er in seinen ersten vom freudianischen College-Marxismus der Oxforder Schule geprägten Schaffensjahre allein auf die lyrische Verdichtung der psycho-sozialen Verhältnisse gesetzt hatte.

»Words have no word for words that are not true«, schrieb Auden in einem Mitte der fünfziger Jahre entstandenen Gedicht. Derselbe Auden konnte freilich auch behaupten, daß Lyrik im wesentlichen eine Frivolität sei (so in einem Gespräch mit Alan Ansen). Reimt sich auch das? In Audens lyrischer Welt schon; denn die ›Wahrheit‹ verband er mit einer ästhetischen Qualität. Sie mochte im gelungenen Ausdruck liegen oder das Ergebnis eines poetischen Wortspiels sein (»Private faces in public places / Are wiser and nicer / Than public faces in private places«). Audens ›ästhetische Wahrheit‹ betraf jedoch besonders die Analyse seines eigenen Schaffensprozesses, die er formelhaft so zusammenfaßte: »Zunächst wechsele ich meine Gefühle in verschiedene algebraische Zeichen um, und der Leser übersetzt sie zurück in subjektive Eindrücke.«

Die Wahrheit der poetischen Imagination thematisierte Auden ausdrücklich in seinem *Unwritten Poem* (1959), das er, Goethe Reverenz erweisend, *Dichtung und Wahrheit* nannte. Es besteht aus Maximen, Fragen und eher isoliert dastehenden Lyrismen: ein Entwurf zu einem großen Gedicht in Form eines Prosagedichts. Wieder zählt die ästhetische Wahrheit: »Die Wahrheit eines Gedichts muß unmittelbar einsehbar sein.« Andererseits weiß Auden um ihre Grenze: »Es (das »ungeschriebene Gedicht«, R. G.) hätte offensichtlich sein sollen, aber die Worte können sich nicht verifizieren. So bleibt dieses Gedicht ungeschrieben. So this poem will remain unwritten.« Demnach erwiese sich die reine, der Lebenspraxis entrückte Spracherfahrung (im Gedicht) als eine unzureichende Wahrheit.

Doch Auden schüttelte diesen Anflug von Sprachskepsis sogleich ab: Ein Schriftsteller muß eben mit diesem Mangel an Verifizierung seiner Sprache leben; immerhin ist es ihm gegeben, interessant über ein ungeschriebenes Gedicht zu schreiben und dabei mühelos von einer Sprache in die andere überzugehen: »Who am I? (Was ist denn eigentlich mit mir geschehen?) Several answers are plausible…« Während bei T. S. Eliot das fremdsprachliche Zitat immer als Zitat kenntlich bleibt, erinnert Audens häufige Verwendung fremdsprachlicher Phrasen an einen Schritt- oder Rhythmuswechsel. Zuweilen bediente er sich deutscher Ausdrücke, vor allem in seinen Gedichten aus den späten zwanziger und dreißiger Jahren, um den Faschismus anzuprangern oder zu karikieren: »…hearing honest Oswald's call, / Be gleichgeschaltet in the Albert Hall.«

Insbesondere Joseph Brodsky hat wiederholt auf Audens poetische Nüchternheit hingewiesen und behauptet, daß er stets einen »neutralen Ton« gehalten habe. Zwar trifft es durchaus zu, daß Auden die Subjektivität des lyrischen Ichs reduzieren wollte; doch deswegen verhielt sich der Verfasser der *Age of Anxiety* in seiner Lyrik keineswegs neutral. Nein, Auden bot seine ganze barocke Sprachfülle auf, um Partei zu ergreifen für die »displaced person« unserer Tage, für den entwurzelten Menschen, den Angst bedrückt und der bedrängt wird von den falschen Worten der Werbung und politischen Propaganda. Das nämlich hielt Auden durchaus für seine Aufgabe: Die poetische Sprache – trotz ihres beschränkten, aber dafür geläuterten Gehalts – jener der trügerischen Ideologien entgegenzuhalten; und das gerade *weil* er selbst für einige Zeit den Scheinwahrheiten des Marxismus erlegen war.

Wahrer als Ideologien ist die Angst. Seit Mitte der vierziger Jahre bemühte sich Auden darum, das poetisch zu reflektieren, was die Angst im Menschen auslöst. Selbst den Geschlechtstrieb deutete er fortan als Versuch des Individuums, die Angstgefühle zu überwinden. Doch auch der Angst-Thematik konnte Auden eine ironische Pointe abgewinnen. In seinem *Metalogue to the Magic Flute* läßt er Sarastro sagen: »Now it's the Germans he (Mozart, R. G.) is classed amongst, / A *Geist* whose music was composed from *Angst*.«

Auden sah sich als Erbe Alexander Popes, dessen Sprachkunst selbst zum Inhalt seiner Dichtung geworden war. Auch Auden ging davon aus, daß es vor allem darauf ankomme, »an altering speech for altering things« zu finden, eine »speech«, die gerade in seinem Fall Wort- *und* Tonsprache meinte. Audens Lyrik läßt sich nicht verstehen, wenn man ihre (sprach)musikalische Intention mißachtet. Wie Britten, Strawinsky und Walton in der Tonkunst bemühte er sich *bewußt* um eine Verbindung von Modernität und Traditionalismus; es ist demnach nur folgerichtig, daß er als Librettist gerade mit diesen Komponisten zusammenarbeitete, wobei für Auden das Libretto auch als eigenständiges Großgedicht Bestand haben mußte, darin Hofmannsthal nicht unähnlich.

Was den Leser der *Collected Poems* beeindruckt, ist Audens souveräne Sprachfertigkeit, ob in seinen geistreichen *Academic Graffiti*, einer zeitgemäßen Version der *Xenien* (»Paul Valéry / Earned a meagre salary, / Walking through the *Bois*, / Observing his *Moi*«) oder in episch ausgreifenden Balladen und Elegien.

Audens *Collected Poems* ist ein *orbis lyricus*, ein poetischer Kosmos, dessen kompositorische Geschlossenheit verblüfft. In seiner Lyrik wollte er nicht einfach die Welt erfassen, wie sie ist, sondern eine poetische Welt erschaffen, in der sich die Sprachlust ausleben kann und dennoch ihre rhythmische Form wahrt, eine Welt der Phantasie und lyrischen Assoziationen, die an Prosperos Epilog anschließen können, an eine stehengebliebene Uhr oder an ein archäologisches Fundstück.

In seinen späten Gedichten gab Auden den Reim auf, nicht aber seine Vorliebe für lyrische Maximen. Eine seiner letzten lautete: »…»guessing is always / more fun than knowing.« Oder: Des Rätsels Lösung will wieder Rätsel werden. Davon lebt nun einmal die ›wahre‹ (Sprach-)Kunst.

Liturgie der Erinnerung

Über David Jones' Epos ›Anathémata‹

»Meine Aufgabe bestand zum Teil darin«, schrieb David Jones im Vorwort zu seinem lyrischen Mysterium *Anathémata*, das im Jahre 1952, von T. S. Eliot lektoriert, bei Faber & Faber erschien, »mich von Motiven aus zufällig verfügbaren Quellen leiten zu lassen und aus solchen vermischten Daten ein Werk zu schaffen.« Haben wir es hier etwa mit einem frühen postmodernen Manifest zu tun, das zu einer unbeschwerten Ästhetik naiv-fröhlicher Beliebigkeitskunst aufrufen will?

Nein, so einfach ist es nicht mit seinem Werk; vielmehr sah er sich und seine Kunst als Vermittler zwischen Absicht und Zufall, Konstruktion und Planlosigkeit, Begrenzung und Offenheit. Er, der »Londoner, von walisischer und englischer Abstammung, protestantisch erzogen und katholischen Bekenntnisses« – mehr autobiographische Details pflegte er gewöhnlich nicht preiszugeben –, ein leidlich gelittener, zu jedermann freundlicher Sonderling, der für seine Habe und sich selten mehr als ein Zimmer zur Verfügung hatte, dieser Dichter, Maler und Kalligraph verstand sein lyrisches Hauptwerk, an dem er zwölf Jahre gearbeitet hatte, in aufrichtiger Bescheidenheit als ein »Zeichenwerk«, bestehend aus »Fragmenten eines Schreibversuchs«.

Was aber steht hinter diesen »Zufallsfetzen von Aufzeichnungen«, die nach Ansicht W. H. Audens dem lyrischen Werk von T. S. Eliot und Ezra Pound an die Seite zu stellen sind? Jones gab darauf eine indirekte Antwort mit einem für ihn so bezeichnenden Verweis auf die bildende Kunst und auf Picasso. »Hinter Picassos unermüdlicher Erfindungsgabe«, urteilte Jones, »steht immer der Wunsch, ein gültiges Zeichen sichtbar zu machen.« Und dieser Wunsch, so Jones weiter, sei für alle Kunstschaffenden, in welcher Epoche auch immer, verpflichtend.

Jedes aufgefundene Zeichen, jeder Vers oder Halbvers gehört zu den Spuren, auf die der Mensch trifft, wenn er sich auf seine lebenslange Sinnsuche begibt. Für Jones liegt das Besondere dieser Zeichen jedoch darin, daß er sie als »Weihegaben« (»Anathémata«) versteht. Diese Weihe hat sogar eine grammatische Entsprechung; Jones nannte sie »tastende Syntax«: behutsame Annäherung an die Dinge im Wissen, daß das Mysterium sie durchwirkt.

Das »Zartgefühl für die Dinge«, das der Mensch auf seiner Sinnsuche entwickelt, beruht vor allem auf seiner Erinnerungsfähigkeit; entsprechend wirken diese Verse meditativ, scheinen in sich zu ruhen. Dem Leser begegnen gleichsam selbstversunkene Worte, vor allem jene keltischen Ursprungs. Die acht großen Zyklen dieses Epos lesen sich wie Einübungen in die Kunst des Erinnerns. Der geradezu liturgische Charakter seiner Teile trübt jedoch nie die Unmittelbarkeit und Dringlichkeit der poetischen Aussage.

Jones hat Wert darauf gelegt, daß sein Epos nach Bardenart vorgetragen werden müsse. Denn zur Weihe gehört der Klangkörper, das Performatorische, also die Verlebendigung des sprachlichen Figurativen. Rezitation bedeutet demnach Weiheakt und Kunst in der Kunst. Die Stimme trägt das Wort, aber sie führt es auch seiner eigenen Verflüchtigung zu. Sie ist demnach der Verweis auf das Ätherische im Materiellen; und deswegen schenkte ihr Jones diese Aufmerksamkeit.

Durch keine ästhetische Diskussion war der 1895 geborene David Jones nachhaltiger geprägt worden als durch jene der Postimpressionisten, die, angeregt durch Clive Bells

David Jones (1895-1974)

These von der »significant form«, den Eigenwert der künstlerischen Form betonten, während andere ihr bloßen Symbolwert zugestehen wollten. Es handelte sich hier bekanntlich um jene Frage, die im sakralen Bereich einst die Reformation gespalten hatte: Bedeutete das Brot beim heiligen Abendmahl die symbolische Gegenwart Christi, oder war er anwesend im Brot und durch das Brot? Cordelia Spaemann, seine kongeniale Übersetzerin, erläutert, welche Schlüsse Jones aus dieser Frage zog: »Brot und Wein waren Zeichen und zugleich das, was diese Zeichen bedeuten. Die neue Kunsttheorie und die alte Sakramentenlehre ließen sich aufeinander abbilden.« Jones hat sich darüber drei Jahre nach der Erstveröffentlichung seines epischen Gedichts ausführlich in einem Essay geäußert, den er *Art and Sacrament* genannt hatte.

Dieser Gedankengang hilft auch dabei, zu erklären, weshalb nach 1920 gerade in Großbritannien der Katholizismus unter Künstlern und Schriftstellern (von Eliot bis Waugh) so populär werden konnte: Die Verschmelzung des »Hic est corpus meum« mit dem »Hic significat…«, des Seins mit dem Bezeichneten, verlieh dem ästhetischen Akt neue Glaubwürdigkeit.

Aus der Fülle der Motive sei hier nur das des Wanderers erwähnt, der nach seiner Wanderschaft durch die acht Weiten der Erinnerung »nobilitiert« und »Wanderer-Herzog« genannt wird. Indem er unablässig die Erinnerung erwandert hat, darf er nun selbst zur Erinnerung werden, zum »getreuen Ahnherrn *fidelium* aus der Fremde«. Dieser Wanderer, ein »Entdecker der Langsamkeit«, entspricht in vielem dem blinden Seher Tiresias aus Eliots *The Waste Land*, das genau dreißig Jahre vor den *Anathémata* veröffentlicht worden war. Die Wüste des *Waste Land* und die Erinnerung der *Anathémata* wachsen vor den Augen des Lesers, der angesichs dieser fürwahr wundersamen Fruchtbarkeit dieser Dichtung wieder zu staunen lernt.

Jones suchte nach der religiös inspirierten Einheit von Bild und Wort. Mit Worten malen und mit Farben, mit Linien sagen, das erinnert an Blake, das theologische Moment dieser Kunst an Hopkins. »Rite and Fore-Time«, Ritus und Vorzeit, das Meer sind für Jones die Feuchtgebiete seiner Kunst. Er geht nicht vom Augenblick aus, nicht von punktueller Inspiration, sondern vom »Cronos-meer« (sic!), vom schier uferlosen Zeitensee, in dem Kronos gleich Poseidon ist.

Bevor der Wanderer der *Anathémata* Wanderer sein konnte, war er Seefahrer gewesen, ein Nautiker auf den Meeren des Mythos. Halb Odysseus, halb Fliegender Holländer: »Their quarterly gold and gules / four pardd-cats countercolour'd / at the main / but aft / a red rampin' griffin.«

Stellen wie diese muß man mit dem konsonantenrollenden walisischen Zungenschlag im Ohr haben, halb befremdend, halb anheimelnd, immer am Rande des rauhen Gesanges. Überdies muß man sich Jones als einen Barden auf einer »Bühne am Meer« (Christoph Ransmayr) vorstellen; denn was für irische Dichter gilt, trifft auch für walisisch-englische zu: Sie haben das Rauschen des Meeres in sich, den Ruf der Albatrosmöwen und das Brechen der Wogen an triefnassen Felsen.

Dieses Epos will ein Abendmahl der Dichtung sein, eine neue Mythologie, begründet von Christus, König Artus und einem ikonographisierenden Dichter der, wie er sagt, »boundary-time«, einer ›Grenzzeit‹ zwischen den Epochen und Kulturen, aber auch zwischen der Zeit des Abendmahls und der profanen »empty time / after tiffin«, der »leeren Zeit nach dem Lunch«.

Dieses Gedicht trägt sich am Tage Thonars, dem Donarstag, zu, am »Venustag« wie am Karfreitag; man ißt das »Brot der Engel«, und man hört »the many voices (...) / Of all the clamant waters«. Und je intensiver man diese zuweilen gebrochenen, dann wieder zur Prosa ausformulierten Zeilen liest, die ausführlichen Fußnoten von Jones eingeschlossen (Auden brauchte für die Lektüre zehn Monate!), je mehr gewinnt man den Eindruck, als habe man teil an einer poetischen Weltschöpfung.

»At the threshold-stone / lifts the aged head?« Das ist die Geste der Verwunderung über ein ungeheures Geschehen. Das alte, müde Haupt erhebt sich ein wohl letztes Mal. Was es sieht, ist ein Risiko: »But the fate of death? / Well, that fits The Gest.« ›Gest‹, nicht ›deed‹, nicht ›action‹, die ›res gestae‹ sind gemeint, die Taten, die sich nicht rechtfertigen, aber tödlich sein können. Dieses ›Tun‹ ist ein Aufsteigen in den »Axile Tree«, in den Achsen-Baum, ein Symbol des sich selbst tragenden Lebens, aber auch zwei Lebensströme, die hier zusammenfinden.

Immer sind es Hügel, die Jones zeichnend oder schreibend anvisierte oder schuf. Man nehme seine walisische Hügellandschaft »Capel-y-ffin« von 1926 oder seine Zeilen: »The Hill of the out-cry / the hill of dereliction... that is all help-hights / the mound of the incries.« Diese Hügel sind auch die Hügel und Berge der Psalmen, von denen Friede und Hilfe kommen soll, sind Erhebungen über daß Maß des Gewöhnlichen und Anspruch, sich nicht mit dem ebenen, geradlinigen Weg zu begnügen.

Jones war ein Dichter des Umwegs, der in Assoziationen aufgelösten, aber auch umgestalteten Erinnerung an mythische Restbestände, sprachliche Bildentwürfe, zu betrachten im kühlen Spätlicht unserer Kultur.

Am Kap der Depression

*Über Dylan Thomas und seine
frühen Erzählungen*

Was verbinden Sie mit Swansea, mit Wales überhaupt? Triste
Straßenzüge, Kohlehalden, die niemand abträgt, verfallende
Fördertürme, geschoren aussehende Berge, Schafherden,
umbrandete Küsten, trostlose Häfen und unaussprechbare
Ortsnamen. Ich nenne die ersten dreizehn Buchstaben des
längsten: Llanfairpwllg... und breche hier ab – aus Rück-
sicht auf den Setzer dieser Seite, denn dieser Ort hat noch
weitere fünfundvierzig Buchstaben, wild durcheinanderge-
würfelte Konsonanten zumeist. Die Übersetzung dieser üppigen Ortsbezeichnung möchte ich Ihnen aber doch nicht
vorenthalten; sie könnte einem Gedicht oder einem Prosa-
text von Dylan Thomas entnommen sein, dem größten Sohn
Swanseas, sprachgewaltigsten Barden von Wales und einem
der bedeutendsten Dichter in der angelsächsischen Literatur
dieses Jahrhunderts. Llanfairpllg... besagt ungefähr: Ma-
rienkirche-in-der-Senke-beim-weißen-Haselstrauch-am
-roten-Höhlenstrudel-des-heiligen-Tassilo.

In Swansea nach Schwänen zu suchen wäre wohl ebenso
vergeblich, wie in New Amsterdam alias New York nach
holländischen Meisjens mit Flachszopf und Holzschuhen
Ausschau zu halten. Rauh klingt die Poesie Swanseas, wo
Dylan Thomas kurz nach Ausbruch des Ersten Weltkrieges
geboren wurde. Inzwischen hat man einen Gedenkstein an
jenem Spielplatz aufgestellt, wo er sich in seinen ersten India-
nerspielen übte und von den andern verlacht wurde ob seiner
Dicklichkeit. Es gibt eine Dylan-Bar und eine Plakette am
Haus Nummer fünf im Cwmdonkin Drive, wo er wohnte.

Dylan Thomas (1914–1953)

Seine letzten Jahre, er starb im November 1953 während einer Lesereise in New York, verbrachte er in Laugharne, wo die Flüsse Cynin und Taf in die Carmarthen Bay münden. Laugharne, wo gestrandete Bootsskelette die Ufer zieren, wurde zum Llaregyb seiner Dichtungen. Dylan Thomas brauchte diese Landschaft; er nahm sie in Gedanken und lyrischen Bildern überall hin mit – nach New York und London, wo er im Erfolg und in der Verzweiflung Wechselbäder nahm.

Er fühlte sich als ein Gefangener seiner Heimat. Aber er liebte diesen Zustand der Abhängigkeit, auch wenn sie ihm zum Verhängnis wurde, sogar in künstlerischer Hinsicht, wie Michael Hamburger behauptet: »Von seinen Reisen und Bewegungen außerhalb Swanseas konnte er so gut wie nichts in seine Dichtung aufnehmen. Seine ihm eigene Intensität resultierte aus seiner Unfähigkeit und fehlenden Bereitschaft zu lernen, neue Erfahrungen zu sammeln und sie zu verarbeiten.«

Dylan Thomas dichtete in konzentrischen Kreisen. Und »weil er sein Blickfeld nicht erweitern konnte«, folgert Michael Hamburger, »war alles, was ihn von der ursprünglichen Quelle seiner Dichtung hinwegführte, eine Bedrohung für ihn selbst und sein Werk«.

Dylan Thomas hat seine Abhängigkeit nach Möglichkeit verklärt. Die gefährlichste, jene vom Alkohol, nannte er seinen »Dienst für den König der Dämonen«; seine reibungsvollste, jene von seiner überaus sinnlich veranlagten Frau, Caitlin Macnamara, hielt er für eine Bewährung im »verzückten Streit«. Aber er wußte auch, daß man sich in Abhängigkeit verzehren kann – etwa in jener von der Heimat. In seiner Parabel *Das brennende Kind* fand er dafür ein grauenvolles Bild: »Und das Kind fing Feuer. Die Flammen züngelten um seinen Mund und fächelten seinen schrumpfenden

Gaumen. Flammen um seine rote Schnur leckten an seinem kleinen Bauch, bis das rohe Fleisch ins Heidekraut fiel. Eine Flamme berührte seine Zunge. Iiihhh, schrie das brennende Kind, und der erleuchtete Berg gab Antwort.«

Bemerkenswert, daß Thomas, der selbst knappe Prosa schätzte und schrieb, in der mündlichen Erzählung, die er als bewußter Barde besonders in Pubs zum Ergötzen seiner immer zahlreichen Zuhörer pflegte, eher zu langatmiger Gebundenheit und zu abschweifenden Geschichten neigte, wie Caitlin berichtete. Entsprechend handelt es sich bei seiner Prosa um vielfach gefilterte Kondensate seiner ausgreifenden Phantasien und sorgfältig geschliffene Traumkristalle. Dylan Thomas rang mit der Sprache; keineswegs war er der dionysisch inspirierte Dichter. Caitlin erinnert sich: »In einigen Fällen arbeitete er sich durch Hunderte – ja Hunderte – von verschiedenen Entwürfen, änderte ein Wort hier und ein Komma dort, bis er zufrieden war. Aber er war ein Handwerker, und wie alle Handwerker behielt er seine Geheimnisse für sich.«

Seine Schutzbedürftigkeit schien grenzenlos. Charakteristisch dafür war eine Geste, die Caitlin nach ihrer ersten Begegnung mit Dylan zu Recht für »buchenswert« hielt: Sie saß neben ihm im Pub, und während er monologisierte und eine Schar trinkfreudiger Freunde mit Geschichten belieferte, legte er ganz unvermittelt seinen Kopf in ihren – einer ihm bis dahin Wildfremden – Schoß und redete weiter. Man muß kein ausgebildeter Psychologe sein, um diese Geste zu deuten, die auch in einigen seiner Erzählungen auftaucht, so am Ende der Prosa-Phantasie *Das Kleid*: »Und er kniete nieder und legte seinen verwirrten Kopf in ihren Schoß.«

In der Kunst wie im Leben verachtete Dylan Thomas Kompromisse. Betont »aufrecht« wollte er gehen, »ganz gleich wo«, schrieb er in seiner Notiz über »Wales und der

Künstler«. Wohlgemerkt, er sagte nicht »aufrichtig«, denn dafür liebte er die Lüge zu sehr. Aufrecht sein also – selbst beim Lügen.

Caitlin korrigierte loyal: »Seine Leidenschaft für Lügen war angeboren: mehr ein Sich-Üben im Erfinden als Lügen.« Besser eine Lebenslüge als ein Kompromiß? Lieber eine Phantasie als eine Stellungnahme zur Wirklichkeit? Dylan Thomas ließ sich nicht auf diese Frage festlegen, weil in seiner Arbeit Lüge und Phantasie ineinander übergingen und er ihr Ergebnis für etwas Wirkliches hielt.

Dem Dichter wies Dylan Thomas die Aufgabe zu, beständig zu experimentieren und sich nie mit einem einmal erreichten sprachlichen Ausdrucksniveau zufriedenzugeben. Dieser Forderung entsprach er selbst vollauf – in seiner Lyrik und Prosa. In seinem 1946 über Rundfunk gesendeten Versuch *Walter de la Mare als Prosaschriftsteller* kritisierte er, daß dessen Prosastil »eine gewisse Verdickung des Gefüges wie dicke Tunke« aufweise, unbeholfen und überladen sei, worunter seine »mehr oder minder einfachen Geschichten« litten. In seiner eigenen Prosa vermied Dylan Thomas dergleichen erfolgreich. Eher könnte man behaupten, die Geschichten seien zu kurz – in Anbetracht ihres vielschichtigen Inhalts. Sie bieten Impressionen des Schreckens und handeln nicht vom »unmittelbaren Drohen seelischer Gefahr« (Thomas über de la Mares Prosa), sondern von der Gefahr selbst, in der nur der Zweifel am Rettenden wächst.

Schreckensgemälde voller allegorischer Anspielungen haben wir vor uns, etwa in Dylan Thomas' früher, mit zwanzig Jahren geschriebener Skizze über die modernen Heiligen Drei Könige: »Zu ihren Füßen lag eine tote Frau, nackt bis auf ihren Umhang, eine Bajonettwunde in ihrer Brust. Langsam trat ich an sie heran. Da ich sie anblickte, regte sich auf wunderbare Weise Leben in ihrem Bauch, und die emporgereckten Arme des Kindes in ihrem Leib brachen sich einen Weg durch das Fleisch.«

Den traurigen, verunsicherten und von ihren Angstträumen heimgesuchten Menschen hatte Dylan Thomas seine Erzählungen gewidmet, den Kindern, denen die Erwachsenen falsche Versprechungen machen, und den am Leben irre Gewordenen, »Idioten«, wie er sie nennt.

Unvermutet tauchen sie auf in seinen Geschichten – zumeist als Träger eines Geheimnisses: »Am Weihnachtsmorgen kam der Idiot in den Garten. Sein Haar war naß, und seine abgeschabten, zerfetzten Schuhe waren schwer vom Kot der Felder.« Er verkörpert ein nicht näher bezeichnetes »Geheimnis«, nach dem sich ein Kind in der Erzählung *Der Baum* (1933/34) sehnt. Es bindet den widerstandslosen wirren Fremden mit Draht an einen Holunderbaum, bis der Draht in dessen Fleisch schneidet. Der »Idiot« als Schmerzensmann. Viele der kurzen Erzählungen von Dylan Thomas gleichen Legenden, mit denen er nach dem Rest von Heiligkeit in der Welt zu suchen scheint.

Jedoch wäre es unrichtig, die »Handlung« dieser Geschichten bestimmen zu wollen. Was sich in ihnen zuträgt, kennt keinen entwicklungshaften Ablauf, sondern pulsiert wie in Fieberträumen. In ihnen drohen die Menschen ihre Identität zu verlieren: »Als er sich den Schal umband und die Hutkrempe streichelte, konnte er im Spiegel sein eigenes Gesicht nicht erkennen. Es waren zu viele Gesichter. Jedes besaß einen Zug aus seinem Gesicht und jedes eine steifgewordene Strähne von seinem Haar.«

Mit prägnanten Sätzen beschreibt Dylan Thomas, sich nur selten eines Ich-Erzählers bedienend, den Zerfall ihres Fassungsvermögens: »Er zählte wieder die Laternen, aber sie ergaben keine Zahl.«

Der Künstler versucht sich in seiner Kunst am Absoluten im Bewußtsein, daß er dadurch in Widerspruch zu den Bedingtheiten des Lebens geraten muß. So erfindet sich der Erzähler eine ideale Geliebte, aber er weiß, »daß es der Block Schreibpapier war, auf dem sie absolut gemacht wurde. Im schwarzen Kern des Bleistifts war ein Orakel.« Peter Handke könnte das geschrieben haben; aber diese Sätze stammen aus Dylan Thomas' Erzählung *Die Maus und die Frau* (aus dem Jahre 1936). Es ist die Geschichte einer Phantasiegeburt, die ebenso skurril verläuft etwa wie die Liebesaffäre zwischen einem Obstbauern und seinen Vogelscheuchen in der Phantasie *Die Obstgärten*.

Keine Seite dieser Prosa ohne Todesahnungen. Selbst zunächst harmlos wirkende Naturbilder färben sich dunkel: »Das Wiesel am Fenster würde morgen eine Geschwulst im Ohr bekommen, aber heute hüpfte es noch in der Sonne.« Oder: »Der Geruch aufbrechenden Fleisches kroch im Wind heran.«

Ein weiteres Leitmotiv dieser lyrischen Kompositionen in Prosa heißt *Nacktheit*. »Es war Leben im nackten Tal, Leben in seiner eigenen Nacktheit.« Und: »Ich bin das nackteste und kahlste Nichts vom Scheitel bis zur Sohle…« Dylan Thomas, könnte man behaupten, bekleidete seine wichtigsten Charaktere mit Nacktheit; denn den Nackten kann man nicht weiter bloßstellen. Blöße verführt und entwaffnet. Sie zeigt das Edle des Körpers und vulgarisiert ihn zugleich: »Eine Negerin löste die Träger ihres gelben Kleides und entblößte eine Brust, während sie einen Teller unter das schwarze Fleisch hielt. Kauf ein Pfund, sagte sie, und schob Daniel ihre Brust ins Gesicht.« Während Daniel im *Vorspiel zu einem Abenteuer* (1937) die Vulgarität der Nacktheit erfährt, kostet Peter in der Erzählung *Der Besucher* (1934/35) ihre Freiheit aus (»Er schrie laut vor Freude«). Aber dieser

Freudenschrei gehört zu dem, was Ingeborg Bachmann noch emphatischer als »das Hallelujah des Überlebens im Nichts« bezeichnet hat. Und doch: Lustgefühle weckt die von Dylan Thomas dargestellte Nacktheit im Leser kaum; eher reagiert er auf sie mit einer Gänsehaut.

Zum Anschein der Dinge und Menschen, der Dylan Thomas beschäftigte, gehört auch das Lichtmotiv, das er immer wieder in seine Erzählungen eingeflochten und insbesondere mit dem Wesen der Sprache verbunden hat: »Das Wort wuchs wie Licht«, sagt der Erzähler in der profanen Legende *Die Sechs Heiligen* (1937), wobei er sich selbst vortäuscht, daß seine Sprache klarer, wissender werde; aber die trügerischen Geheimnisse bleiben – unausleuchtbar. Im *Vorspiel zu einem Abenteuer* ist dann vom »alphabetisierten Licht der Stadt« die Rede, dessen Sprache jedoch für den Fremden immer unverständlicher wird.

Je griffigere Metaphern er prägte, je dichter und eindrucksvoller seine sprachlichen Impressionen gerieten, desto mehr neigten sie (wie die mit steigender Intensität geschilderten Dinge) in seiner Prosa dazu, sich zu verselbständigen. In seinen späteren Erzählungen beginnen sie sogar, ein Eigenleben zu führen und zu Phantasien in der Phantasie zu werden, wodurch sich die »Befragung des Echos« erschwert, da zu viele Stimmen widerhallen.

Die gewöhnlich fein-säuberliche Aufteilung einer Werkausgabe in Gedichte, Erzählungen, autobiographische Geschichten und Radiotexte, so sinnvoll sie in den meisten Fällen sein mag, bei Dylan Thomas wirft sie Probleme auf. Denn kaum ein moderner Dichter legte mehr Wert auf »gemischte Ausgaben« als er, sehr zum Mißvergnügen seiner Verleger und einiger seiner Interpreten, die nur in gattungsspezifischen Kategorien denken können.

Dylan Thomas hielt dagegen die Gattungen für verschiedene Tonlagen *einer* poetischen Stimme. Gedichte stehen bei ihm neben Essays, Prosatexte neben Skripten für den Rundfunk. Ihr wichtigstes Bindeglied waren jedoch seine Briefe, nicht selten Glanzstücke seiner Prosakunst. Eine Werkausgabe *dieses* Schriftstellers, die seine Briefe unberücksichtigt ließe, verdiente nicht, so genannt zu werden.

Was an Eindrücken von Dylan Thomas poetischen Erzählungen bleibt, sind seine tiefgründigen Anspielungen und lakonischen Pointen wie diese, die man nicht vergißt: »Er wendete die Seiten, bis er an die letzte kam: George Henry Brember, Letzter seines Stammes, gestorben... Er blickte auf seinen Namen, dann schloß er das Buch.«

Bryan Stanley Johnson

Leere Seiten, zuweilen nur fünf bis sechzehn Zeilen lange
Kapitel, dazu einige reproduzierte Kontenblätter, auf denen
Christie Malry, ein terroristischer Exzentriker aus Leidenschaft, mit der Welt abrechnet: Diese kuriose Typographie
bestimmt Bryan Stanley Johnsons Parodie eines Romans,
die im Todesjahr (1973) des mit vierzig Jahren verstorbenen
Londoner Schriftstellers erschien.

Zunächst weiß der Leser nicht ganz, wohin mit dieser ge-
fällig aufgemachten, in rotes Leinen gebundenen Wunder-
lichkeit in Prosa; denn ihr Erzählfluß stockt beständig, ihr
Inhalt gibt sich widerspenstig, auch in der trefflichen deutschen Übersetzung, die nicht versucht, vermeintliche stilistische Unverträglichkeiten des Originals mutwillig zu beseiti-
gen. Schließlich lag es in Johnsons Absicht, seine Leser vor
den Kopf zu stoßen.

Der Erzähler und sein Christie Malry spielen Katz und
Maus miteinander. Wann immer der Erzähler weiter ausho-
len möchte in seinen Schilderungen, erinnert ihn Malry
daran, daß lange Romane anachronistisch geworden seien.
Fortan dürfe es nur noch komisch und brutal darin zugehen,
und kurz müßten sie sein. Wenn Malry im Hochgefühl seiner
terroristischen Gewaltekstasen über die ihm lächerlich vor-
kommende Gesellschaft zu triumphieren glaubt, dann holt
ihn der Erzähler sogleich auf den Boden der Wirklichkeit
zurück und steckt ihn ins Krankenbett, das alsbald zu
Malrys Sterbelager wird. Denn kurz nachdem Malry eine
Lastwagenladung Zyanid in ein Wasserreservoir Londons
gekippt und »zwanzigtausendvierhundertneunundsiebzig
Unschuldige« getötet hat, wie er mit Befriedigung in einem
Kontobuch vermerkt, erfährt er, daß er selbst an Krebs un-

B. S. Johnson (1933–1973)

heilbar erkrankt ist. Malry präsentiert sich uns als ein peinlich genauer Chronist seiner Verbrechen, als ein Freund des Makabren, als ein eiskalter Rechner und Zyniker und gleichzeitig als der nette Nachbar von nebenan: ein nicht ungebildeter Durchschnittsbürger und Buchhalter im Alltag, der im Nebenberuf der mörderische Sonderling ist. So weit hergeholt ist das nicht. Oder können wir ihn uns nicht, mit vertauschten Rollen, als einen jener Verwaltungsbeamten in den Vernichtungslagern vorstellen, die tagsüber den Eingang von Zyklon-B-Lieferungen registrieren oder den planmäßigen Ausbau von Gaskammern inspizieren und abends, in der Maske des Biedermanns, Quartette von Schubert genießen?

Die Qualität dieses novellistischen Kuriosums liegt nicht zuletzt darin begründet, daß es dergleichen Analogien nahelegt, ohne jedoch wortreich auszukosten. Malry, der verbrecherische Steppenwolf, kann nicht lieben. Nur hin und wieder befriedigt er mechanisch seine Triebe. Während des Geschlechtsaktes denkt er aber gewöhnlich an die Verbesserung von Molotow-Cocktails und an die Totalisierung des Terrors.

Nicht selten erinnert Bryan Johnsons Roman an seinen großen Ahnen Laurence Sterne und dessen *Tristram Shandy* (1759/67); vor allem diente ihm Sternes Epos in formaler Hinsicht als Vorbild. Schon Sterne hatte seine Leser mit leeren beziehungsweise schwarzen Seiten, Tabellen und verwirrenden inhaltlichen Konstruktionen genasführt.

Mit Blick auf den *Tristram Shandy* hat Thomas Mann in seinem Vortrag über die *Kunst des Romans* (1939) bemerkt, daß das Geheimnis des Erzählens darin bestehe, »das, was eigentlich langweilig ist, interessant zu machen« und dennoch dieses Interessantmachen dem »dichterisch erstrebenswerten Prozeß der Verinnerlichung« zugute kommen zu lassen. Genau das gelang Bryan Johnson, was um so erstaunlicher ist, da es sich in seinem Antiroman durchweg um spektakuläre Verbrechen handelt, also um Vorgänge, die sich im allgemeinen nicht zur Verinnerlichung eignen. Johnson beschreibt aber die eigentlichen Verbrechen nicht; auch ihre Wirkung schlachtet er nicht aus. Seine Leser sollen sich keinesfalls am Grauen delektieren dürfen. Vielmehr skizziert er Malrys Vorbereitungen auf seine Verbrechen, und das auf eine Art und Weise, die ihnen beinahe etwas Beiläufiges verleiht.

Im Grunde nämlich befaßt sich Johnson mit dem Innenleben eines besessenen Menschen, der sich jenseits von Gut und Böse angesiedelt, Konventionen entsagt und das Perverse zum Maßstab erklärt hat. Christie Malry hält das Absonderliche für etwas Selbstverständliches. Historische Zusammenhänge kümmern ihn nicht: Er beschafft sich, was er braucht. Sei es ein Zitat von Joyce oder die erste Theorie der Buchhaltung, die ein gewisser Pacioli 1494 veröffentlicht hat; die Vergangenheit benutzt Malry wie einen Selbstbedienungsladen, von dessen Konsumgütern er seine Amoralität reichlich ernähren kann.

Anders aber als etwa bei Anton Wohlfarts Gefühlsbuchhaltung in Gustav Freytags einst so berühmtem Roman *Soll und Haben* (1855) zeichnet sich Malrys doppelte Buchführung durch eine beängstigende Eigentümlichkeit aus: als radikaler Relativist der Moral verbucht er seine begangenen Verbrechen als Guthaben. Und die Moral dieser Amoralität? Gerade die »geborenen« Buchhalter, die beständig Kalkulierenden können sich als die unberechenbarsten Menschen erweisen. Am Ende jedoch obsiegt, im Vollbesitz seiner ironischen Fähigkeiten, der Erzähler. Er besucht seinen todkranken Terroristen und bietet ihm an, Sterbehilfe zu leisten, indem er Malrys Geschichte zu Ende erzählt. Aber die Krankenschwestern ersuchen ihn zu gehen, »nicht wissend, wer ich war, daß er ohne mich nicht sterben konnte«.

Romane waren für Johnson Versuchsstationen, Laboratorien, in denen er sich zu Hause fühlte; schließlich war er davon überzeugt, daß unsere menschliche Existenz mehr denn je die Form eines Experiments angenommen habe. Wen wundert, daß dieser an James Joyce, Flann O'Brien und Samuel Beckett geschulte Schriftsteller in seiner Heimat völlig vergessen wurde, wo das literarische Establishement einmal mehr den Eindruck erweckt, als ließe sich mit fröhlichem Geschichtchenerzählen nahtlos bei Dickens anknüpfen – sieht man einmal von den rühmlichen Ausnahmen ab, die sich wie Doris Lessing, Martin Amis, Graham Swift und Kazuro Ishiguro ernsthaft Formproblemen stellen. Ähnliches hat auch der viel zu früh verstorbene Bruce Chatwin versucht, den mit Bryan Johnson insbesondere die unermüdliche Suche nach neuen Ausdrucksformen verband.

»Die Form aus dem Wesen unserer Aufgaben zu erschaffen mit den Methoden unserer Zeit – das ist unsere Aufgabe«, diese Maxime Mies van der Rohes bezog B.S. Johnson ausdrücklich auf sein eigenes Schreiben. Und Beckett zitierend erklärte Johnson, wie er sich das Wesen dieser Form dachte: Das Chaos solle sie zulassen und das »Durcheinander in sich aufnehmen«. Unwillkürlich denkt man bei diesen Sätzen auch an Dürrenmatts letzten Roman *Durcheinandertal*, eine groteske Komödie, die von der »Unmöglichkeit handelt, sich Gott vorzustellen« (Dürrenmatt). Johnson hätte seine Freude gehabt an diesen Roman, auch wenn er ihn sich wohl noch etwas bissiger gewünscht haben dürfte.

Literatur bedeutete für Johnson eine Alternative zur konventionellen Kommunikation: »Ich schreibe«, erklärte er, »weil ich etwas mitzuteilen habe, das ich im Gespräch, *in persona*, nicht hinreichend mitzuteilen imstande bin.« Zudem verfügte er über ein ausgeprägtes Maulwurfsgemüt, das ihn die englische Erzähltradition mit jedem seiner Texte weiter untergraben ließ. Bekanntlich genügt es nicht, sich subversiv zu verhalten und nach Herzenslust zu dekonstruieren. Schon gar nicht in der (Sprach-)Kunst. Etwas Gestaltetes muß greifbar bleiben, und handele es sich dabei auch nur um das Aufzeigen einer Fragmentbildung, auf die es Johnson in seiner Prosa besonders ankam. Im Fragmentarischen, glaubte er, manifestiere sich das Form-Chaos; gleichzeitig aber zwinge das Fragment den Schriftsteller zum »präzisen Sprachgebrauch«, dessen beständige Weiterentwicklung er für die eigentliche Rechtfertigung seiner Schriftsteller-Existenz hielt.

B. S. Johnsons Prosa lebte vom Wechselspiel zwischen Illusion und ihrer Brechung, die er zumeist dadurch erreichte, daß er den Leser unmittelbar anredete. Nach einem stimmungsvoll geschilderten Idyll lesen wir: »Ein romantischer Beginn. Aber Sie wären töricht, an diesem Punkt aufzugeben. Oder Vermutungen anzustellen.« Und am Ende einer Geschichte, die sich in bloße Andeutungen über ein möglicherweise geschehenes Verbrechen ergangen hat, fragt der Erzähler: »Habe ich Sie etwa nicht so stark gefesselt, daß Sie bis hierher weiterlesen wollten? Hat es nicht die eine oder andere schräge Wendung gegeben, gelegentlich ein ungewöhnliches Wort?«

Doch beging Johnson nicht den Fehler, mit seinen Stileigentümlichkeiten zu prunken; vielmehr verstand er es, sie gezielt einzusetzen. In seinem Prosastück *Mittlerer Aufschlagspunkt* zum Beispiel ergeben seine illusionsbrechenden, den Leser foppenden Einschübe ihrerseits eine Geschichte. Wir begegnen einem »wandernden Steinmetzen«, dem atheistischen Schürzenjäger und Erbauer der Kathedrale Sankt Anselm, und erleben »gleichzeitig« die Jahrhunderte später erfolgte Zerstörung ihres Turmes, deren Vorbereitung der Erzähler durch die Zitierung detaillierter Angaben peilender Richtkanoniere schildert. Dieses Erzählverfahren bewirkt nicht nur die Aufhebung der Zeitebenen; es unterstreicht abermals Johnsons These, daß sich Konstruktion und Dekonstruktion komplementär zueinander verhalten können.

Nichts war sicher vor dem Sezierblick dieses Autors. Schonungslos zerlegte er das Leben in den englischen Seebädern, die Schäbigkeit der Lüste, die Banalität der Gefühle und die Bedeutung der Worte. Das artistische Sprachspiel steigerte Johnson ins Absurde. Einer seiner Protagonisten übt sich in einer Sprechweise, die sich kurioser Chiffren bedient: »Die Anfangsbuchstaben benachbarter Wörter werden, zu ihrer unzweifelhaften Zierde, versetzt.« Dabei entstehen Gebilde wie diese: »Eu zinem Woktor derd gch iehen.« Was besagen soll: Von der Form ist das Chaos oft nur durch wenige Buchstaben getrennt. Oder: Kommunikation ist, wenn man sich trotzdem versteht.

Dieser Humorist aus Verzweiflung, der davon ausging, daß die Menschen sich in Zukunft nur noch mittels klischeehafter Aphorismen und Werbespots verständigen würden, hatte mit diesem Band seinen eigenen Schwanengesang komponiert; wenige Wochen nach dessen Erscheinen (1973) nahm sich B. S. Johnson das Leben. In einem seiner letzten Prosastücke findet sich der frivol klingende, aber aufrichtig gemeinte Satz: »Ach, wie ich mich auf meine eigene Sterbeszene freue: die Dinge, die ich dann sagen muß und zuvor nicht sagen konnte!« Auf Gedeih und Verderb der Sprache ausgeliefert sein, das ist die eigentliche Wahrheit des echten Sprachkünstlers, dessen Artistik diese Abhängigkeit nur etwas würdiger aussehen läßt.

Außer Beckett hatte kaum einer auf ihn gesetzt. Er erkannte in B. S. Johnson einen Schriftsteller, der es ernst meinte mit dem Versuch, das künstlerische Erbe von James Joyce weiterzuentwickeln. Johnson warf seinen britischen Schriftstellerkollegen vor, daß sie die literarische Revolution des *Ulysses* nicht wahrhaben wollten; statt dessen schrieben sie weiter im Schatten von Dickens. Obgleich Bryan Stanley Johnson trotzig an der Gattungsbezeichnung »Roman« festhielt, sprengte er dessen traditionelle Struktur von innen auf. Schon mit seinem ersten Roman *Travelling People* (1963) setzte er ein Zeichen: Verschiedene Erzähler reflektieren über ein bruchstückhaftes Geschehen, indem sie beständig ihre Perspektiven verändern, zumeist mittels innerer Monologe, die dann in Tagebucheintragungen und Briefnotizen aufgehen.

In seinem Experimentalroman *Albert Angelo*, den er als Einunddreißigjähriger 1964 veröffentlichte, ging Johnson noch einen Schritt weiter. Er unterlief darin nicht nur die Rechtschreibung, sondern brach auch mit dem herkömmlichen Druckbild eines Romans: Seinen Mittelteil ließ er zweispaltig setzen. Dialoge wechseln mit Auszügen aus Aufsätzen von Schülern, die ihren Aushilfslehrer, Albert Angelo, charakterisieren, nebst Alberts eigenen Reflexionen über sein »fragmentarisches Leben«. Dennoch zerfällt dieser Roman nicht; Johnson hatte ihn in Form einer mehrstimmigen Phantasie über Albert Angelo angelegt. Die musikalische Struktur seines Erzählgebildes betonte Johnson ausdrücklich; er entlehnte sie der klassischen Sonate mit »Exposition«, »Durchführung« und »Coda«, wobei er die »Reprise«, die in der Sonate gewöhnlich das Thema der Exposition wiederholt, bezeichnenderweise »Auflösung« nennt.

Albert Angelo träumt von einem Leben als Architekt. Zumeist aber gelingen ihm nur Skizzen, Entwürfe; und die wenigen Pläne, die er ausgearbeitet hat, finden keinen Bauherrn. Auch die »Konstruktion« seines Lebens mißlingt. Seine Freundin hat ihn verlassen, »wegen eines Krüppels, von dem sie meinte, er bräuchte sie nötiger«. Nicht anders erging es Alberts Freund, Terry, mit dem er nachts das Londoner East-End durchstreift – immer auf der Suche nach dem ganz anderen, das sie jedoch nie finden. Tagsüber verdingt sich Albert als Aushilfslehrer in Schulen, in denen Rassenkonflikte schwelen und »Bildung« ein Schimpfwort ist. Unter diesen Umständen bedeutet allein schon der richtige Gebrauch des Konjunktivs durch eine vorlaute Passantin für Albert ein »wahrhaft ermutigendes« Ereignis, das er als »Raumgewinn für Präzision und Subtilität« verbucht.

Ironie und Sprachwitz kennzeichnen diesen Roman. Zudem solidarisiert Johnson sich kaum je mit seiner Hauptfigur, sondern bleibt auf kritischer Distanz: »Ihr fielen Alberts adrette Anzüge auf und daß er immer weiße Hemden mit steifen Kragen trug und ungemusterte Krawatten. Dieser förmliche Aufzug stand in scharfem Gegensatz zu seiner geistigen Exzentrizität...« Verfehlt wäre es jedoch, Johnsons ironische Spiele mit der Tradition als bloße Marotten abzutun (aus manchen Seiten sind, nach Guckkasten-Manier, Teile ausgeschnitten, so daß der Leser die Worte »tödliche Wunde über dem rechten Auge« sieht, bevor er ihren Zusammenhang kennt); denn diese Erweiterung der Ausdrucksmittel diente Johnson dazu, »meine Erfahrung über meine Wahrheit« wirkungsvoll umzusetzen. Schreiben war für ihn die Antwort auf die Einsamkeit und Lieblosigkeit der Welt. Oder wie Albert sagt: »Dichtung entsteht aus Leid. Die Dichtung ist das einzige, was mich weiteres Leid ertragen läßt.«

Sozialer Surrealismus

Ein Hinweis auf Edward Upward

Ein Künstler schaut seinem eigenen Begräbnis zu. Ein trauernder Kritiker fragt ihn, weshalb er den surrealistischen Stil seiner frühen Jahre aufgegeben habe – zugunsten eines eher flachen Naturalismus. Weil er das Grauenhafte in der wirklichen Welt nicht länger glaubte ignorieren zu können, antwortet der Verstorbene. Dann spricht ihn ein Künstlerfreund von einst an und möchte von ihm wissen, warum er es zuließ, daß er in Vergessenheit geriet. Er hätte an einer Synthese von Surrealismus und sozialistischem Realismus arbeiten können. Genau das habe er ja sein Leben lang getan, verteidigte sich der Verstorbene; nur habe dies niemand zur Kenntnis nehmen wollen.

Diese Erzählung *(The Procession)* des 1903 geborenen, heute auf der Isle of Wight lebenden Schriftstellers Edward Upward, des letzten Vertreters des Auden-Isherwood-Spender-Kreises, spiegelt eine Problematik, die für das Verhältnis von Kunst und Ideologie seit der zweiten Hälfte des 19. Jahrhunderts charakteristisch und auch für Upward selbst konstitutiv gewesen ist: Der Künstler zwischen Phantasie und Dogma, zwischen Traum und traumatischer Wirklichkeit.

Als Student im Cambridge der späten zwanziger Jahre rebellierte Upward gegen den dortigen intellektuellen Snobismus. Gemeinsam mit Isherwood entwarf er erzählend eine surreale Gegenwelt, die er ›Mortmere‹ nannte, ein Dorf für Exzentriker, die nur ein ›Prinzip‹ anerkennen: die Anarchie im »Jenseits von Gut und Böse«. In Mortmere scheint alles möglich, auch wenn in dieser morbiden Atmosphäre vergleichsweise wenig geschieht – bis der Erzähler, Edward

Edward Upward, geb. 1903

Hearn, eine Zugfahrt antritt, in deren Verlauf das surreale Geschehen sich vollends verselbständigt.

Ironischerweise schließt der Mortmere-Zyklus mit einer Zugfahrt nach Mortmere, obgleich sich der Leser bereits hundert Seiten lang eben dort befunden hat. Diese abschließende Geschichte, *The Railway Accident*, gehört zu Upwards eindrücklichster Prosa. Hearn weiß, daß sich »alles ändern wird, sobald der Zug anfährt«. Unheilvolle Zeichen gewahrt er bereits auf dem Bahnhof, wo er Züge sieht, deren Waggons ihm wie eine Reihe von Stahlsärgen vorkommen.

In seinem Abteil trifft er auf einen Mitreisenden, der Hearn mit der Frage »Mögen Sie Dichtung?« in ein Gespräch verwickelt, aus dem es kein Entkommen mehr gibt. Diese Reise ins Verhängnis verschmilzt mit dem über Hearn »verhängten« Gespräch, dessen Verlauf mit zunehmender Dauer der Reise labyrinthischer und unheimlicher wird.

Hearns Mitreisender spricht beständig über ein Zugunglück, das von einem Bewohner Mortmeres bewußt herbeigeführt worden sei. Hearn wiederum muß zu seinem Entsetzen erkennen, daß der Verlauf jener geschilderten Fahrt des Unglückszuges genau jener Fahrt gleicht, die sie gerade unternehmen. Wie damals gerät auch Hearns Zug auf ein falsches Gleis:

»Der Expreß hatte die Weichen passiert. Mit einer Zugmaschine versehen, übermäßig in Schwung, legte sich das rasende Maschinenkraftpaket in die Kurve und fuhr mit Gewalt auf den hinteren Teil des Waggons auf, den wir verlassen hatten. Die Waggons schoben sich übereinander wie gewaltsam kopulierende Bullen und wurden zusammengestaucht wie Ventilatoreneinsätze. Nasenhöhlengleiche Lükken in einem Tunnel, verstopft mit Trümmern, fingen sogleich Feuer. Ein schwacher Blutstrahl sprühte aus einem offenen Fenster.«

Aus Erinnerung wird Wiederholung; aus der Schildung des Gewesenen eine neue Realität. Das Erzählen bannt in diesem Falle nicht den Schrecken, es führt ihn herbei. Sein Verfahren ist eine Art »self-fulfilling recollection«.

Upward nannte das 20. Jahrhundert ein verwirrtes Zeitalter, in dem der Mensch nicht zu sich selbst finden könne. Er gehörte zu den zahlreichen Intellektuellen, die im Kommunismus den wirklich überzeugenden Gegenentwurf zum Faschismus erkannt zu haben glaubten. Die surreal geschilderten (oder erdachten) Schreckensszenarios, so Upward, seien durch die Wirklichkeit längst überboten worden. Sein Freund Isherwood kommentierte:

»Er (Upward, R. G.) empfindet, daß diese Art von Literatur (der ›Mortmere‹-Surrealismus, R. G.), die einen dilettantischen Kult aus Gewalt, Sadismus, Bestialität und sexueller Akrobatik macht, besonders anstößig und subversiv in einer Zeit wie der unseren ist – in einer Zeit, welche die ›praktisch‹ angewandte Bestialität von Belsen und Dachau erlebt hat.«

Sich freiwillig selbst des surrealen »Verrats« an der »Wahrheit« der sozialen Verhältnisse bezichtigend, wandte sich Upward der Schilderung der ideologischen Spannungen zu, von denen die dreißiger Jahre geprägt waren. Das wichtigste Ergebnis dieser Wendung war sein Roman *Journey to the Border* (1938), die Beschreibung einer Reise »to the borderline between sanity and insanity«, zwischen wahnhaftem Dogmatismus und vom Prinzip Mitmenschlichkeit bestimmter Hinwendung zum leidenden Arbeiter. Upwards novellistische Bestandsaufnahme des Lebens in den dreißiger Jahren (in England) liest sich wie folgt:

»Sie werden Armut, Unterernährung, Überbevölkerung, Ungerechtigkeit und Verbrechen diagnostizieren. Und dann wird die Vernunft zu ihrem Recht ko.nmen. Sie wird Ihnen eine Zukunft zeigen, die schwarz ist vor Schrecken, sie wird zweifellos beweisen, daß es kein Entrinnen geben kann, daß die Lebensbedingungen sich stetig verschlechtern müssen, daß Unruhen wachsen, Hunger und Tyrannei größer werden und schließlich daß der Krieg die ganze Welt mit Blut überfluten wird.«

Es bleibt das historische Verdienst der britischen Arbeiterschaft, daß sie in dieser Situation der faschistischen Verführung (in Gestalt Oswald Moseleys) nicht erlagen.

Von sozialistischem Realismus zeugt diese Stelle jedoch nicht; vielmehr erinnert sie an die surreale Chaos-Szene des *Railway Accident*. Wichtigstes Stilmittel ist auch hier die Aufzählung, durch die sich der Eindruck des Bedrohlichen verdichtet. Ein Entrinnen von diesen kaskadenhaft sich ergießenden Übeln scheint nicht mehr möglich; die Wirklichkeit hat sich den surrealen Bildern von einst angeglichen.

Für Upward, dessen Prosa laut Stephen Spender H.G. Wells mit dem frühen James Joyce vereinigt, also sozial-utopischen Anspruch mit metaphernreichem innerem Monolog, gab es nur einen Ausweg: die kompromißlose Hinwendung zum Leid der Arbeiterschaft. Dies wurde auch zum Hauptthema von Upwards großangelegtem Genre-Gemälde *In the Thirties* – nach Spender »the most truthful picture of life in that decade«.

Wer sich mit Upwards Prosa auseinandersetzt, gewinnt den Eindruck, daß ihr Verfasser Zola und Lenin mit den Augen André Bretons gelesen hat, nebst einem gerüttelt Maß expressionistischer Literatur. So dogmatisch Upwards »message« auch ist, er blieb immer Künstler genug, um sie in nuancenreichen Variationen zu vermitteln. Auch in seiner Prosa jüngeren Datums hat er seinen klaren Blick auf die sozialen Verhältnisse bewahrt. Seine Erzählung *An Unmentionable Man* beginnt mit einer knappen Bestandsaufnahme, die zu einer pointierten Anklage gegen die (post)thatcheristische Politik im Bereich der Sozialversorgung ausweitet:

»Der Verletzte wurde ins Krankenhaus gebracht, einige Zeit nachdem er überfallen worden war. Aufgrund erheblichen Druckes der Regierung auf die Gesundheitsbehörden, Geld zu sparen, mußte die Zahl der Krankenwagen drastisch gesenkt werden; folglich hatte sich eine erhebliche Verspätung ergeben, bis einer von ihnen ankam und sich des verletzten alten Mannes auf dem Bürgersteig annehmen konnte. (...) Kürzlich war ›im Interesse der Effizienz‹ eine der Abteilungen des Krankenhauses geschlossen worden, so daß der völlig überarbeitete Arzt einen Patienten aussuchen und nach Hause schicken mußte, der allem Anschein nach nicht mehr allzu schlimm dran war, nur um ein freies Bett für diesen Notfall zu haben.«

Upward versteht Sprachkunst als Sozialkritik. Seine Kompromißlosigkeit in dieser Frage hat ihn – sogar unter linken Gesinnungsfreunden – isoliert. In Literatenkreisen ist er deswegen selbst zum »unmentionable man« geworden – bis vor kurzem jedenfalls. Im Anschluß an seinen neunzigsten Geburtstag hat man sich seiner wieder erinnert. Einer der führenden angelsächsischen Literaturkritiker, Frank Kermode, schrieb über Upward, daß sein Urteil über die dreißiger Jahre von beispielgebendem Wert für das sei, was wir aus ihnen lernen können und müssen. Upward habe eine einzigartige Vermischung von wichtigen Stilrichtungen dieses Jahrhunderts geschaffen, von Upward selbst übrigens »hyper-realism« genannt, eine »Überwirklichkeit« bezeichnend, die nicht mit »transcendental realism« oder gar »science-fiction« verwechselt werden darf. Vielmehr scheint mir damit eine Wirklichkeit gemeint, die in ihren politischen und sozialen Manifestationen den einzelnen geradezu überwältigt; er kann dieses »hyper« nicht eigentlich verarbeiten, sondern sieht sich ihm immer wieder von neuem ausgeliefert. Das »Hyper« steht demnach für ein bedrückendes Zuviel an Wirklichkeit. Upward weiß, auch wenn er es sich und seinen Lesern nicht immer eingestand, daß dieses Übermaß an Wirklichkeit auch wohlgemeintes soziales »Engagement« ersticken kann. Entsprechend schwanken seine Erzählfiguren zwischen dem Pathos dogmatischer Selbstüberredung und dem Leiden am eigenen (zuweilen notdürftig überspielten) Ungenügen an sich selbst, bemerkenswert genug, um sich mit ihnen und ihrem Urheber ernsthaft auseinanderzusetzen.

David Gascoyne, geb. 1916

Poetische Synthesen

Über den Lyriker David Gascoyne

Früh wurde er mit Rimbaud verglichen, der spätere Freund Dalís, Max Ernsts, André Bretons, Paul Eluards und Pierre Jean Jouves, der englische Surrealist David Gascoyne, mitten im Ersten Weltkrieg geboren (1916), ein Lyriker und Diarist, der in seinem Werk den Aufstand der Phantasie gegen die sogenannte Wirklichkeit inszenierte. Zutiefst europäisch gesonnen (»I belong to Europe before I belong to England«) und daher in England seit je beargwöhnt, lebt er auf der Isle of Wight, die Insel der Dichter, seit Tennysons Tagen, gleichsam zwischen den Ländern.

Man sagt, er sei seit vierzig Jahren verstummt, was nur insofern zutrifft, als er seit langem kaum eigene Texte veröffentlicht, sondern seine Arbeit ganz auf die Vermittlung der französischen Surrealisten konzentriert hat. Aber er hat nicht nur Breton und Soupault übersetzt, sondern auch Milosz und – schon 1938 – Hölderlin.

Die Begegnung mit Hölderlin, genauer: mit Jouves Hölderlin-Übertragungen, hat Gascoyne wiederholt als sein poetisches Schlüsselerlebnis bezeichnet, das sich in seinem Zyklus *Hölderlin's Madness* manifestierte, ein Zyklus, der in Hölderlin die Verkörperung eines Existierens zwischen Kalkül und Wahn sah, einen in der Welt Vereinzelten:

Between the opposition of the night and day
Between the opposition of the earth and sky
Between the opposition of the sea and land
Between the opposition of the landscape and the road

> A traveller came
> > Whose only nudity his armour was
> Against the whirlwind and the weapon, the undoing
> > > wound,
> And met himself half-way.

Gascoynes lyrischer Surrealismus liest sich als etwas ganz und gar Natürliches, als Produkt einer Welt der Gegensätze: »The lighthouse beam stabbing the rainy night.« Die Dinge in seinen Gedichten sind ebenso versprengt wie die Menschen. Von »ermüdeten Vorhängen« ist die Rede und von »explodierenden Geranien« und anderen »erdrosselten Blumen«.

Die Metaphern-Bildung in diesen Gedichten vollzieht sich nach dem Prinzip: Das Entlegene, Unvereinbare zusammenbringen. So kommt »arktische Wärme« zustande und eine »feathered hour«, eine gefiederte Stunde, die den Uhren der Welt spottet.

Triumph des Surrealen über die Naturgesetze: »My ears grow out of my feet / And they hear all the sounds underground.« Doch Gascoyne poetische Synthesen haben nichts Begütigendes, Schlichtendes. Sie sind sprachliche und inhaltliche Zerreißproben.

Was sein Gedicht *Zero* vom September 1939 auf den Begriff brachte, bestätigen auch die Pariser Tagebücher aus jener Zeit: Gascoyne hatte erkannt, daß der Wahnwitz der faschistischen Machtpolitik die kühnsten Phantasien des Surrealismus zu überbieten im Begriffe war: Der 1. September 1939 war für ihn die »Stunde Null«, nicht mehr »gefiedert«, sondern »tomb of what was«, ein Rubicon zum Gräberfeld. Gascoyne verabschiedete sich erst in diesem Gedicht unter dem Eindruck der über Europa hereingebrochenen Katastrophe von seiner jahrelang eingeübten surrealistischen Bildlichkeit. Sie hatte jetzt nüchternem Pathos zu weichen: »Who can by now not hear / The hollow and annihilating roar / Of final disillusion.«

Gascoynes Nachkriegsgedichte suchen nach neuen Synthesen aus Überresten; sie experimentieren mit erotischen und religiösen Motiven, mit Bruchstücken einer großen Vision, die sich in einem Tagebucheintrag vom Mai 1938 noch emphatisch ausdrücken ließ:

»Die Kraft der Dichtung allein erlöst die Welt und vereinigt die blinden, verwirrten und zerstückten Elemente der alles umfassenden Erfahrung (...). Die oberste Aufgabe: jene des Synthese-Schaffens. Wie zündet man sie an, die Lötflamme?«

Doch diese »Flamme« war außer Kontrolle geraten: Statt zu löten, verschlang sie die »confused elements«.

In verschiedenen lyrischen Anläufen bemühte sich Gascoyne fortan um eine erneuerte *religio poetae* (so der Titel eines programmatischen Gedichts aus den späten vierziger Jahren); doch konnte sie nicht überzeugen, am wenigsten ihn selbst. Dagegen fand er in einem späten Gedicht, seinem elegischen *Prelude to a new Fin-de-Siècle*, zu einem eindringlichen Ton lyrischer Wesentlichkeit, der vor allem durch Fragen gekennzeichnet ist: »The time has come. We're on the very brink / Of what?« Und weiter: »If this is a poem, where are the images? / What images suffice?« Gascoynes poetische Antwort auf die »dürftige Zeit« ist das sich selbst in Frage stellende Gedicht, das sich »essence« und »minimum« beschränkt, wissen »That only Silence such as God's could say the Whole.«

Freilich – bei allem Wissen um die Scheinhaftigkeit des »metaphysischen Trostes« durch die (Sprach-)Kunst, um die zu vielen in Umlauf gebrachten und damit entwerteten Worte und um die Zweifel über den Sinn poetischer Aussagen bleibt das elementare Verlangen des Lyrikers nach dem unverbildeten Aussprechen von sich aufdrängenden Bildern: »And yet I yearn to end by trying to evoke / A summer dawn I saw when I was not yet eight.«

Mit Dylan Thomas und George Barker darf David Gascoyne als einer der maßgeblichen Lyriker Britanniens gelten, die neben (und gegen) T. S. Eliot und W. H. Auden zu ihrem eigenen Ton finden konnten.

Doris Lessings stille Revolution

I

In ihren Romanen findet sie statt, »die stille Revolution, die auf der nüchternen und genauen Beobachtung unserer selbst, unseres Verhaltens und unserer Fähigkeiten basiert«, wie Doris Lessing, die Anarchin unter den englischsprachigen Schriftstellern, ihre novellistische Rebellion selbst beschrieben hat. Wogegen aber rebelliert diese Schriftstellerin? Gegen die Degradierung der Phantasie, gegen die zunehmende Herzlosigkeit unter den Menschen und gegen ein Denken, das sich mit den Kategorien Soll und Haben begnügt.

Es ist kein Geheimnis, daß Doris Lessing im eigenen Land als Schwarzseherin gilt, als Spielverderberin gar, weil sie mit ihren in letzter Zeit immer bedrückender werdenden Romanen, zu nennen wären *Die Terroristin* und *Das fünfte Kind*, aus dem Rahmen des literarischen Establishements in Britannien fällt, das sich noch immer am liebsten in artifiziellen Geplänkel und gespielten Aufgeregtheiten übt und vor existentiellen Fragen eher zurückschreckt.

Allein zu stehen, das Gefühl von ständiger Fremdheit ertragen zu können und dennoch in einem umfassend sozialen Sinne wirken zu wollen, das hat die in Persien als Tochter eines britischen Kolonialoffiziers geborene und in Rhodesien aufgewachsene Doris Lessing nach ihrer Übersiedlung nach England (1949) zu lernen begonnen, wo sie zunächst vor dem Nichts stand. Aber es sind die Jahre in Rhodesien gewesen, die sie entscheidend geprägt haben: sie erlebt den physischen und psychischen Verfall des Vaters, die wachsende Verbitterung der Mutter über ihr ödes Dasein in einem

Land, das ihr nichts bedeutete, sowie das Zerbrechen persönlicher Beziehungen. Neben ihren Romanen *Afrikanische Tragödie* und *Das goldene Notizbuch*, mit denen ihr in den fünfziger Jahren der literarische Durchbruch gelang, zeigte Doris Lessing vor allem in *Martha Quest*, welche Abgründe sich vor ihr aufgetan hatten. Über Martha, für über siebzehn Jahre ihre fiktive Vertraute, befand sie: »Sie litt im Grunde an der Art moralischer Erschöpfung, die daher rührt, daß sie eine Menge Fakten sieht, ohne ihre Ursachen zu erkennen, daß man sich selbst als isolierte Menschen sieht, als Menschen ohne Woher und Wohin. Doch da die eigentliche Bedingung für ihre Rebellion, da ihr wahres Sein dieser treibende Individualismus gewesen war, was konnte sie tun?«

Wieder läuft alles auf den Begriff der Rebellion hinaus: im Falle der Martha Quest gegen den Rassismus und den britischen Kolonialismus, aber gleichzeitig auch gegen die eigenen Schwächen. In vier weiteren Bänden hat Doris Lessing die Entwicklung ihres novellistischen *Alter ego* weiterverfolgt und untersucht, wie sich die Qualität dieser Rebellion in Martha Quest veränderte: zunächst erprobt sie sie in einer jüdisch-kommunistischen Wohngemeinschaft (*Eine richtige Ehe*, 1954), nimmt Maß an den Problemen Rhodesiens und droht angesichts ihrer Übermächtigkeit diese Widerstandskraft zu verlieren (*Sturmzeichen*, 1958), gerät in eine Phase völligen Leerlaufs (*Landumschlossen*, 1965) und gelangt schließlich nach London, wo sie, Martha Quest (ihr Name bedeutet »Suche«), in ihrem Widerstand gegen die nukleare Bedrohung und die Gefahr einer sich vom Menschlichen immer weiter entfernenden Wissenschaft über sich selbst hinauswächst und zu einer Kassandra wird, die um ihre Botschaft willen alle anderen Bindungen von sich abstreift: »Alle Welt ist wie geblendet und von der näher rückenden Aus-

Doris Lessing, geb. 1919

löschung, wie ein Tier hypnotisiert ist von dem mächtigen Gedröhne eines Autos« (*Die viertorige Stadt*, 1969).

Nie hat Doris Lessing ein Hehl daraus gemacht, daß sie ihr Schreiben als »Engagement« betrachte, aber nicht im hohlen pathetischen, sondern im praktischen Sinne des Wortes: sie hat sich für die Schwarzen in Rhodesien ebenso verwendet wie für die Frauen und Kinder der Flüchtlinge aus Afghanistan. Ihr »Bericht aus Afghanistan«, der unter dem Titel *Der Wind verweht unsere Worte* im Jahre 1987 erschienen ist, liefert ein beeindruckendes Zeugnis ihrer Hingabe für die Sache eines um freie Selbstbestimmung ringenden Volkes.

Ihr Werk beweist jedoch nicht minder, daß Literatur auch immer noch etwas mit schöpferischer Phantasie zu tun hat. Im besonderen zu erwähnen ist ihr dem Martha-Quest-Zyklus gegenüberstehendes, zwischen 1979 und 1983 entstandenes vierteiliges utopisches Epos *Canopos in Argos*, dem sie die Gattungsbezeichnung »Archiv« gab und das sie als Ort versteht, an dem Kulturen, Empfindungen und Zeiten miteinander verschmelzen. Dem Unverbundenen und Zusammenhanglosen aber, für Virginia Woolf einst das Gütesiegel eines modernen Romans, hat Doris Lessing nie etwas abgewinnen können. Selbst wenn sie das Zerfallen der Lebensordnung beschreibt, wie in den *Memoiren einer Überlebenden* (1975), beharrt sie auf dem Zusammenhang des Erzählten. Man könnte sogar behaupten, daß ihr Festhalten an der relativen Geschlossenheit ihrer Handlungen ein Ausdruck ihrer Rebellion oder besser: ästhetischen Widerstands gegen den Zerfall des Sozialgefüges und seiner Moralität ist.

Ins Kosmische gesteigert, verwandeln sich diese Zusammenhänge in *Space-fiction:* so Doris Lessings eigene Charakterisierung ihrer novellistischen Utopien. Sie reizt es zu beschreiben, »wie uns vielleicht ein Besucher von einem anderen Planeten sehen würde«: als geborgenheitsbedürftige Wesen, die sich nach erfüllenden Beziehungen sehnen. Entsprechend ließe sich ihre Leidenschaft für die *Space-fiction*, jene Raum und Zeit übergreifende, Kulturen verschmelzende Erzählkunst, als ihre Antwort auf jene Sinnkrise verstehen, deren bedrohliche Ausmaße Doris Lessing zu einem Hauptthema ihrer Prosa erklärt hat. Denn mit ihrer Vision von umfassender Kommunikation möchte sie neuen Sinn stiften, der auch dabei helfen soll, unsere an Bedeutungsmangel krankenden Wörter zu heilen und ihnen neue Verbindlichkeit zu verleihen.

Dieser Utopie jedoch steht die nüchterne Welt einer Martha Quest oder einer Jane Somers gegenüber, jener anderen bedeutenden Frauengestalt, die Doris Lessing in den achtziger Jahren geschaffen hat (*Das Tagebuch der Jane Somers*, 1983, und *Die Liebesgeschichte der Jane Somers*, 1984). Jane fühlt sich zu einer alten, krebskranken, in einem Londoner Armenviertel lebenden Frau hingezogen und entschließt sich, diese in menschenunwürdigen Verhältnissen dahinvegetierende Kranke bis zu ihrem Tod zu pflegen. Von dieser Art Selbstüberwindung ist auch Harriet geprägt, die sich letztlich doch nicht entschließen kann, ihr »fünftes Kind« zu verstoßen: eine widerliche, dumpfe, monströse Kreatur, die das bis dahin glückliche Familienleben zerstört. Es sind diese Konflikte, Ängste und Nöte, die Doris Lessing auf ihrer Suche nach dem Humanen nicht müde geworden ist zu beschreiben.

II

Auch in ihrem Roman *Die Terroristin* (1986) hatte Doris Lessing das Destruktive zum Thema gemacht. Sein provokativer Inhalt lohnt eine genauere Betrachtung:

Erst besetzt eine linksradikale Splittergruppe ein zum Abbruch bestimmtes Haus in einem verkommenen Stadtteil Süd-Londons, setzt es instand, zerstreitet sich über die Frage, ob es ein Zeichen von Faschismus sei, wenn man Vorhänge im Haus anbringe, findet wieder zusammen, nimmt an Demonstrationen gegen die Regierung Thatcher teil und inszeniert dann unter dem Einfluß einer kaltherzigen, ursprünglich nicht der Gruppe zugehörigen Terroristin einen blutigen Anschlag.

Die »Kommunistische Zentrumsunion«, so lautet der Name der Gruppe, vereinigt, wie könnte es anders sein, einige Söhne und Töchter durchaus zahlungskräftiger Eltern; wir begegnen ausgesprochenen Einzelgängern, die an Nietzsches Vorstellung vom »bleichen Verbrecher« erinnern, und machen Bekanntschaft mit lesbischen, homo- und heterosexuellen Pärchen.

Hatte Doris Lessing in ihren *Memoiren einer Überlebenden* novellistisch zu untersuchen versucht, ob ein neu zu findendes Gemeinschaftswesen den Zerfall unserer Gesellschaftsordnung aufhalten könnte, so deutet sie in *Die Terroristin* bestimmte Formen der Gemeinschaft als Quelle von Mißverständnissen und als mögliche Brutstätten der Gewalt.

Wie belehrte uns einst Ricarda Huch über Michail Bakunins Verständnis von Anarchie? »Gelegentlich«, schrieb sie, »definierte er die Anarchie als freie Initiative freier Individuen in freien Gruppen oder allseitige Entwicklung aller aufgrund der frei organisierten Arbeit.«

Von Freiheit aber ist in der »Kommunistischen Zentrumsunion« um Alice Mellings, die »gute Terroristin« (wie der englische Romantitel heißt), kaum die Rede. Freiheit wird als das persönliche Recht auf Launen mißverstanden. Die Aktionen der Gruppe, von der Teilnahme an Demonstrationen über die Kontaktaufnahme mit der IRA und dem KGB bis zum blutigen Terroranschlag, wirken eher zwanghaft. Eine Studie in Gruppenpsychologie hat Doris Lessing verfaßt, der Frage nachgehend, wie Gewalt entstehen kann. Ihre Antwort lautet: indem das Gute lächerlich gemacht wird, indem Zynismus, der sich aus Verdrossenheit, Langeweile und Überdruß zusammensetzt, das Menschliche vergiftet und indem eine auf diese Weise negativ aufgeladene Atmosphäre sich entlädt.

Zunächst verkörpert Alice Mellings den guten Geist hinter der immer böser werdenden Sache. Unablässig arbeitet sie für das materielle Wohlergehen der Gruppe; sie verhandelt mit den Behörden, beschafft Geld, wahlweise ihre Mutter um Unterstützung bittend oder ihren Vater bestehlend (beide leben seit Jahren getrennt); sie kocht Suppe, während die anderen politische Diskussionen führen. Doch sie sieht sich mehr und mehr dem Spott der anderen ausgesetzt. Trotzig bescheinigt Alice Mellings sich selbst: »Aber ich bin eine Revolutionärin.«

Anfangs genoß sie Ansehen, ja Macht innerhalb der Gruppe; ihre Tatkraft überzeugte die anderen. Schließlich jedoch wehren sie sich gegen Alices Versuch, ihre Gruppe in eine heile Welt, in eine Großfamilie umzuwandeln. Alice jagt der Geborgenheit hinterher, die sie einst in der Kindheit empfunden hat. Und obgleich sie die Familie als eine faschistische Einrichtung verwirft, sehnt sie sich danach, mütterlich zu wirken. Die Gruppe jedoch läßt dies nicht auf lange Zeit zu; in Alices Augen verödet sie. In sehr leidvollen, harten Auseinandersetzungen mit ihrer Mutter, die zum Alkoholismus neigt, beginnt Alice gleichzeitig auch den Glauben an ihre Kindheit zu verlieren.

Schließlich verläßt Pat, Alices einzige Freundin, die Gruppe, um sich vom KGB als Agentin ausbilden zu lassen.

Jasper, homosexueller Freund, will ihr keine Stütze sein, und Philip, für einige Zeit ihr Vertrauter, nicht mehr als ein schmächtiges Häufchen Elend, kommt bei einem Unfall ums Leben. Aber nur Alice kennt das Wort »Selbstkritik«; immer wieder setzt sie sich Diskussionen mit ihrer Mutter aus, die ihr vorwirft, durch ihr intolerantes Verhalten habe Alice sie gesellschaftlich völlig isoliert. Keine Bekannte, die von Alice nicht als »faschistisch« beschimpft worden sei.

Dennoch wird im Roman nicht erkennbar, ob Alice wirkliche Konsequenzen aus ihrer zumindest ansatzweise geübten Selbstkritik zieht. Zwar verabredet sie sich am Ende mit einem Agenten des britischen Geheimdienstes – um für ihn in der englischen Terrorszene zu spionieren? Das bleibt offen.

Doris Lessing versteht in ihrem Roman den Terrorismus und die Anarchie als eine neue Variante des Nationalismus. Alice und ihre Genossen betonen nicht das Internationale ihrer konzeptlosen Revolutionsphantasien, sondern ihr Englischsein. »Wir sind *englische* Revolutionäre«, lesen wir wiederholt.

Anarchie, das sei das »entfesselte Volksleben«, urteilte Bakunin; und jene in Alices Gruppe, die intellektuell etwas auf sich halten, betonen denn auch immer wieder, daß die französische, russische und chinesische Revolution nationale Ereignisse waren mit Signalwirkung für andere Nationen. Terrorismus und übersteigerter Nationalismus gehen seit über einem Jahrhundert weltweit Hand in Hand.

Doris Lessing zeigt Menschen, die im Verbrechen Selbstbestätigung suchen, sie aber nicht finden. Sie vegetieren dahin; in ihrem Leben kommt der Sinn nur als ein Zufallsprodukt vor. Was erhoffte sich der Ur-Anarchist Bakunin von der Anarchie? Daß aus ihr Freiheit, Gleichheit, Gerechtigkeit und eine neue Ordnung hervorgehen sollten. Doch für die Menschen um Alice ist das Nichts die zu gebärende Weltordnung. Für andere Ordnungen kommt jeder Impuls zu spät, weil die nackte Gewalt selbst die Keime des hoffnungsvoll Neuen mitzerstört hat.

Und Alice selber? »Zu Hause war Alice ein braves Mädchen, eine gute Tochter, und das zu sein hatte ihr immer Spaß gemacht.« Jetzt ist aus ihr eine Bewohnerin der städtischen und seelischen Öde geworden, eine Prophetin in der Wüste ohne Prophezeiung, die sie zu verkünden wüßte. Ein Mensch, der glauben will und doch, wo immer er hinsieht, Fratzen des Nichts vor Augen hat.

III

Er schreibe, um das Lügenhafte in der Welt bloßzustellen, vermerkte George Orwell im Jahre 1947; damit bekannte er sich ausdrücklich zu jener aufklärerischen Tradition in der britischen Literatur, die das ästhetizistische Dandytum, das Oscar Wildes ketzerischen Dialog *Der Verfall des Lügens* (1889) zu seinem Manifest erklärt hatte, als Verrat an der Sache der Humanität bekämpfte. Doris Lessing bekennt sich zur aufklärerischen Funktion des Intellektuellen und widerlegt mit ihren Romanen ebenso wie mit ihren Essays das gängige Vorurteil, daß die kritische Vernunft in der Literatur zu Trockenheit im Stil und zu langweiligem Moralisieren führen müsse.

Mit Orwell hat Doris Lessing dreierlei gemeinsam: Wie er liebt sie den Ausflug in die *science-fiction*, die sie als Gegenwartskritik und als »analytischen Zukunftsentwurf« versteht. Mit Orwell glaubt sie, daß Literatur dazu beitragen müsse, das Gewissen der Menschheit zu schärfen; und darüber hinaus teilt sie seine Freude an der Literatur des 19. Jahrhunderts. Sie bewundert die Leidenschaftlichkeit, die aus Stendhals Prosa spricht, die sprachliche Präzision eines Charles Dickens und die epische Kraft Tolstois. Aber am stärksten fühlt sie sich der Welt des vergangenen Jahrhunderts verbunden, weil sie noch über weitgehend festumrissene Moralvorstellungen verfügt hat. Denn »es geht nicht nur darum, das Böse zu verhindern, sondern darum, eine Vision des Guten, welche das Böse besiegen kann, zu entwerfen«. Doris Lessing, die unbeirrbare Anwältin des kategorischen Imperativs in der Literatur, hat oft genug den Spott der literarischen Schickeria Englands zu ertragen gehabt, die beständig Exzentrizität mit wirklichem Engagement zu verwechseln pflegt und daher den Mangel an Snobismus für etwas Unverzeihliches halten muß.

Zu Doris Lessings »Vision des Guten« gehört vor allem die Kultivierung menschlicher Beziehungen, womit sie die Kunst gleichzeitig auch als eine Art Beziehungszauber deutet und als einen Ort seelisch-geistiger Regeneration, aber ebenso als einen Stein des Anstoßes. Als Schriftstellerin arbeitet sie gegen die um sich greifende Gleichgültigkeit unter den Menschen wie gegen die Verhöhnung des mitmenschlichen Denkens und Handelns, die nicht nur sie der britischen Gesellschaft der achtziger Jahre zum Vorwurf macht.

Sie sieht sich als Künstlerin in einer ausgesprochen dienenden Rolle, »weil man sich stellvertretend für viele Menschen artikuliert und dabei ständig und unsichtbar von jenen, die sprachlos sind, zu denen man gehört und denen man verantwortlich ist, genährt wird«. Gleichzeitig aber weiß sie, wie es in ihrem Nachwort zu Olive Schreiners Buch *Geschichte einer afrikanischen Farm* heißt, daß »der wahre Roman am Rande des Verstehens kämpft«.

Trotz Doris Lessings nachhaltigem sozialen Einsatz in verschiedenen Bereichen zeigen ihre Essays jedoch auch, daß sie die »Distanz gegenüber Massenemotionen und sozialen

Bedingungen« für eine wesentliche Voraussetzung ihres Schreibens hält, einen kreativen Abstand also, dessen andere wichtige Aufgabe es ist, »uns in die Lage zu versetzen, uns selbst so zu sehen, wie andere uns sehen«: eine Verfahrensweise, deren sich auch die Aufklärer des 18. Jahrhunderts bedienten.

Ihre Essays etwa, die Wandlungen und Konstanten im Denken Doris Lessings während der letzten dreißig Jahre nachvollziehbar machen, lassen die schweren inneren Konflikte erkennen, die in der einst überzeugten Sozialistin aufkamen, als sie die Ausmaße des moralischen Bankrotts des Stalinismus abzuschätzen lernte, der bekanntlich nicht das geringste zu tun hatte mit der »Sehnsucht nach Güte und Mitgefühl«, die aber in ihrer ursprünglichen Lesart des Sozialismus eine ausschlaggebende Rolle gespielt hatte. Die Essays vermittelt auch einen Eindruck davon, wie schwer es der Verfasserin des *Goldenen Notizbuches* gefallen ist, ein für sie zentrales Problem zu lösen: Einerseits behauptet sie, daß man ohne Glauben nicht engagiert sein könne, andererseits ist sie immer Aufklärerin genug gewesen, um diesen Glauben, der nur allzu leicht ins Ideologisch-Dogmatische abgleiten kann, zu durchschauen. Schließlich entschied sie sich für Glaubenskritik – und das im Namen der Menschlichkeit mit einem für sie typischen, entwaffnend schlichten Argument: »Wahre Gläubige lachen nicht... Lachen ist eine Macht, und nur die zivilisierte, die emanzipierte und freie Person kann über sich selbst lachen.« Und: »Fanatiker lachen nicht über sich selbst, Lachen ist *per definitionem* ketzerisch, wenn es nicht einem Gegner oder Feind gegenüber als Grausamkeit benutzt wird.«

Im gleichen Atemzug plädiert sie für einen »bewußten Schritt in die Objektivität, weg vom wilden Emotionalismus«. Dabei beschäftigt sie immer mehr die Frage, wie kommende Generationen uns sehen werden; denn die Frage nach unserem Erscheinungsbild bezeichnet Doris Lessing als einen Teil unserer existentiellen Verantwortung. Im Bereich des Politischen bedeutet das, die Qualität des Erreichten zu prüfen, ohne es von vornherein zu verteufeln: »Wir sind jetzt fast soweit«, beklagt sie, »daß jemand, der die Demokratie schätzt, als Reaktionär denunziert wird.«

Literarisch besagt diese Verantwortlichkeit vor der Zeit, in der wir leben, daß wir wieder bewußter mit der Sprache umgehen, ohne uns dabei grundsätzlich vor anscheinend so abgegriffenen Worten wie »gut« und »böse« zu verschließen, da sie zumindest noch den Anspruch erheben dürfen, eine verpflichtende Erinnerung an den einstigen Willen zur Moralität zu sein.

In einem ihrer bewegendsten Essays, das Zeugnisse von geradezu zolahafter Zivilcourage und femininer Empfindsamkeit vereinigt, befaßt sich Doris Lessing mit der Tochter des Priamos und Schwester der Mahner aller Epochen: Kassandra. In seiner Intention ist er durchaus mit Christa Wolfs Arbeit am Kassandra-Mythos verwandt (und zur gleichen Zeit wie diese entstanden); die bohrende Frage, die beide mit Kassandra verbinden, lautet in Doris Lessings Worten so: »Warum machen wir immer weiter Dinge, von denen wir wissen, daß sie uns, vielleicht unwiderruflich, schaden werden? Was ist mit uns los?«

Chatwin

Je dus voyager, distraire les enchantements
assemblés sur mon cerveau.

Rimbaud, Une Saison en Enfer

I

Im Englischen dürfen Essays wie übrigens auch Briefe (Gedichte ohnehin) mit *Ich* beginnen. Am besten führt man Essays mit Anekdoten ein oder mit dem Bericht über eine Begegnung. Als ich vor einigen Wochen... Erst dieser Tage fiel mir wieder ein Buch von...

Schriebe ich diesen Versuch über den 1989 im Alter von knapp neunundvierzig Jahren verstorbenen Schriftsteller Bruce Chatwin auf englisch, begänne ich ihn wohl folgendermaßen: Begegnet bin ich ihm nie. Aber seinem Namen kam ich eigenartig nahe. Man könnte sagen, ich habe in seiner Namensverwandtschaft gewohnt. Das klingt vertrakt. Ich muß mich erklären. Chatwins Bücher erschienen zu einer Zeit, als ich in Chetwynd Road wohnte. Etymologisch sind wir mithin verwandt gewesen. Chatwin hat in einem Aufsatz für die *New York Times* selbst darauf hingewiesen. Chatwin, schrieb Bruce, leite sich – nach Auskunft seines fagottspielenden Onkels Robin – vom angelsächsischen »chettewynde« her, was so viel wie »sich schlängelnder, sich windender Pfad« bedeute.

Bruce Chatwin, Archäologe, Anthropologe, Ethnologe, einst bei Sotheby's für die Abteilung »Impressionismus« tätig, dann bei der Sunday Times, Chatwin, der schreibende Nomade, behagte diese Etymologie seines Namens. Mich verwirrte sie eher; denn meine Straße im Nordwesten Lon-

Bruce Chatwin (1940-1989)

dons »wand« sich keineswegs; sie verlief schnurgerade, wenngleich für Londoner Verhältnisse erstaunlich ansteigend, zwischen spätviktorianischen Häusern. Freilich besagt das nichts. Vor der Bebauung der Parliament Hill Fields, so hieß mein Bezirk, mag sich hier durchaus ein Weg geschlängelt haben, entlang eines launischen Wasserlaufs, der heutzutage unterirdisch sein die ohnehin schwachen Fundamente aushöhlendes Unwesen treibt.

So, wie gesagt, ließe sich ein englischer Essay über Chatwin einleiten. Auch für seine deutsche Version gilt: Ich bin Chatwin *leider* nie begegnet, einmal beinahe; aber es gibt ja einen eigentümlichen Reiz von Beinahe-Begegnungen, von Beinahe-Berührungen, von Noch-nicht-Situationen. Nicht einmal von ferne habe ich ihn gesehen, so wie man nicht umhin kann, Ted Hughes zu sehen oder Harold Pinter oder Salman Rushdie, der in seinem Versteck, das ihn vor dem möderischen Bannfluch der *fatwa* schützen soll, sichtbarer und in seiner Zivilcourage präsenter ist als mancher Politiker, nein, Bruce Chatwin wirkte zu Lebzeiten schon eher wie ein Gerücht, wie eine Erscheinung aus anderer Zeit, ein Wahlverwandter des Lawrence of Arabia und von D. H. Lawrence, ein hochkultivierter Globetrotter, der im 19. Jahrhundert vermutlich Kolonialoffizier geworden wäre, sein Patent aber für Forschungsreisen genutzt hätte.

In Chatwins jungen Jahren aber hatte Indien aufgehört, *das* Kronjuwel Großbritanniens zu sein; das Empire hatte sich zu einem Commonwealth unabhängiger Staaten umgeformt. Das britische Weltverständnis, das jahrhundertelang mit britischem Selbstverständnis identisch gewesen war, kollabierte zwar nicht ganz; es ›agonierte‹. Der vierjährige Chatwin führte Fremde für drei Pennies pro Person in Stratford-upon-Avon an ein Grab, das man bis heute, von diver-

sen sich widersprechenden Forschungsergebnissen unange-
fochten, für Shakespeares Grab hält. Was auf dem Grabstein
stand, hatte er auswendig zu lernen: »Gesegnet sei der
Mensch, der diesen Stein verschont, / Verflucht sei der, der
meine Knochen holt.«

Später sollte sich der Student der Archäologie dieser Zeilen erinnern und sein knochenfreilegendes Studium aufgeben. Ein hartes Los beschied ihm schließlich eine Erkran-
kung des Knochenmarks, die zu seinem Tod führte. Eine
mysteriöse, mythenumrankte Krankheit: Eine Version besagt, daß er sie sich in einer Fledermaushöhle in China
zugezogen hatte; eine andere, daß sie vom Verzehr eines tausend Jahre alten Eies, gleichfalls in China, herrührte.

Chatwin – oder der Mythos vom Dichter in ernüchterter
Zeit. Als Schriftsteller wurde er zum Nomaden. Er konnte
sein Verschwinden inszenieren, führte aber stets seine
Sammlung Telephonnummern bei sich, um, wie Salman
Rushdie berichtet, von den entlegensten Motels in Austra-
lien irgendwelche Freunde anzurufen. Rimbaud war ihm
wichtig. Bis zuletzt beschäftigte er sich mit dessen Dichtungen, namentlich mit der *Saison en Enfer*, der »Zeit in der
Hölle«, Rimbauds letzter Dichtung. Bei aller Sehnsucht
nach dem Ursprünglichen, nach den Mythen und ersten Geschichten, durch die ›Welt‹ entstand, wußte Chatwin, was
Rimbauds Satz »Il faut être absolument moderne« bedeutet:
Man muß sich gerade als Schriftsteller dem Heute stellen,
auch wenn man das Gestern beschreibt.

Was Chatwin schrieb, war dokumentarische Fiktion, gelegentlich fiktive Dokumentation, bestehend aus unaufhörlichen Erkundungen – in der Welt Patagoniens, wo es
Landstriche von betörender Kargheit gibt, die glauben läßt,
hier sei das Nichts Landschaft geworden. Erkundungen in
der Welt der Aborigines, der Tiefe des fünften Kontinents,

wo Chatwin nicht Steppe, nicht Eintönigkeit fand, sondern Lieder, *Songlines*, Traumpfade.

Sein Buch *Songlines* (1987) beschreibt im Grunde einen orphischen Mythos und überträgt ihn auf die Aborigines: Die Entstehung von Kultur durch Gesang. Singend benannten die Ureinwohner Australiens die Dinge. Singend tradierten sie Geschichten, die sich teilweise bis heute erhalten haben. Singend vermaßen sie ihr Territorium und wurden mit den Widrigkeiten des Lebens und der elementaren Gewalt der Natur fertig. Daß Chatwin, indem er *Songlines* schrieb, selbst »singende Prosa« verfaßte und mithin »Sänger« wurde, versteht sich – trotz aller sympathischen Ironie, mit der er seine »Erkenntnisse« zu würzen verstand.

Ich konnte nicht umhin, beim Lesen der *Songlines* an Rilkes 1912 geschriebene Etüde in Prosa *Über den Dichter* zu denken. Die Etüde handelt von einem unter vielen Ruderern, der in unregelmäßigen Abständen zu singen begann, dann, als sich »in ihm ein Überschuß« – an Kraft, Lust, Anstrengung gesammelt hatte. Singend überwand er das Elementare, den Widerstand des Wassers; singend half er den anderen Ruderern, die keinen Gesang zu bilden vermochten. Rilke sah in diesem singenden Ruderer das Sinnbild des Dichters, dessen Stimme eine »Beziehung zum Weitesten« unterhielt. Chatwin schien einen solchen »Überschuß« nomadisierend in sich angesammelt zu haben. Im Unterschied zu Rilkes Etüde jedoch sah er in jedem der Aborigines einen »Sänger« und buchstäblich naiven Künstler.

II

Was mache ich hier. Mit dieser Frage ohne Fragezeichen betitelte Chatwin sein letztes Buch, dessen Erscheinen er nicht mehr erlebte. Wer so fragt: Was mache ich hier – meint im

Grunde: Was soll ich hier (noch). Der Nomade hat kein Hier. Sein Tun besteht im Weiterziehen. Und der Schriftsteller? Zieht von Geschichte zu Geschichte, von Begebenheit zu Begegnung. Im Falle Chatwins mit Malraux und Ernst Jünger, mit den Bildkünstlern Howard Hodgkin und Donald Evans, mit Werner Herzog und dem südafrikanischen Komponisten Kevin Volans, dessen viertes Streichquartett die *Songlines* zum Thema hat. Mit Chatwin der Wolga entlang, mit ihm das Mysterium der Pampa entdecken, mit ihm Noël Cowards letzter Partygast sein: Seine Essays sind erschriebene Orte der Begegnung und Durchgangsstationen.

Mit Malraux erörterte Chatwin die Frage, bis zu welchem Zeitpunkt in der Geschichte sich England »merry« nennen konnte – froh, unbeschwert. Mit Jünger besprach er sich über Insekten und die Kältegrade des Beobachtens. Über Donald Evans berichtete er, weil ihn dessen Kunst, Aquarelle in Briefmarkengröße herzustellen, quasi als »Fenster zur Welt«, faszinierte. Chatwin interessierte sich für den »Sammler und die Seinigen«, für seine Motive und das Problem, ob eine Sammlung selbst Kunstwerk sein könne. Ein Kritiker hat bemerkt, daß in Chatwins Essayband das Adjektiv »rein« immer wiederkehre. »Rein« versteht sich auch als Anspruch für Sammlungen; *reines* Sammeln im Gegensatz zu willkürlichem Horten. Das gilt, folgt man Chatwins Essays, für Eindrücke und Dinge, vor allem aber für die Sprache. Auch dieser Anspruch zeigt Chatwin als einen Kenner Rimbauds: »O pureté! pureté!« in seiner *Saison en Enfer* aus. Reinheit als Wort für klärende Einsicht – bei Rimbaud ins Verhängnis seines Lebens, bei Chatwin in anthropologische Phänomene wie dieses: »Der Mensch singt und sein Gesang hallt in der Welt wider. Die erste Sprache war Gesang.« Dieses Phänomen *mußte* Chatwin für wahr halten, um seine *Songlines* schreiben zu können. Es handelt sich mithin um die poetische Wahrheit über eine anthropologische Möglichkeit, allenfalls Wahrscheinlichkeit.

Ein Jahr vor seinem Tod veröffentlichte Chatwin seinen Roman *Utz*, die Geschichte eines jüdischen Sammlers von Meißner Porzellan-Figuren. Selten genug, daß ein englischer Autor über ein mitteleuropäisches Ambiente schreibt und dessen Herzland, Böhmen, das aus der Perspektive des Shakespearschen *Wintermärchens* nun einmal am Meer liegt. Am Meer der Imagination, müßte man ergänzen. Kaspar Baron Utz, dessen Schloß »im Sozialismus abhanden gekommen« ist, lebt in Prag vor und nach dem achtundsechziger Frühling in einer heruntergekommenen Zweizimmerwohnung mit seinen Porzellan-Figuren und seiner Haushälterin Marta (in dieser Reihenfolge!). Reisen darf er einmal im Jahr für einen Monat: über die Schweiz, wo er sein Geld angelegt hat, nach Vichy, wo er gesunden soll, um fit für seine Porzellan-Figuren zu bleiben. Der Roman ist eine Art Register-Arie über seine porzellanen Eroberungen. (Daß er überdies reihenweise »füllige Operndivas« zu betören wußte, glaubt man ihm weniger.)

Utz' Wege sind chatwinhaft »verschlungen«, unergründlich. Er kann Spion sein oder einfach ein Exzentriker, den die Prager Machthaber als einzige Orchidee im ideologischen Grau gewähren ließen. In jedem Fall ist er ein Vertreter des »Prinzips Porzellan«, als dem »Gegenmittel gegen Verfall«. Und doch weiß er: »Dinge sind der unveränderliche Spiegel, in dem wir unsere Auflösung beobachten. Nichts läßt einen mehr altern als eine Sammlung von Kunstwerken.« Eine Utzsche, eine Chatwinsche Wahrheit, aus der die ganze Ambiguität des Sammlers gegenüber seiner Sammlung spricht. Der subtil vorgetragene Kontrast war Chatwins Stärke, ob er über die Unterschiede bei Zwillingen schrieb oder über sein zwiespältiges Verhältnis zu England.

Chatwin verfügte über einen »ironischen Patriotismus« (Patrick Bahners); er übertrug ihn auch auf Utz. Immer wieder kehrt dieser aus dem »freien« Vichy zurück ins kommunistische Prag, jedoch nicht freiwillig. Seine Prozellan-Figuren zwingen ihn dazu und nötigen ihm »Loyalität« zum Staat Husáks auf. Utz lebt *zwischen* den Epochen. Er ist ein Mensch des 18. Jahrhunderts, der sich ins von Ideologien gleichermaßen aufgeputschte wie gelähmte 20. Jahrhundert verirrt hat. Doch kann selbst für ihn die Maxime Rimbauds gelten: »Il faut être absolument moderne.« »Modern« ist Utzens Anachronismus. »Absolut« ist seine Hingabe an die Porzellan-Figuren. Übrig bleibt die ironische Situation, daß mit seinem Tod auch die Porzellan-Sammlung auf unerklärliche Weise verschwindet. Überdies bleibt die Frage des Erzählers: »Fordern Bildnisse (Dinge überhaupt) zu ihrer eigenen Zerstörung heraus?«

Chatwin schätzte nicht nur Rimbaud und Lorca, sondern auch Babel, Tschechow und Mandelstam, besonders die Prosa des letzteren. (An dieser Stelle erginge sich ein englisches Essay in der Beschreibung einer Begegnung Chatwins mit Mandelstams Witwe und berichtete über den Umstand, daß Chatwin ihr englische Orangenmarmelade zu bringen pflegte.) Mandelstam notiert 1922: »Heutzutage sind die Europäer aus ihrer Biographie geworfen wie die Kugeln aus den Billardbeuteln, und die Gesetze ihres Wirkens werden wie das Zusammenstoßen der Kugeln auf dem Billardtisch allein gelenkt durch das Prinzip: Einfallswinkel gleich Reflexionswinkel.« Mit *Utz* hat Chatwin eine kleine novellistische Biographie eines Menschen geschrieben, der zur »Billardkugel« seiner gesammelten Porzellan-Figuren geworden war. Nur eines jedoch wollte Chatwin verhindern: daß die Gleichung »Einfallswinkel gleich Reflexionswinkel« aufgehe. Vielmehr bemühte er sich um unablässige Horizonterweiterung, mithin um die Vergrößerung des Reflexionswinkels. Um dieser Erweiterung willen lebte und schrieb er, klaren Blicks und offenen Sinns, nie »gewunden« *(nomen non semper est omen)*, sondern auf dem Grat zwischen Faktizität und Phantasie.

Als ich dieser Tage im Museum der Meißener Porzellanmanufaktur von Vitrine zu Vitrine ging, entdeckte ich eine erst kürzlich geschaffene Figur namens »Baron Utz« (nach dem Roman von Bruce Chatwin). Ein Strahl fahlen Herbstsonnenlichts fiel auf sie.

Harold Pinters Welt

Ein lichtdurchflutetes Wohnzimmer in einem englischen Landhaus, irgendwo in Sussex oder Dorset; ein düsterer Raum, man vermutet im Souterrain, feucht, wohl in Londons Bayswater oder in Notting Hill Gate; eine schäbige Frühstückspension an der Südküste Englands: Räume auf Pinters Bühne. Wer agiert auf ihr? Menschen, die einander ständig Fragen stellen, aber auch auf Antworten bestehen, obgleich sie schon vorab zu wissen scheinen, daß diese Antworten zu nichts führen können. Pinters Charaktere: lüsterne, aber unerfüllte, suchende, neugierige, sprunghafte, in jedem Fall jedoch sprachbesessene und von Erinnerung geplagte Menschen.

Pinters Charaktere haben Angst, ob sie es zugeben oder nicht, ob sie berserkerhaft auftreten (Max in *The Homecoming*) oder mit zunehmender Dauer des Stücks verhaltener, scheuer werden (wie Stanley in *The Birthday Party*) oder ihr Leben als Trauma erfahren (Rebecca in *Ashes to Ashes*). »Wir können nicht von neuem beginnen«, lesen wir bei Pinter, »wir können nur von neuem enden.« Aus Gründen der Angst. Weil sie lähmt oder allenfalls eine Kraft zuläßt: den Mut der Verzweiflung. Es war folgerichtig, daß Pinter Kafkas *Prozeß* für das Fernsehen bearbeitet hat, nach einer, man kann sagen, lebenslangen Vorbereitung auf diese Aufgabe. Was Pinter in dieser Bearbeitung hervorgehoben hat, ist ein Aspekt, der sein eigenes Bühnenschaffen bestimmt: das Bedrohliche in der Sprache.

Ashes to Ashes (1996) beginnt mit einem bedrohlichen Sprachbild. Rebecca erinnert sich: »... he would stand over me and clench his fist. And then he'd put his other hand on my neck and grip it and bring my head towards him. His

Harold Pinter, geb. 1930

fist... grazed my mouth. And he'd say, ›Kiss my fist‹.« Aus der Drohgebärde wird ein erotisches Motiv: »I kissed his fist. The knuckles. And then he'd open his hand and give me the palm of his hand... to kiss... which I kissed.« Die erotisch werdende Gewalt und die sanfte Gewalt des Erotischen haben Rebecca traumatisiert; sie kann ihre Erinnerung nicht wirklich verarbeiten.

Eine für Pinters Schaffen bezeichnende Szene, geht es doch, wie er wiederholt betont hat, von einer konkreten Erinnerung aus, um dann seinerseits Erinnerung zu thematisieren. Und darzustellen. Man kann Pinters Stücke als aufgeführte, in Szene gesetzte Erinnerungen lesen und sehen. Pinter erinnert ein bestimmtes Wort, einen Ausdruck, eine umgangssprachliche Wendung. *No Man's Land* (1975) beginnt mit der Frage »As it is?« Das ganze Stück besteht nun aus Variationen dieser Frage nach dem Wie, nach dem Es und nach dem Sein, mithin nach der Wirklichkeit, der Rolle des Unbewußten und nach dem Sinn des In-Frage-Stellens überhaupt. Pinter sagt, er habe sich diese Frage einmal in einem Taxi notiert. Die Frage sei in ihm aufgestiegen. In einem Fahrzeug, das ihn von A nach B bringen sollte. A hatte mithin seine Frage. Ein B fand sich umgehend, und Pinter konnte ihm die Antwort »As it is, yes please, absolutely as it is« in den Mund legen. Im Stück ist freilich nur von der Frage die Rede, ob B, genannt Spooner, seinen Wodka mit Soda oder Eis oder pur haben will. Nach dem Wodka kommt die Philosophie. Zufall oder Ironie? In jedem Fall Bemühungen, so angestrengt sie auch wirken mögen, das Gesagte zu präzisieren. So lassen sich Pinters Stücke nämlich auch auffassen: als dargestellte Versuche, einen oder mehrere Gedanken zunehmend genauer zu definieren. In seiner Dialogszene *The New World Order* (1991) etwa geht es nicht um Wodka pur oder on the rocks, sondern um die Frage, ob es noch ein »reines

Wort« gebe. Die Frage wird jedoch von zwei Menschen erörtert, die ein sprachloses Opfer peinigen und beschimpfen.

Die Sprache der Täter gegen die Sprachlosigkeit der Opfer, auch das ist ein Thema Pinters, das er mit äußerster Radikalität in *Mountain Language* (1988) vorführte. Es ist ein Stück, das von der Unterdrückung einer Sprache durch eine andere handelt, vom Ende einer Minderheiten-Kultur, vom Schicksal der Machtlosen. Pinter, ein politischer Schriftsteller? Um es umwunden zu sagen: Er liebt die engagierte Distanz. Pinters politisches Engagement findet nur mittelbar auf der Bühne statt; in der Regel wählt er dafür andere Foren. Man denke an seine Auftritte mit Ernesto Cardenal und Vaclav Havel, an seine Verlautbarungen zur kurdischen Frage, zur Pressezensur in Britannien während des Golf-Krieges und seine Kritik am (post)thatcheristischen Materialismus und Utilitarismus. Auftritte dieser Art begannen früh in Pinters Leben: Der junge Pinter mußte sich schon bald nach dem Zweiten Weltkrieg vor Gericht wegen seiner Entscheidung verantworten, den Kriegsdienst zu verweigern. Pinter aß das Brot seiner frühen Jahre im Londoner East End. Es war eine Welt des jüdischen, zumeist aus Osteuropa vor ein, zwei Generationen eingewanderten Kleinbürgertums. Es sind die Stimmen des East End mit ihrem akzentbeladenen Englisch, die auf Pinter einen bleibenden Eindruck gemacht haben. Seine Fähigkeit, Stimmen auf sich einwirken zu lassen, um sie viel später in Bühnenrollen umzusetzen, erinnert an Elias Canettis Stimmenprosa. Peter Hall, einer der subtilsten Regisseure von Pinter-Stücken, geht sogar so weit, zu behaupten, daß Sprechrhythmus, Pausen und Wiederholungen in diesen Stücken talmudischen Ursprungs seien.

Im East End erlebte Pinter jedoch auch, selbst nach 1945, einen ausgeprägten Antisemitismus, öffentliche Beschimpfungen mit primitiven Vorurteilen. Man mag hier die Wurzeln sehen für die Verwendung von Kraftausdrücken in seinen Stücken. Denn der Kraftausdruck, die unflätige Bemerkung signalisierten zum einen Bereitschaft zur Gewalt, zum anderen sind sie Gewaltersatz, Ausdruck von Frustration und der Unfähigkeit, zusammenhängend zu argumentieren.

Gewalt, Irritationen und Mißverständnisse liegen Pinters Bühnendialogen zugrunde. Sie untergraben sogar ›Themen‹ oder ›Motive‹ im eigentlichen Sinne des Wortes. Die Heimkehr zum Beispiel deutet sich bei Pinter als ein ›Thema‹ bereits in seinem zweiten Stück (*The Room*, 1960) an und wird zum Gegenstand eines intensiven Wortwechsels. Was in ihm obsiegt, ist jedoch die Frage, ob es sich eine gewisse Rose von einem gewissen Riley gefallen lassen solle, »Sal« genannt zu werden. In *The Room* wie auch in Pinters späteren Stükken sieht sich die Alltagssprache als eine Kommunikation im Leerlauf vorgeführt; sie eignet sich allenfalls zu situationsbedingter unfreiwilliger Komik. In *The Dumb Waiter* (1960), Pinters drittem Stück, lebt die ganze Handlung von Wortwechseln wie diesem:

BEN *powerfully:* If I say go and light the kettle I mean go and light the kettle.
GUS: How can you light a kettle?
BEN: It's a figure of speech! Light the kettle. It's a figure of speech.

Der im Grunde unterlegene GUS vermag durch eine entwaffnende Frage das »machtvolle« Gebaren seines Gegenübers zu entkräften. Verschärft wird diese Sprachproblematik im Stück *The Hothouse* (1958/79), das keine Lähmung der Handlung im Sinne des absurden Theaters kennt, sondern im Gegenteil sprachliche in physische Gewalt umschlagen läßt. Der Vorsteher dieses »Treibhauses« hat eine numerierte Patientin vergewaltigt und geschwängert und den Tod eines anderen numerierten Patienten verursacht. Seine Schuld wird aufgeklärt und zugleich vertuscht nach dem Motto: Wer über die richtigen Sprachmittel verfügt, ist um die raffinierte Anwendung der (Un-)Rechtsmittel nicht verlegen. Als Pinter an der ersten Fassung des Stückes arbeitete, stand Albert Camus' Satz: »Die Zeit der verantwortungslosen Künstler ist vorbei« noch im Raum. Vieles von dem, was er in seinem bedeutenden, in Uppsala 1957 gehaltenen Vortrag zum Thema *Der Künstler und seine Zeit* ausgeführt hatte, wirkt bis heute in Stücken und Verlautbarungen Pinters nach. Sätze wie dieser sind auch für den Verfasser von *Mountain Language* und *Ashes to Ashes* verbindlich geblieben: »Die Kunst ist weder die völlige Ablehnung noch die völlige Zustimmung zu dem, was ist. Sie ist gleichzeitig Ablehnung und Zustimmung, und darum kann sie nichts anderes sein als ein stets neues Hin- und Hergerissenwerden.« In *The Hothouse* wird dieses Schwanken durch unablässiges Fragen dramatisiert. Das Fragen hat bei Pinter bis zu *Ashes to Ashes* stets Verhörcharakter, besonders in der Treibhaus-Situation dieser Anstalt. Miss Cutts befragt, verhört den Insassen Lamb, wobei sie das Fragen zunehmend sexuell erregt. Das Fragen wird zu einem sprachlichen Geschlechtsakt. Der Inhalt des Verhörs scheint nicht geplant; Themen, Wortwechsel, Polaritäten und physische Erregung durch gesteigerte Intensität des Sprechens, das *ergibt* sich auf Pinters Bühne. Michael Billington, Pinters Biograph, zitiert Hebbels Wort, nach dem in einem Drama die Charaktere keinen Gedanken äußern sollen, nur Wörter. Erfahrungen stehen am Anfang, auch Begegnungen mit Ausdrücken, mit bestimmten Worten, von denen eine gewisse Faszination ausgeht. Miss Cutts ist besessen von der Frage, ob Lamb »virgo intacta« sei. Sie ist regelrecht verliebt in diesen Ausdruck, wie jede Bühnenfigur Pinters in wenigstens ein Wort verliebt ist – oder in die Stille.

Pinter selbst hat in einem Interview gesagt, daß ihn die Stille hinter und unter und in den Worten interessiere. Diese Stille komme im Grunde aus dem Inneren des Sprechenden, aus seiner Angst, sich im Dialog preisgeben zu müssen. Worte seien dazu da, diese Angst zu »maskieren«. Sprechen als Maskerade, dieses Eingeständnis des Bühnenschriftstellers, Schauspielers und Regisseurs Harold Pinter unterscheidet ihn von John Osbornes emotional bestimmter Offenlegung seines Inneren auf der Bühne und von Alan Ayckbournes bühnenmäßiger ›Vanity Fair‹.

Pinter ist, verglichen mit ihnen, der Sprachanalytiker auf der Bühne. Sein Schaffen ist Erinnerungs*arbeit* im besten Sinne des Wortes. Man darf hinzusetzen: mit einer für englische Verhältnisse geradezu verstörenden Hartnäckigkeit. Pinter erinnert an das Unliebsame: an den Antisemitismus in England, an das Hypokritische dieser Gesellschaft, die Toleranz beharrlich mit Gleichgültigkeit verwechselt, an die groteske imperiale Attitüde, die nicht aus den Köpfen zu weichen scheint. Man hat inzwischen akzeptiert, in englischen Publikums- und Kritikerkreisen, daß Pinter der seit Jahrzehnten international wichtigste und präsenteste Dramatiker englischer Sprache ist; zähneknirschend nimmt man es hin, weiß man doch, daß das, was er sagt, gemeinhin nestbeschmutzend ist. Und das wird nun einmal nicht geschätzt in einem Land, das es weitgehend aufgegeben hat, sich selbstkritisch mit der Vergangenheit auseinanderzusetzen; hierzulande singt man eben lieber, nationale Seelenmassage betreibend, »Land of Hope and Glory«, alle Jahre wieder in der Royal Albert Hall; bei Pinters Stücken hustet das Publikum eher, räuspert sich in Permanenz. Zu Buh-Rufen reicht die

Zivilcourage nicht. Also hustet man, weil man die jähe Stille zwischen Pinterschen Sätzen nicht aushält. In mehreren Interviews hat sich Pinter über das Husten des englischen Publikums kritisch verbreitet und es – zu Recht – als feige Mißfallenskundgebung betrachtet. Immerhin gab es eine bescheidene Diskussion in den Medien über diesen Husten mit der Folge, daß bei einer Neuinszenierung von *The Homecoming* (1997) im Publikum im Durchschnitt weniger gehustet, dafür entschieden mehr genossen wurde.

Zentrale Bedeutung kommt im Werk Pinters dem Stück *Betrayal* (1978) zu. Es ist ein Stück, in dem sich zeigt, daß vor dem Betrügen des Partners der Selbstbetrug kommt. In *Betrayal* betrügt jeder jeden, weil keiner sich selbst trauen kann. Betrügen ist Betrügen ist Betrügen. Das steigert sich zu der Einsicht, daß *jede* Beziehung eine Form des Selbst-Betruges sei. Auch in diesem Stück spielen Erinnerung und Wortspalterei eine Hauptrolle. Die nur ihrer Untreue treuen Protagonisten erinnern sich an ihre sieben Jahre lang gemeinsam verbrachten Nachmittage. Die Unterhaltung mündet in einen vergeblichen Versuch sprachlicher Klärung: »Was meinst du damit?« fragt die Frau eines Verlegers ihren Geliebten von einst, den von ihrem Mann verlegten Schriftsteller Jerry. »Ich meine damit gar nichts«, antwortet dieser. »Aber was versuchst du zu sagen, indem du es sagst?« insistiert die betrogene Betrügerin. »Ich versuche nicht irgend etwas zu sagen. Ich habe genau das gesagt, was ich sagen wollte.« Das einzige, was diese Menschen nicht verzeihen können, ist ironischerweise eine Kunst, die nicht »aufrichtig« ist, ein »unehrlicher« Roman, ein nicht überzeugendes Schauspiel. Nichts geht über die kunstvolle Lüge im Roman; nur sie kann die Schäbigkeit der verlogenen Welt bloßstellen. *Betrayal* ist eines der wenigen Stücke Pinters, die einen an Oscar Wilde denken lassen und an seine These von der Wahrheit der Maske. Um genau zu bleiben: Was Pinter zeigt, ist die Wahrheit über das Maskieren: Der Mensch versucht, durch sprachliche Täuschungsmanöver seine eigentlichen Intentionen zu maskieren, wenn er es denn überhaupt kennt, das Eigentliche, das Wesen seiner Intentionen.

Pinters Welt ist eine Welt der Erinnerungen. In vielen seiner Stücke, namentlich in *Old Times* (1971) hat er diese Erinnerungen als lebendige Wesen vorgestellt, geradezu als selbständig handelnde Charaktere oder als Kräfte, die durch bestimmte Charaktere agieren. Daß Erinnerungen leben, kann tröstlich *und* bedrohlich sein. In seiner Bühnenkunst sind sie allgegenwärtig. Das Gegengewicht des Vergessens kennen sie nicht. Womöglich darf man darin das eigentliche Erbe jüdischer Geistigkeit in Pinter sehen, in diesem unaufhörlichen Erinnern in Gestalt von Fragen, aber ohne hiobisches Klagen.

Übersetzung der Gedichtzitate

Pygmalion im Gehäus. Über Alexander Pope

Seite 26: »*Some Beauties…*«: Manch' Schönes lehrt, doch keine Regel.

Seite 27: »*All are but parts…*«: Alle sind Teile eines staunenswert Ganzen – / Dessen Körper Natur ist und Gott die Seele.

Seite 30: »*- - - in erring Reasons spite…*«: trotz fehlbarer Vernunft / Eine Wahrheit ist deutlich: Was immer ist, ist richtig / rechtens.

Seite 32: »*So when the Sun's…*«: Wenn der Sonne breiter Strahl das Aug' ermüdet hat, / Steigt auf des Mondes nüchterneres Licht, / Heiter gelöst scheint er im Zeichen der bescheidenen Jungfrau, / Und unbeachtet verfällt der strahlende Erdkreis.

»*Reserve with Frankness…*«: Zurückhaltung mit Offenheit, Kunstsinn mit Wahrhaftigkeit gepaart, / Mut mit Sanftheit, Bescheidenheit mit Stolz, / Feste Grundsätze, doch immer wieder neu / Vermischt, geschüttelt, und bringt – dich hervor.

Seite 33: »*Now Europe's balanced…*«: Nun ist Europa ausgewogen, keine Seite überwiegt, / denn auf den Waagschalen ist nichts mehr übrig.

»*Lo! thy dread Empire…*«: Lo! Dein dröges Reich, Chaos, ist wiederhergestellt. Licht stirbt vor deinem nichts schaffenden Wort: / Deine Hand, großer Anarch! läßt den Vorhang fallen; / Und allgemeine Dunkelheit begräbt alles.

Ein Radikaler im öffentlichen Dienst. Über Robert Burns

Seite 34: »*May heart's in the Highlands…*«: Mein Herz ist im Hochland, mein Herz ist nicht hier.

»*Vive l'amour…*«: Es lebe die Liebe, es lebe die Nebensächlichkeit.

Seite 37: »*All ist cold Beauty…*«: Alles ist kalte Schönheit (…) Großer Schatten; verbirg / Dein Gesicht, ich sündige gegen deine unbefleckten Himmel.

»*Should auld acquaintance…*«: Sollte alte Bekanntschaft vergessen sein und frühere Tage und Freunde.

»*The simple Bard...*«: Der schlichte Sänger, ungebrochen durch die Regeln der Kunst, / Er ergießt die wilden Regungen des Herzens / Und falls eingegeben, wird diese Kraft der Natur inspirieren; / Ihr gehört alles: die schmelzende Erregung und ihr die zündenden Feuer.

Sprache in Lohe. Notat zu William Blake

(Übersetzungen nach: William Blake, Zwischen Feuer und Feuer. Poetische Werke. Zweisprachige Ausgabe. Aus dem Englischen neu übersetzt und mit Anmerkungen herausgegeben von Thomas Eichhorn. Mit einem Nachwort von Susanne Schmid. München 1996.)

Seite 51: »*I laid me down...*«: Ich legt' mich auf ein Ufer hin, / Wo die Liebe schlief. / Ich hörte, wie durchs feuchte Schilf / Klagen, Klagen lief.

»*To seek for new Joy...*«: Ich suchte neue Freuden / Und traf doch nur auf Hohn.

Seite 53: »*Without contraries...*«: Ohne Gegensätze gibt es keine Entwicklung. Anziehung und Abstoßung, Vernunft und Energie, Liebe und Haß sind notwendig für das menschliche Dasein.

»*Those who restrain...*«: Diejenigen, die das Verlangen bezähmen, tun es, weil das ihre schwach genug ist, bezähmt zu werden.

»*Brothels...*«: Bordelle werden mit den Ziegeln der Religion gebaut.

»*But my senses...*«: Meine Sinne entdeckten das Unendliche in Allem.

Seite 55: »*Hear the voice...*«: Hört des Barden Stimme an! / Der sieht ins Gestern, Heut und Morgen ein...

Seite 56: »*And all must love the human form...*«: Und jeder muß den Menschen lieben / In Heide, Jude oder Türk'; / Wo Gnade, Liebe, Mitleid wohnen, / Da ist auch Gottes Bezirk.

»*That play around...*«: Die um die goldnen Dächer spielen in Ringen feurigen Verlangens, / Daß nackt stehn die Fraun und glühend vor Jugend und Lust.

Seite 57: »*In a wife...*«: In einer Frau wollt' ich begehren, / Was in Huren stets zu finden – Daß sie dem Verlangen Erfüllung gewähren.

Die Last des Mysteriums verringern. Versuch über John Keats

Seite 60: *»Beauty ist truth…«:* Schönes ist wahr und Wahres schön.

Seite 61 f.: *»What leaf-fring'd…«:* Welch blatt- / gesäumte Legende von Göttern, Sterblichen oder / gar allen beiden – in Tempeln oder in den Tälern / Arkadiens – umwittert deine Form? Was sind's für / Menschen oder Götter? Wer sind die spröden / Mädchen? Was ist's für eine tolle Verfolgung? / Welch Sträuben und Entfliehn? Was für Flöten und / Tamburine? Welch wilder Taumel?

Seite 62: *»And, little town…«:* Und, kleine Stadt, für immer werden deine Straßen / schweigen, und keine Seele kann je zurückkehren / und berichten, warum du verödet bist.

»O Attic shape…«: O attische Form! Edle Gebärde!

Ein Anarch der Gefühle. Byron zwischen Sprachmagie und Rollenspiel

Seite 69: *»He taught us little…«:* Er lehrte uns wenig; aber unsere Seele / Fühlte ihn wie Donnergrollen.

Seite 71: *»I hate your poets…«:* Ich hasse eure (englischen, d. Übers.) Dichter, und ich lese somit keinen von ihnen.

Seite 73: *»At least her conversation…«:* Zumindest war ihre Konversation dunkel; / Ihre Gedanken glichen Theoremen, / Ihre Worte waren ein Problem, / Als hätte sie gemeint, daß Dunkelheit / sie adelten.

Seite 75: *»There's not a joy…«:* Es gibt keine Freude, welche die Welt in dem Maße gewähren kann, in dem sie sie nimmt.

Auf der Suche nach einem verschollenen Modernisten. Über Robert Browning

Seite 81: *»straight into light…«:* mitten ins Licht und ewige Helle.

Seite 82: *»Oh how dark…«:* Oh wie dunkel war deine Villa / mit Fenstern fest und geschlossen.

Seite 83: *»As when a pearl…«:* Wie wenn eine Perle sich im dünnen Schaum verliert, der sich am Meeresufer kräuselt.

»Thus much...«: So viel, ein Vers aus fünf Worten, jedes eine Gunst / Arkadien, Nacht, eine Wolke, Pan und der Mond.

Seite 85: *»the silence grows...«:* Die Stille wächst / in jenem Maß, das du nur halb glauben kannst. / Es muß sich von dem lösen, was es weiß.

»Silent...«: Stumm die bröckelnde Brücke, die wir überqueren.

Seite 87: *»Fear death?«:* Den Tod fürchten? Den Nebel in meiner Kehle fühlen / Den Dunst auf meinem Gesicht?

»Oh to love so...«: Oh, so zu lieben, so geliebt und doch mißverstanden zu werden.

Poeme als Lebensformen. Über Tennyson

Seite 101: *»Are God...«:* Bekriegen sich somit Gott und Natur / Daß die Natur solch' böse Träume nährt?

»There lives more faith...«: In ehrlichem Zweifel liebt mehr Glauben, / glaubt mir, als in der Hälfte der Glaubensbekenntnisse.

Seite 103: *»Move upward...«:* Bewege dich hinauf, vertreibe das Tier (in dir) / Und laß den Affen und Tiger sterben.

»the most instinctive...«: der instinktivste Rebell gegen die Gesellschaft, in welcher er der perfekte Konformist ist.

»inward perfection...«: nach innen gerichtete Vollendung des Leeren.

»rhythmic embodiment...«: rhythmische Verkörperung des bestehenden idealen Schönen.

»She sleeps...«: Sie schläft, träumt nicht, aber immer wohnt / eine vollendete Form in vollendeter Ruhe.

Seite 104: *»Short swallow-flights...«:* Kurze Schwalbenflüge des Lieds / ihre Flügel in Tränen; dann schwinden sie.

»This world...«: Diese Welt war einst ein flüssiger Lichtdunst / Bis hin zur Mitte der gestirnten Fluten / gewirbelt in Sonnen / ins Drehen geratend, Planeten, dann Ungeheuer, dann der Mensch.

Seite 105: *»My warning...«:* Meine Warnung daß die Tyrannei des einen / das Vorspiel zu einer Tyrannei aller war.

»Forward, backward...«: Vorwärts, rückwärts, rückwärts, vorwärts in diesem maßlosen Meer / Hin- und hergeworfen von größeren Gezeiten als du und ich sie kennen können.

Seite 106: *»Well, be grateful...«:* Nun, sei dankbar für das klangvolle Wort, Evolution hier, / Evolution, immer unterwegs nach einem höheren Gut, / Und Rückschritt zöge die Evolution in den Schmutz.

Vom Innewerden des Verborgenen.
Über Gerard Manley Hopkins

Seite 131: *»The whole world...«:* Die ganze Welt zieht vorbei, und ich stehe daneben.

»I want one rapture...«: Ich möchte einen Rausch von Inspiration.

Zur Metaphysik der erzählten Natur.
Über Thomas Hardy

Seite 139f.: *»He is one...«:* Er ist einer, um den / sich niemand kümmert.

Über T. S. Eliot

Seite 183: *»As she laughed...«:* Als sie lachte, wurde mir bewußt, wie sie mich in ihr Lachen hineinlachte... hineingezogen wurde ich mit kurzen Atemzügen, inhaliert in jeden Augenblick der Erholung, schließlich verloren in den dunklen Höhlen unsichtbarer Muskeln.

Seite 184: *»...and I concentrated...«:* und ich konzentrierte meine Aufmerksamkeit mit sorgfältigem Feinsinn zu diesem Zweck.

Seite 187: *»Would it have...«:* Wäre es das wert gewesen?

Seite 188: *»You, madam, ...«:* Sie, Madame, sie ewiger Humorist..., was ihrer unsteten Laune doch schon die kleinste Veränderung ist.

Seite 190: *»History is...«:* Jetzt ist Geschichte.

Seite 192: *»I looked at you...«:* Ich sah dich an, und du sahst mich an. / Ich sehnte mich danach, mit dir zu sprechen, aber tat es nicht. Ich sehnte mich, / Zu dir zu kommen und neben dir am Fenster zu stehen und hinauszuschauen ins höhnend kalte englische Sonnenlicht und zu sagen, / Ist es nötig – / Ist es nötig – / Sag mir, ist es nötig, daß wir durch das alles gehen müssen?

Seite 193: *»This is…«:* Das ist der Zweck der Erinnerung: / Befreit zu werden… von der Zukunft wie von der Vergangenheit.

Audens lyrische Sendung

Seite 210: *»At least my modern pieces…«:* Frohgemut sollen meine modernen Stücke letztlich sein / Wie englische Bischöfe zum Thema Quantentheorie.

Seite 212: *»We must love…«:* Wir müssen einander lieben oder sterben.

»May I…«: Darf ich, bestehend… / Aus Eros und Staub, / Bedrängt von Verneinung und Verzweiflung zu gleichen Teilen, / eine bejahende Flamme zeigen.

Seite 213: *»Words have no words…«:* Worte haben keine Worte für Worte, die nicht wahr sind.

»Private faces…«: Private Gesichter auf öffentlichen Plätzen / Sind weiser und schöner / Als öffentliche Gesichter an privaten Orten.

Seite 214: *»Who am I…«:* Wer bin ich… / Verschiedene Antworten wären einleuchtend.

»…hearing honest…«: …man höre des ehrlichen Oswalds Ruf (gemeint ist der Faschistenführer, Sir Oswald Moseley, R. G.), / Sei gleichgeschaltet in der Albert Hall.

Seite 215: *»Now it's…«:* Jetzt zählt man ihn zu den Deutschen, / Ein Geist, dessen Musik aus Angst komponiert wurde.

»an altering speech…«: eine sich verändernde Sprache für sich verändernde Dinge.

»Paul Valéry…«: Paul Valéry verdiente ein mageres Gehalt, / Laufend durch den Bois, / Beobachtend sein Moi.

Seite 216: *»guessing is always…«:* raten macht mehr Spaß als Wissen.

Liturgie der Erinnerung. Über David Jones'
Epos ›Anathémata‹

Seite 221: »*Their quarterly gold…*«: Gold und rot im Geviert / vier gegenfarbige Leoparden / am Großsegel / achtern aber / einen roten steigenden Greif. (Übers. von Cordelia Spaemann)

Seite 222: »*the many voices…*«: die vielen Stimmen / Der ganzen lauten Wasser.

»*At the threshold-stone…*«: Am Schwellenstein / erhebt sich das alternde Haupt.

»*The Hill of the out-cry…*«: Der Hügel des Aufschreis / der Hügel des Zerfalls… das sind Hügel der Hilfe, alle / Und der Schlund des Inschreis. [»incry« versteht sich als bewußte Anspielung auf Hopkins' ›inscape‹, wobei dieses ›Inbild‹ bei Jones ins Lautliche übertragen ist, R. G.]

Poetische Synthese. Über den Lyriker David Gascoyne

Seite 249: »*I belong…*«: Ich gehöre zunächst nach Europa, bevor ich England angehöre.

»*Between the opposition…*«: Zwischen dem Gegensatz von Nacht und Tag, / Zwischen dem Gegensatz von Erde und Himmel. / Zwischen dem Gegensatz von Meer und Land, / Zwischen dem Gegensatz von Landschaft und Straße / Kam ein Reisender, Dessen Nacktheit seine Wehr war / Gegen den Wirbelwind und die Waffe, die eiternde Wunde, / Und er begegnete sich selbst auf halbem Wege.

Seite 250: »*The lighthouse…*«: Der Strahl des Leuchtturms erdolcht die Regennacht.

»*My ears grow…*«: Meine Ohren wachsen aus meinen Füßen / Und sie hören all die unterirdischen Geräusche.

Seite 251: »*Who can by now…*«: Wer kann nunmehr das / Hohle und vernichtende Gebrüll / der endgültigen Ernüchterung noch immer nicht hören.

»*The time has come…*«: Die Zeit ist gekommen. Wir befinden uns am Rande / Wovon? … Wenn das ein Gedicht ist, wo sind die Metaphern? / Welche Bilder genügen?

»That only silence…«: Daß nur die Stille, eine Stille wie jene Gottes das Ganze sagen könnte.

Seite 252: *»And yet I yearn…«:* Und doch sehne ich mich danach zu enden, indem ich versuche, / Eine sommerliche Abenddämmerung heraufzubeschwören, die ich sah, als ich noch nicht ganz acht war.

Seite 265: *Rimbaud »Je dus voyager…«:* Ich mußte auf die Wanderschaft gehen, die Zauberbilder zerstreuen, die sich in meinem Gehirn angesammelt hatten. (In: Rimbaud, Sämtliche Dichtungen. Heidelberg 1982, übers. v. Walther Küchler.)

Harold Pinters Welt

Seite 274 f.: *»…he would stand…«:* Er stand aufrecht über mir und ballte seine Faust. Und dann legte er seine andere Hand auf meinen Hals und zog meinen Kopf zu sich. Seine Faust… rieb sich an meinem Mund. Und er sagte: Küß meine Faust (…) Ich küßte seine Faust. Die Knöchel. Und dann öffnete er seine Faust und reichte mir seinen Handteller, um ihn zu küssen; und ich küßte ihn.

Seite 276: *»As it is«:* So wie es ist.

As it is…«: So wie es ist, ganz so wie es ist.

Seite 278: BEN (mit kräftiger Stimme): Wenn ich sage, geh und stell den Kessel an, dann meine ich, geh und stell den Kessel an.
GUS: Wie kann man einen Kessel anstellen?
BEN: Ist eine Redensart! Stell den Kessel an. Das ist eine Redensart.

Nachweise

Alle schon erschienenen Texte sind überarbeitet und
zum Teil erheblich erweitert worden.

Southwold, Suffolk. In: Neue Zürcher Zeitung vom 4. Mai 1996

Über den Square. Ein einleitender Exkurs. Unveröffentlicht

Pygmalion im Gehäus. Über Alexander Pope, in: Neue Zürcher Zeitung
vom 7./8. Februar 1987

Ein Radikaler im öffentlichen Dienst. Anmerkungen zu Robert Burns,
in: Neue Zürcher Zeitung vom 20./21. Juli 1996

Im Asyl der Menschlichkeit. Über Thomas Paine, in: Deutsches Allgemeines Sonntagsblatt vom 19. Juli 1991

Über Blake, in: Neue Zürcher Zeitung vom 17. April 1997

Versuch über Keats, in: Frankfurter Allgemeine Zeitung/Bilder und Zeiten vom 28. Oktober 1995

Ein Anarch der Gefühle. Byron zwischen Sprachmagie und Rollenspiel,
in: Neue Zürcher Zeitung vom 23./24. Januar 1988

*Auf der Suche nach einem verschollenen Modernisten. Über Robert
Browning*, gesendet im German Service der BBC Oktober 1989, unveröffentlicht

*»Niemand kann die Wahrheit über mich sagen.« Zur Erzählkunst
George Eliots*, in: Neue Zürcher Zeitung vom 1./2. April 1995

Poeme als Lebensformen. Über Tennyson, unveröffentlicht

Wilkie Collins. Eine Marginalie, in: Frankfurter Allgemeine Zeitung
vom 23. September 1989

Die deutschen Leiden des Thomas Carlyle, in: Frankfurter Allgemeine
Magazin vom 15. August 1986

Vom Innewerden des Verborgenen. Über Gerard Manley Hopkins, unveröffentlicht

Zur Metaphysik der erzählten Natur. Über Thomas Hardy, in: Neue
Zürcher Zeitung vom 3./4. Juni 1990

Wissen heißt verändern wollen. Über Beatrice Webb, in: Frankfurter
Allgemeine Zeitung vom 15. November 1988

Präludien einer Endspielerin. Über Katherine Mansfield, in: Deutsches
Allgemeines Sonntagsblatt vom 16. Oktober 1988

Im Jahr des Schattens. Über Virginia Woolf, unveröffentlicht

Forsters Erzählungen, unveröffentlicht

Über T. S. Eliot, in: Stimmen der Zeit 12 (1987), S. 843-848

Zynisch. Zu Wyndham Lewis und seinem Roman »Tarr«, in: Frankfurter Allgemeine Zeitung vom 30. Juni 1990

Charles Morgan. Ein Vergessener, in: Deutsches Allgemeines Sonntagsblatt vom 8. Mai 1988

Audens lyrische Sendung, unveröffentlicht

Liturgie der Erinnerung, über David Jones' Epos »Anathémata«, in: Neue Zürcher Zeitung 4./5. März 1989

Am Kap der Depression. Über Dylan Thomas und seine frühen Erzählungen, in: Die Presse/Spectrum, Wien, vom 31. August/1. September 1991

Bryan Stanley Johnson, dieses Essay beruht auf drei Kritiken, die in der Frankfurter Allgemeinen Zeitung vom 31. März 1990, 28. September 1991 und 8. Mai 1991 erschienen sind

Edward Upwards sozialer Surrealismus, in: Neue Zürcher Zeitung vom 27./28. Januar 1996

Poetische Synthesen. David Gascoyne und seine »Selected Poems«, in: Neue Zürcher Zeitung vom 9./10. März 1996

Chatwin, unveröffentlicht

Harold Pinters Welt, erscheint in der Neuen Zürcher Zeitung im Laufe des Jahres 1997

Bildnachweis

Alexander Turnbull Library, Wellington: Seite 149

Jerry Bauer, Rom: Seite 266

Camera Press, London: Seite 233

Mark Gerson, London: Seite 242, 248

Rollie McKenna, Key West: Seite 224

National Portrait Gallery, London: Seite 58, 69, 143

Isolde Ohlbaum, München: Seite 255

Horst Tappe, Montreux: Seite 182

Umschlagfoto: © Howard Sooley, 1995. Aus: Derek Jarman's Garden, Thames & Hudson

Alle übrigen Abbildungen vom Autor

Englische und amerikanische Literatur
im insel taschenbuch

153/1/12.96

Englische und amerikanische Literatur
im insel taschenbuch

153/2/12.96

Englische und amerikanische Literatur
im insel taschenbuch

153/3/12.96

Englische und amerikanische Literatur
im insel taschenbuch

Englische und amerikanische Literatur
im insel taschenbuch

Englische und amerikanische Literatur
im insel taschenbuch

Englische und amerikanische Literatur
im insel taschenbuch

Französische Literatur
im insel taschenbuch

Französische Literatur
im insel taschenbuch

Französische Literatur
im insel taschenbuch

152/3/12.96